本书档案资料及参考文献的检索查阅、收集工作得到重庆市档案馆、重庆市巴南区档案馆、重庆市璧山区档案馆、重庆市江津区档案馆、中国第二历史档案馆、重庆市图书馆等单位的大力支持和协助，谨致谢意。

《掀起你的盖头来——抗战时期重庆青木关文化教育史》

导　言：谢儒弟　李　波；
第一章：唐润明　张建中；
第二章：张建中　唐润明　谢儒弟；
第三章：张建中　谢儒弟　朱宝智；
第四章：谢儒弟　张建中　李　波；
第五章：谢儒弟　张建中　朱宝智；
第六章：张建中　李　波；
第七章：张建中　李　波；
结　语：张建中；
参考文献及后记由朱宝智整理。

掀起你的盖头来

——抗战时期重庆青木关文化教育史

李　波　张建中◎主编

四川大学出版社

项目策划：梁　胜
责任编辑：梁　胜
责任校对：庄　剑
封面设计：墨创文化
责任印制：王　炜

图书在版编目（CIP）数据

掀起你的盖头来：抗战时期重庆青木关文化教育史 / 李波，张建中主编. — 成都：四川大学出版社，2020.9
ISBN 978-7-5690-3851-4

Ⅰ. ①掀… Ⅱ. ①李… ②张… Ⅲ. ①地方教育－教育史－研究－沙坪坝区－近代 Ⅳ. ①G527.719.3

中国版本图书馆 CIP 数据核字（2020）第 178274 号

书名　掀起你的盖头来——抗战时期重庆青木关文化教育史
XIANQI NIDE GAITOULAI——KANGZHAN SHIQI CHONGQING QINGMUGUAN WENHUAJIAOYUSHI

主　　编	李　波　张建中
出　　版	四川大学出版社
地　　址	成都市一环路南一段 24 号（610065）
发　　行	四川大学出版社
书　　号	ISBN 978-7-5690-3851-4
印前制作	四川胜翔数码印务设计有限公司
印　　刷	成都东江印务有限公司
成品尺寸	170mm×240mm
插　　页	18
印　　张	18.25
字　　数	369 千字
版　　次	2020 年 12 月第 1 版
印　　次	2020 年 12 月第 1 次印刷
定　　价	168.00 元

一、山川形胜

战时首都迁建区的起点老鹰岩的摄影图片。抗战时期“老鹰跨线”被列为陪都八景之一

国立音乐院老照片（老关口）

青木关老关口和关门城垣 1940 年代初国立音乐院青年教师学子合影

青木关果老峰巅的“石老翁”

连接青木关老街与新街的“骝公桥”。该桥为1946年4月教育部复员南京时发起修建，以感念青木关各界，时任教育部长朱家骅字骝先

二、迁建区重镇

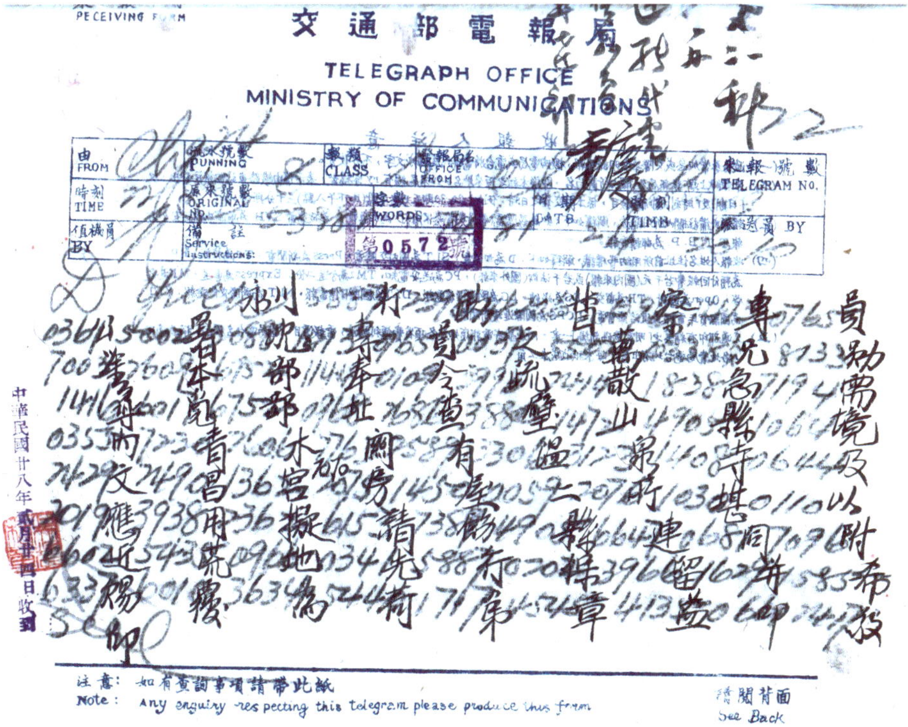
交通部電報局
TELEGRAPH OFFICE
MINISTRY OF COMMUNICATIONS
注意：如有查詢事項請帶此紙
Note: Any enquiry respecting this telegram please produce this form
請閱背面
See Back

1939年2月，国民政府教育部为疏散至璧山青木关办公致四川省第三区行政督察专员公署沈鹏专员的电文

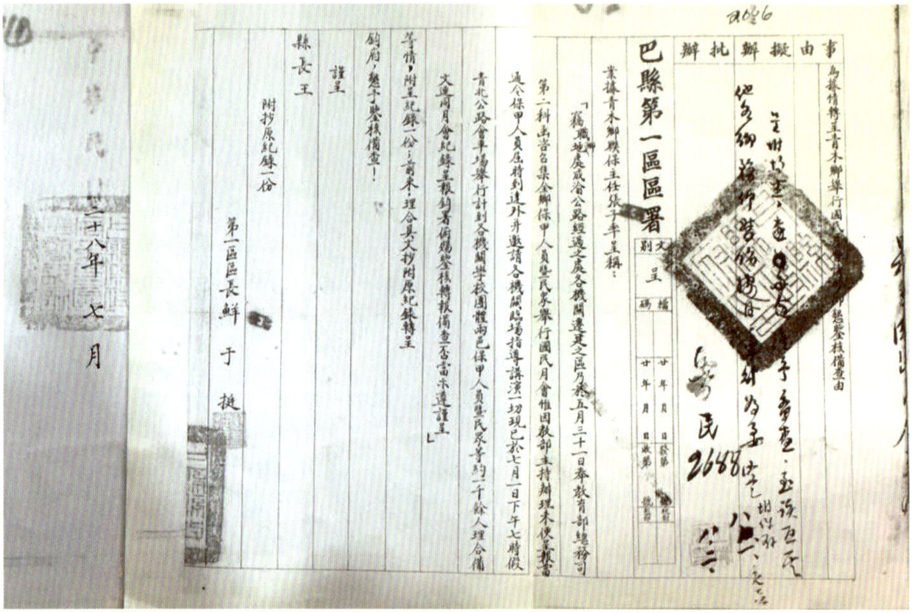

巴县第一区署关于教育部迁建青木关召开巴璧两县青木乡第一次国民月会、第二次国民月会相关情况呈报县政府文。1939 年 7 月（重庆市巴南区档案馆馆藏民国巴县档案 巴县政府 民政科 J1—6—315）

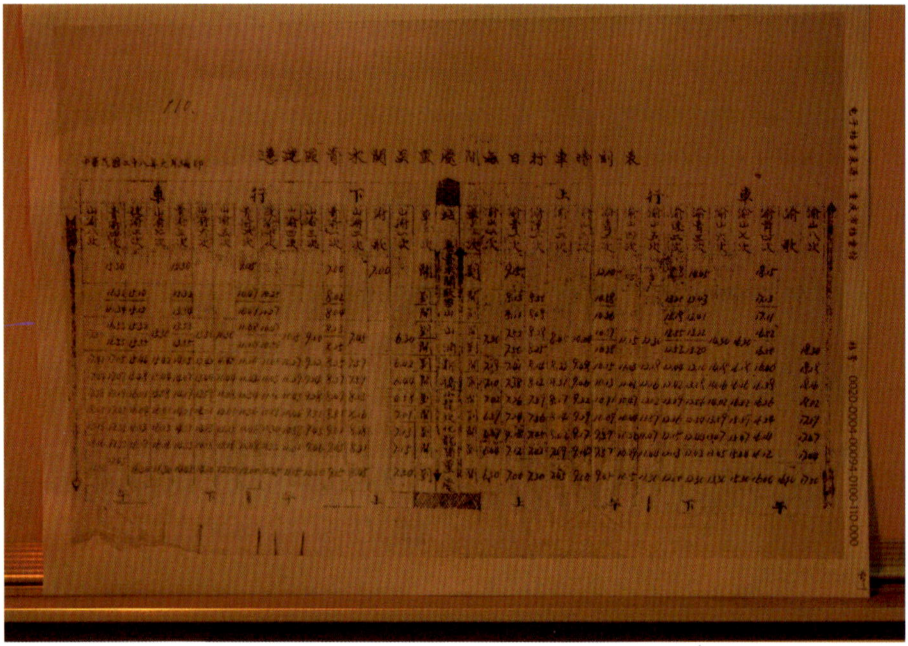

迁建区青木关至重庆间每日行车时刻表 1939 年 9 月

民国巴县档案－重庆防空避难第一区印

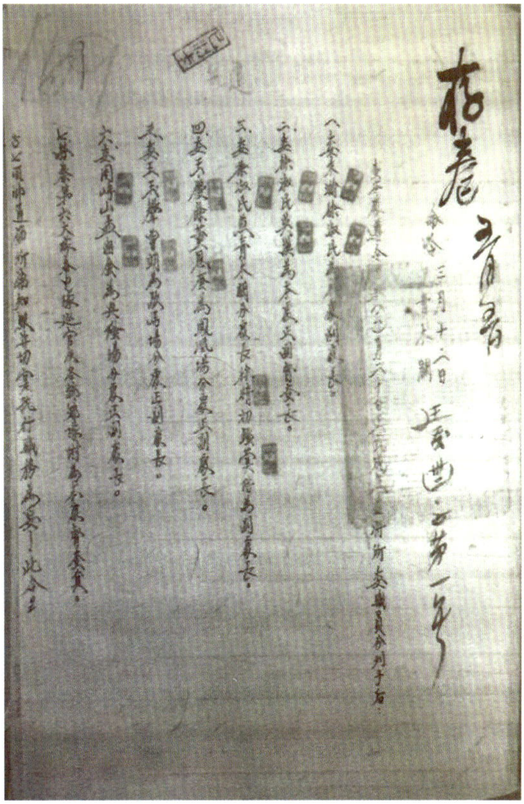

重庆卫戍司令部迁建地区青木关军警团联合督查处印发【迁防字】三十二字第一号命令，委任青木关军警团联合督察处任职人员

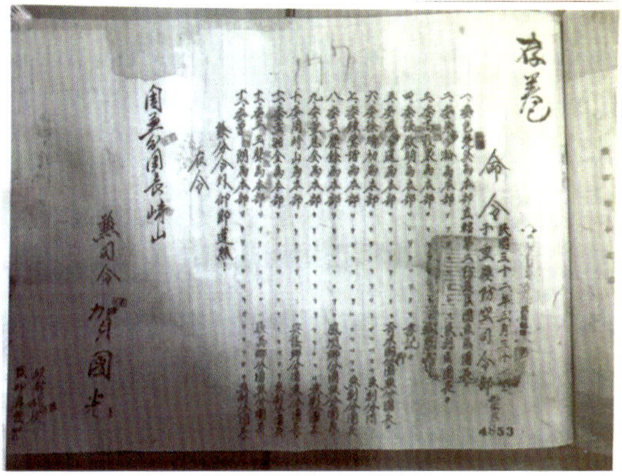

重庆防空司令部兼司令贺国光 1943 年 5 月 31 日签发重庆防空司令部【办字第】4853 号命令，委任该部直辖第二防护区团区团长、副区团长、干事、书记及青木关乡、凤凰乡、兴隆乡、歇马乡各分团分团长、副分团长

三，战时巴县璧山县青木乡乡村建设自治规划

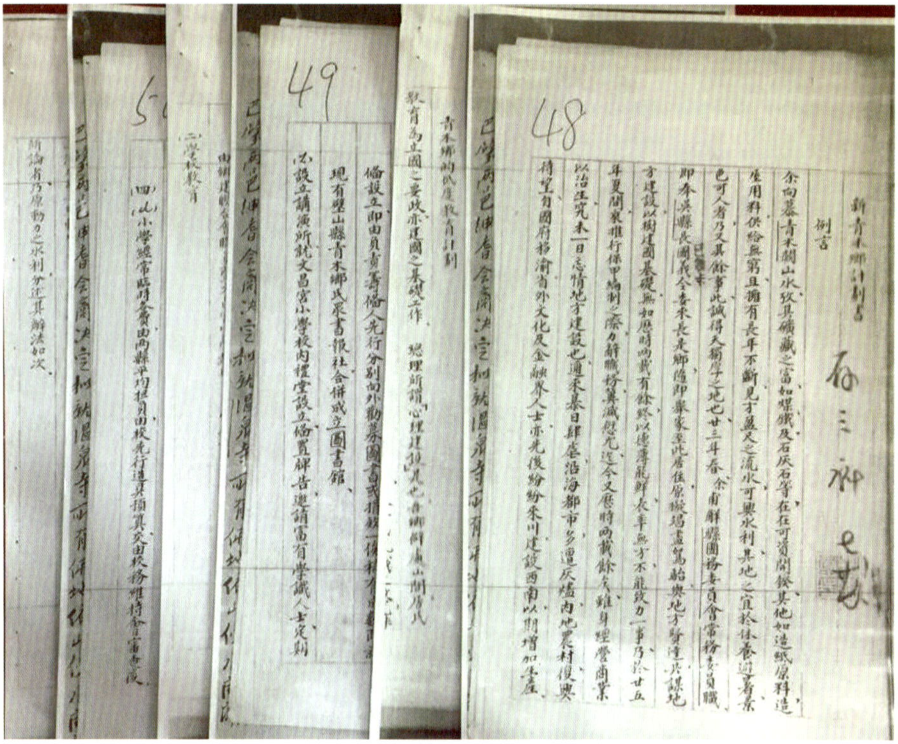

甘葵禄为巴璧两县青木乡乡村建设联合会起草的《新青木乡计划书》（1938年4月），图为《新青木乡计划书·青木乡的低度教育计划》（重庆市璧山县档案馆馆藏民国档案 华西实验区 全宗第9卷）

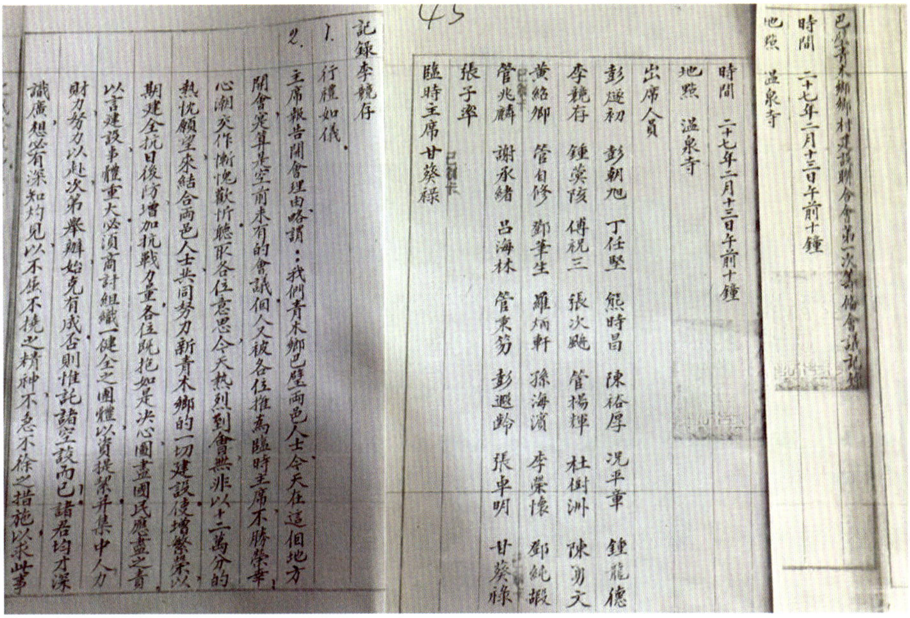

巴璧青木鄉鄉村建設聯合會第一次籌備會議記錄
時間 二十七年二月十三日午前十鐘
地點 溫泉寺

45

時間 二十七年二月十三日午前十鐘
地點 溫泉寺
出席人員
彭蘧初 彭朝旭 丁任堅 熊時昌 陳裕厚 況平軍 鍾龍德
李魏存 鍾英陔 傅祝三 張次颱 管揚輝 杜樹洲 陳勇文
黃紹卿 管自修 鄭筆生 羅炳軒 孫海濱 李榮懷 鄧純嘏
管兆麟 謝承緒 呂海林 管秉笏 彭遐齡 張卓明 甘葵祿
張子率
臨時主席 甘葵祿

記錄 李魏存
1. 行禮如儀
2. 主席報告開會理由略謂：我們青木鄉巴璧兩邑人士今天在這個地方開會実算是空前未有的會議，個人又被各位推為臨時主席，不勝榮幸，心潮交作，慚愧歡忻。聽取各位意思，今天熱烈到會無非以十二萬分的熱忱，願望來結合兩邑人士共同努力新青木鄉的一切建設，使增繁榮，以期建全抗日後防，增加抗戰力量。各位既抱如是決心，圖盡國民應盡之責，以言建設，事體重大，必須商討組織一健全之團體，以資提絜，并集中人力財力努力以赴，次第舉辦，始克有成，否則徒託諸空談而已。諸君均才深識廣，想必有深知灼見，以不屈不撓之精神，不急不徐之措施，以求此事

1938 年 2 月 13 日巴璧青木乡乡村建设联合会举行第一次筹备会议通过该联合会简章，成为两县青木乡奉行抗战建国的重要举措 （重庆市璧山县档案馆馆藏民国档案 华西实验区 全宗第 9 卷）

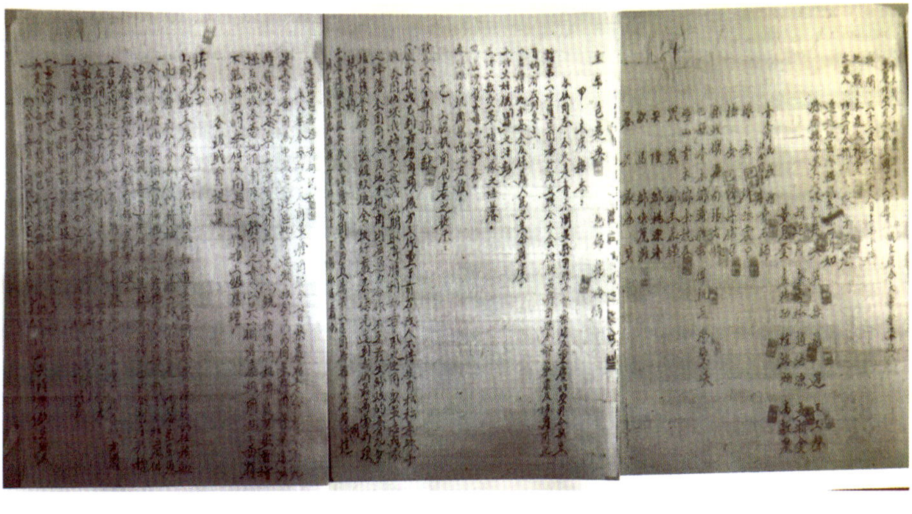

1943 年 5 月 28 日上午，青木关军警团联合督察处、重庆防空司令部直辖第二防护区团成立联合大会，在青木关该处大礼堂举行

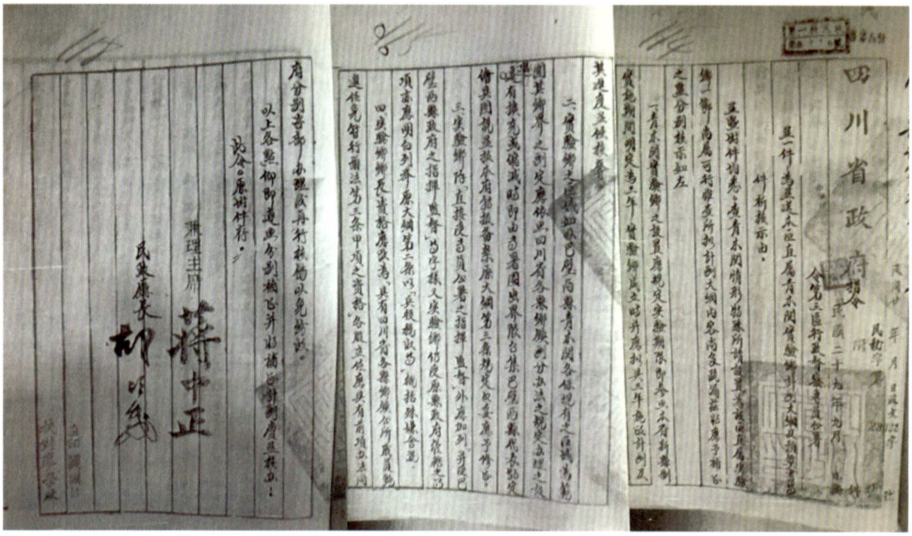

四川省政府关于同意巴璧两县青木乡实验乡计划给四川省第三区行政督察专员公署的指令（1940 年 9 月）

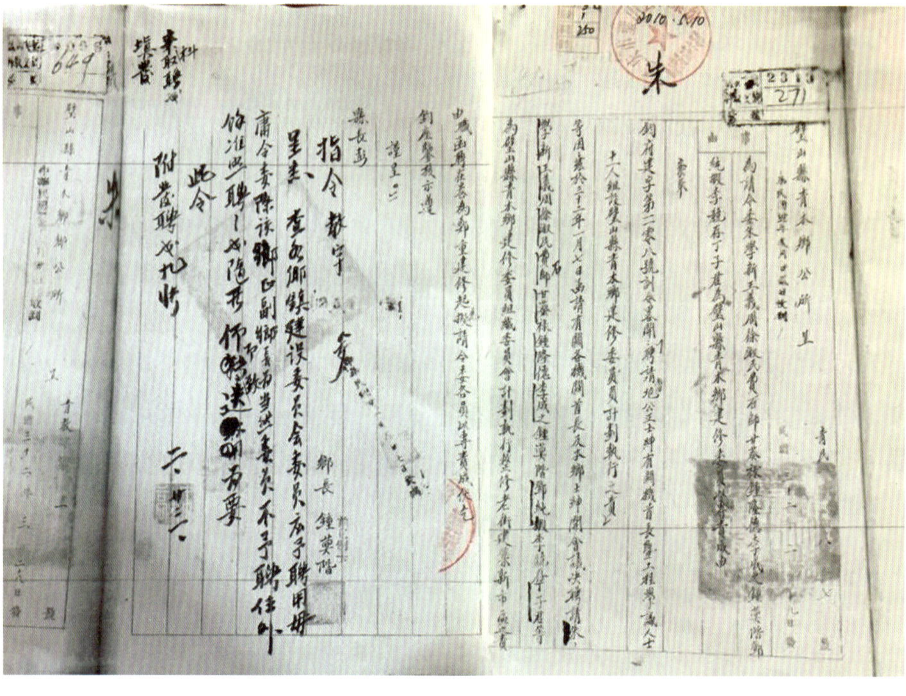

璧山县青木乡成立建修委员会，函请迁建机关首长和本乡士绅组成；执行整修青木关老街，建筑新市区。图为璧山县青木乡乡公所就建修委员会成立及函请事宜呈报县政府文（1943 年 3 月 28 日）

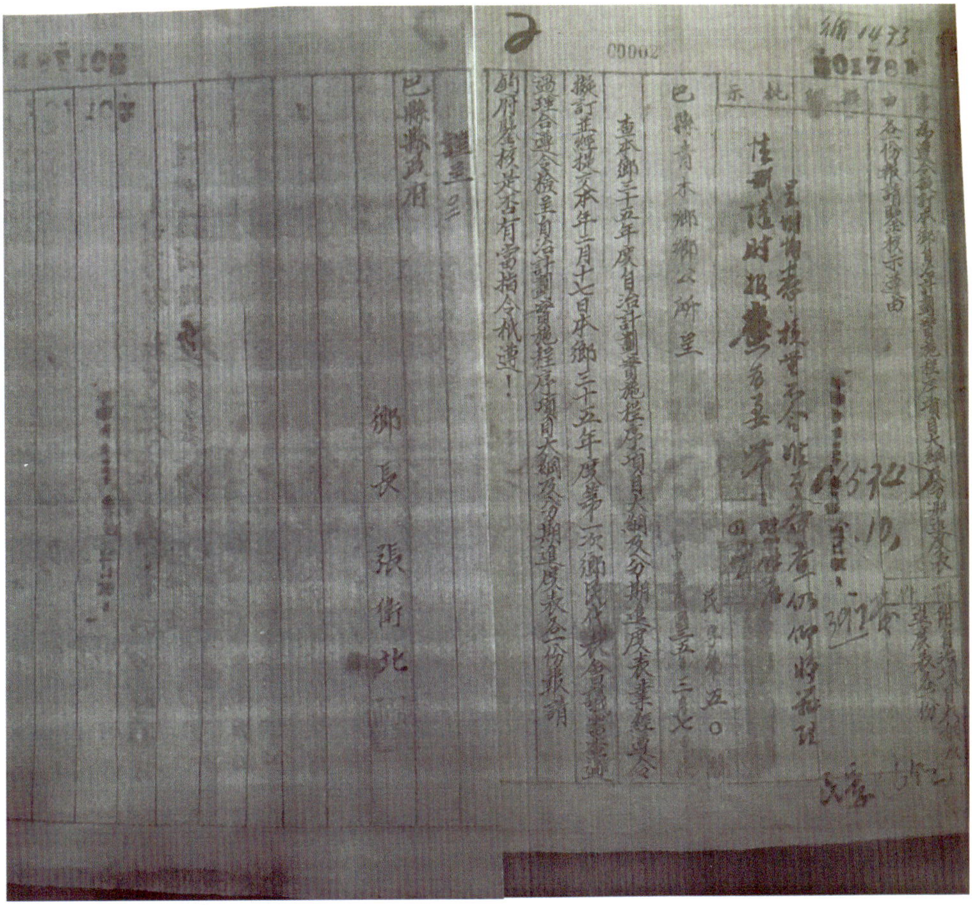

巴縣青木鄉鄉公所呈

查本鄉三十五年度自治計劃實施程序項目大綱及分期進度表業經奉令擬訂並經提交本年二月十七日本鄉三十五年度第一次鄉民代表會議審查通過理合遵令檢呈自治計劃實施程序項目大綱及分期進度表各一份報請鈞府鑒核是否有當指令祇遵！

謹呈

巴縣縣政府

鄉長 張衡北

巴县青木乡三十五年度自治计划实施程序项目大纲及分期季度表，图为该大纲呈县政府文

四、教育部迁建青木关办公统辖青木关文化教育事务

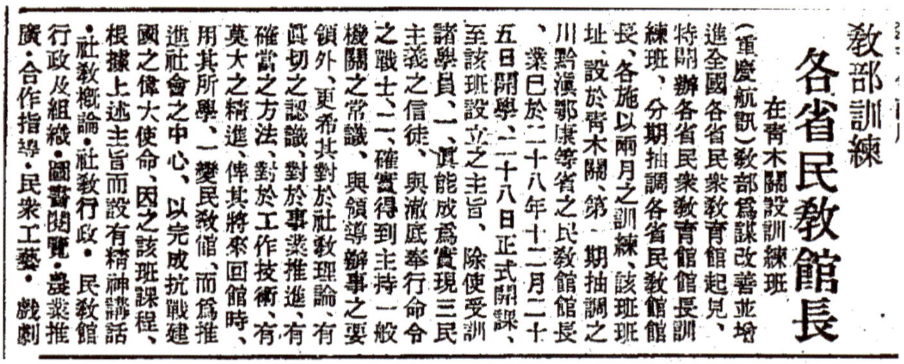

教部訓練各省民教館長

在青木關設訓練班

(重慶航訊)教部爲謀改善並增進全國各省民衆教育館起見、特開辦各省民衆教育館館長訓練班、分期抽調各省民教館館長、各施以兩月之訓練、該班班址、設於青木關、第一期抽調之川黔滇鄂康等省之民教館館長、業已於二十八年十二月二十五日開學、二十八日正式開課、至該班設立之主旨、除使受訓諸學員、一、眞能成爲實現三民主義之信徒、與澈底奉行命令之戰士、二、確實得到主持一般機關之常識、與領導辦事之要領外、更希其對於社教理論、有眞切之認識、對於事業推進、有確當之方法、對於工作技術、有莫大之精進、俾其將來回館時、用其所學、一、變民教館、而爲推進社會之中心、以完成抗戰建國之偉大使命、因之該班課程、根據上述主旨而設有精神講話・社教概論・社教行政・民教館行政及組織・圖書閱覽・農業推廣・合作指導・民衆工藝・戲劇

教育部主办各省市民众教育馆长训练班第一期在青木关开学行课，《申报》1940年2月16日报道

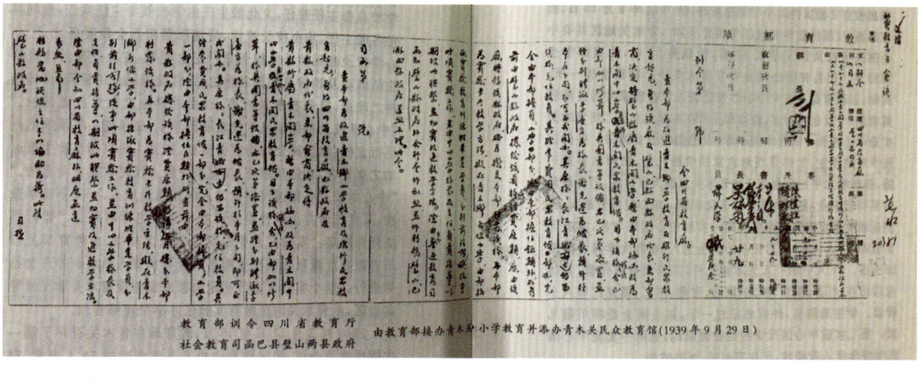

国民政府教育部直接统辖迁建区青木关文化教育设立民众教育馆国民教育实验区的训令

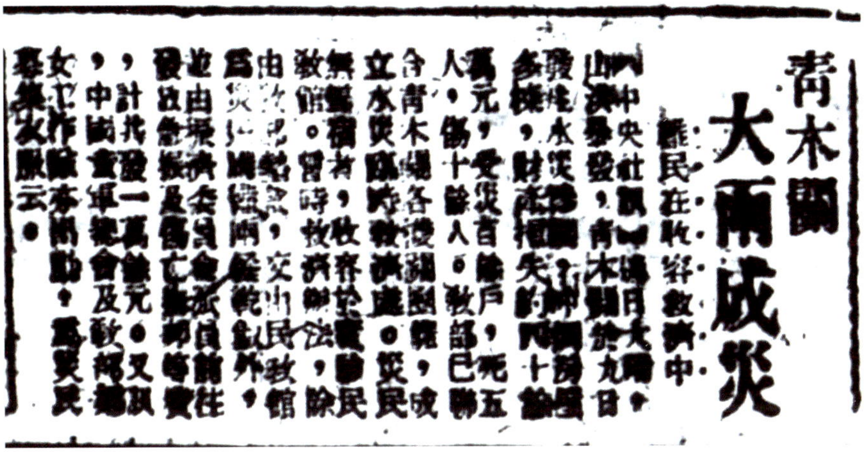

青木关暴雨山洪成灾，教育部发起赈灾，青木关民众教育馆收容难民，报道书影

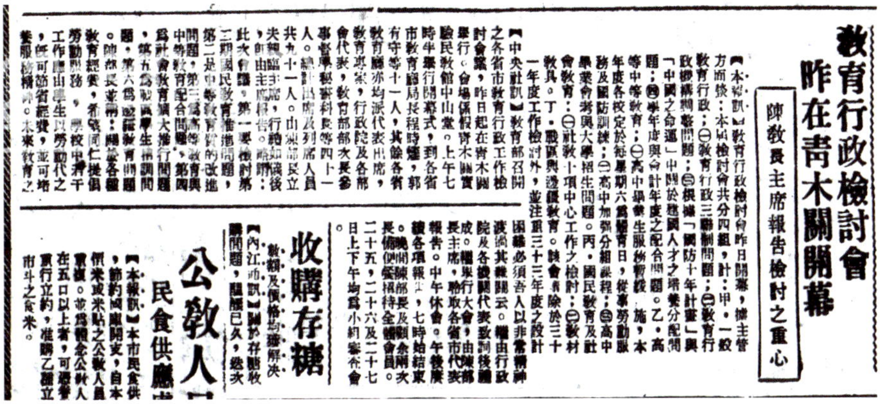

教育行政检讨会昨在青木关开幕

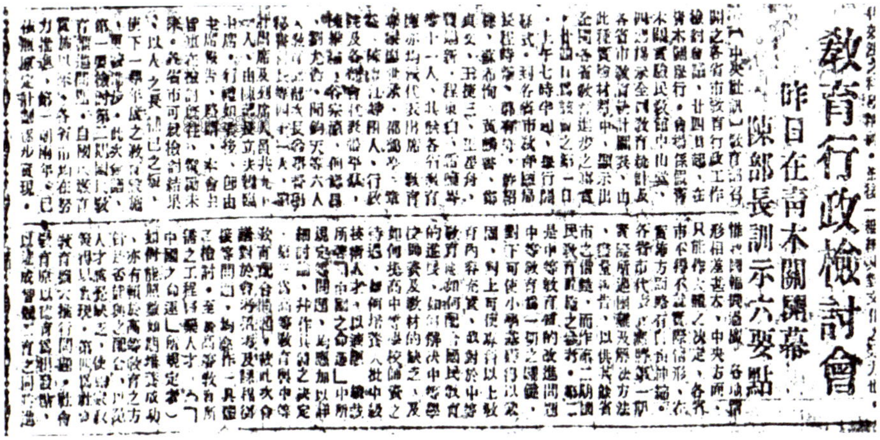

教育行政检讨会昨日在青木关开幕

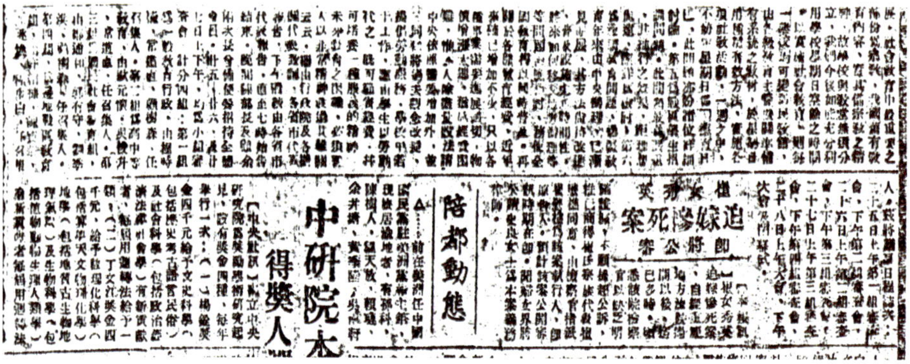

教育行政检讨会在青木关开幕

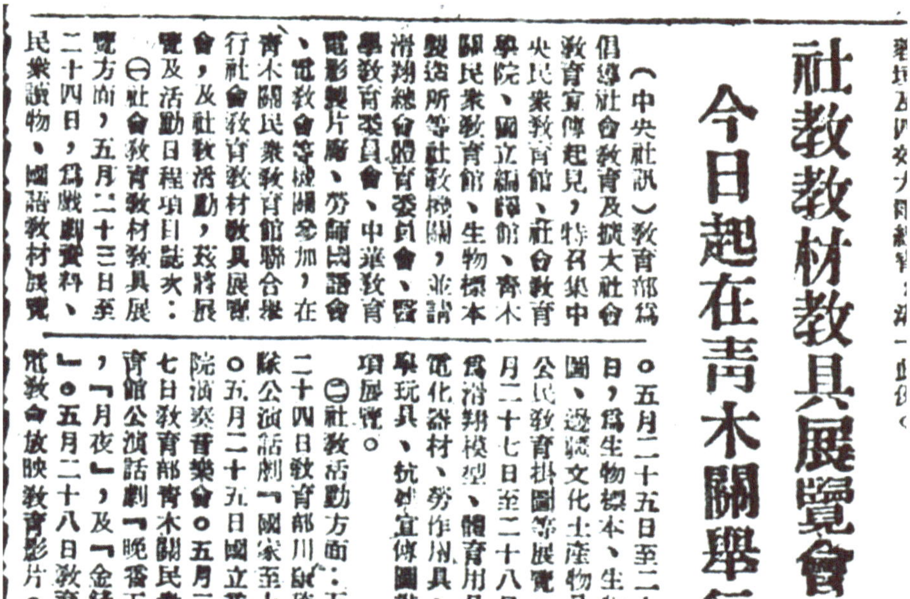

社教教材教具展覽會 今日起在青木關舉行

（中央社訊）教育部為倡導社會教育及擴大社會教育宣傳起見，特召集中央民衆教育館、社會教育學院、國立編譯館、青木關民衆教育館、生物標本製造所等社教機關，並請滑翔總會體育委員會、中華教育電影製片廠、勞師國語會、電教會等機關參加，在青木關民衆教育館聯合舉行社會教育教材教具展覽會，及社教活動，茲將展覽及活動日程項目誌次：

㈠社會教育教材教具展覽方面，五月二十三日至二十四日，為戲劇資料、民衆讀物、國語教材展覽。五月二十五日至二十六日，為生物標本、生物掛圖、邊疆文化土產物品、公民教育掛圖等展覽。五月二十七日至二十八日，為滑翔模型、體育用品、電化器材、勞作用具、科學玩具、抗戰宣傳圖畫等項展覽。

㈡社教活動方面：五月二十四日教育部川東施教隊公演話劇「國家至上」。五月二十五日國立音樂院演奏音樂會。五月二十七日教育部青木關民衆教育館公演話劇「晚香玉」，「月夜」，及「金錢部」。五月二十八日教育部電教會放映教育影片。

社教教材教具展览会今日起在青木关举行

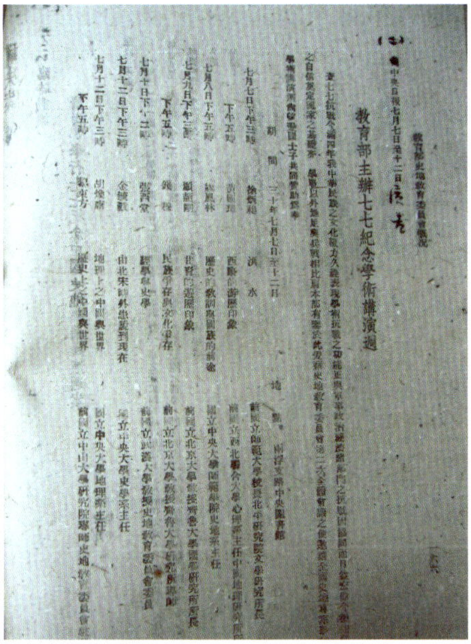
教育部主辦七七紀念學術講演週

1941 年 7 月，在日机对重庆大轰炸下，教育部史地教育委员会在青木关举行第二次全体会议，并在陪都举办“七·七”学术讲演周

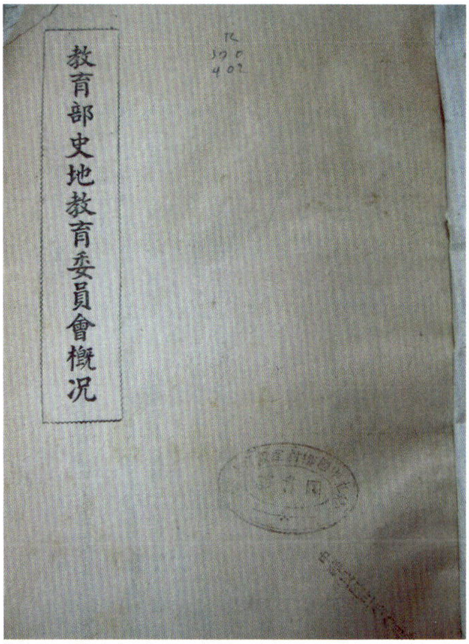
教育部史地教育委員會概况

史地教育委员会概况第一号 完整记录了史地教育委员会首次全体会议的召开情况和工作情况

教育部史地教育委员会 1940—1941 年工作概况书影及七七学术讲演周书影

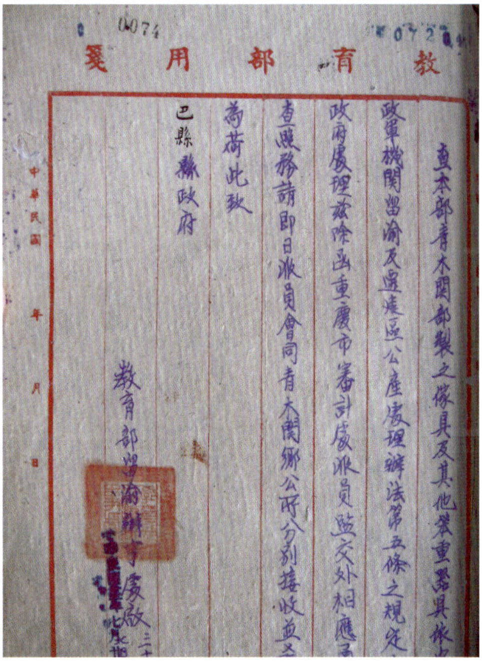
教育部用箋

查本部青木關部製之傢具及其他笨重器具依

政軍機關留渝及遷建區公產處理辦法第五條之規定

政府處理並除函重慶市審計處派員監交外相應函

達即請即日派員會同青木關鄉公所分別接收並

為荷此致

巴縣縣政府

教育部留渝辦事處啟

教育部复员离青与巴璧两县政府交接档案书影 教育部制发（抗战胜利后教育部青木关的器具设施移交巴县政府公函）（重庆市巴南区档案馆馆藏民国巴县档案 J1—13—29）

五、教育学府、教育刊物

青木关国立音乐院全景

国立音乐院纪念亭

国立音乐院纪念雕塑，1995 年建成

1945 年幼年班的第一批学员

国立艺专徒步宣传团海报设计

1942 年重庆青木关松林岗。图案组教室

教育部留學證書

第　　號

學生吳冠中現年二七歲係江蘇省宜興縣人國立藝術專科學校畢業經本部考試及格准以公費前往法國留學合給證書

部長

貼印花處

貼相片處

中華民國三十六年四月　日

吴冠中公派留学法国证书

国立艺术专科学校学生吴冠中、助教闵希文与教授方干民一家在青木关老关口凉亭前合影（1942）

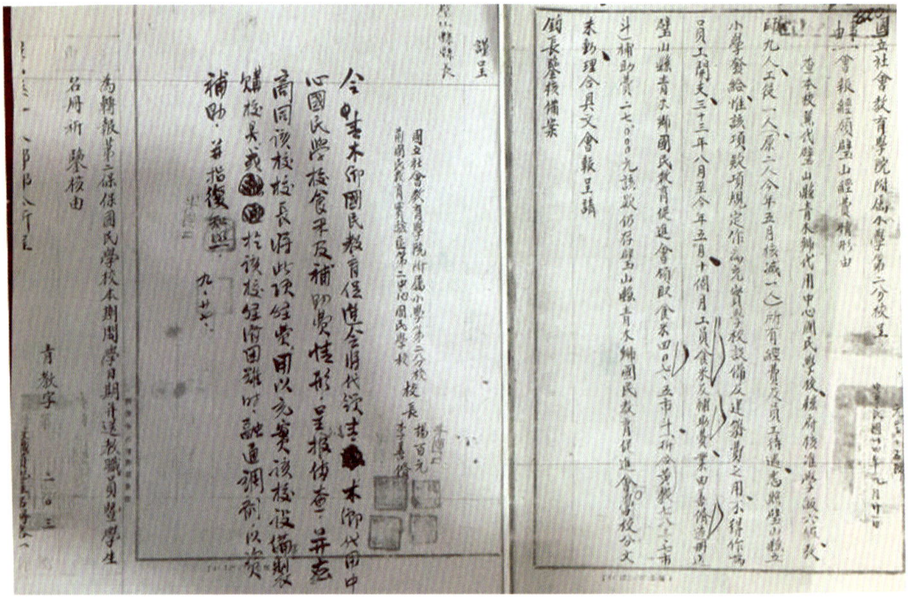

国立社会教育学院附属小学第二分校代用前国民教育实验区第二中心国民学校（即璧山县青木乡中心国民学校）（重庆市璧山县档案馆馆藏民国档案—1—4—428）

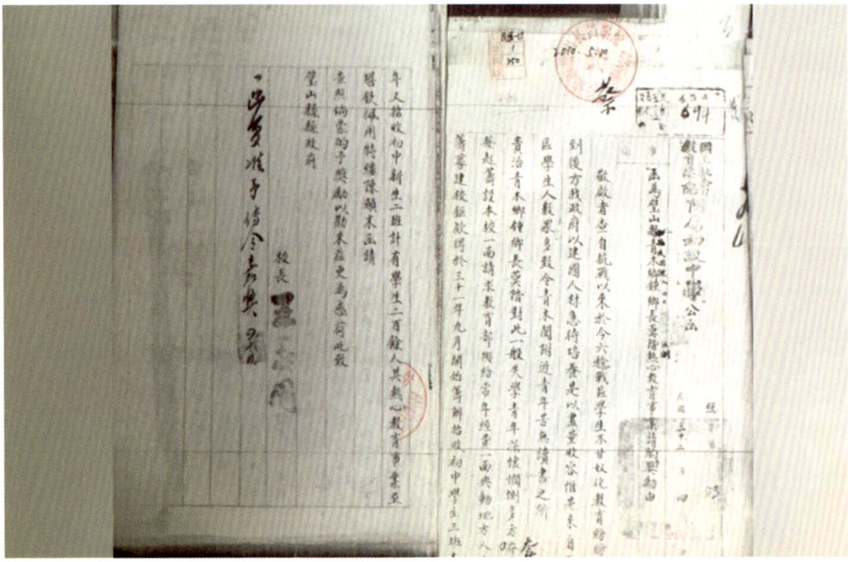

国立社会教育学院附属初级中学为璧山县青木乡钟奠阶乡长热心教育事业请酌与奖励给璧山县政府文　1943 年 4 月。编者注：1942 年 9 月国立社会教育学院附属初级中学创办，校长王义周感念钟奠阶乡长发起创办青木关初中，解决青木关学子升学难，特函璧山县政府予以奖励。——重庆市璧山县档案馆馆藏民国档案

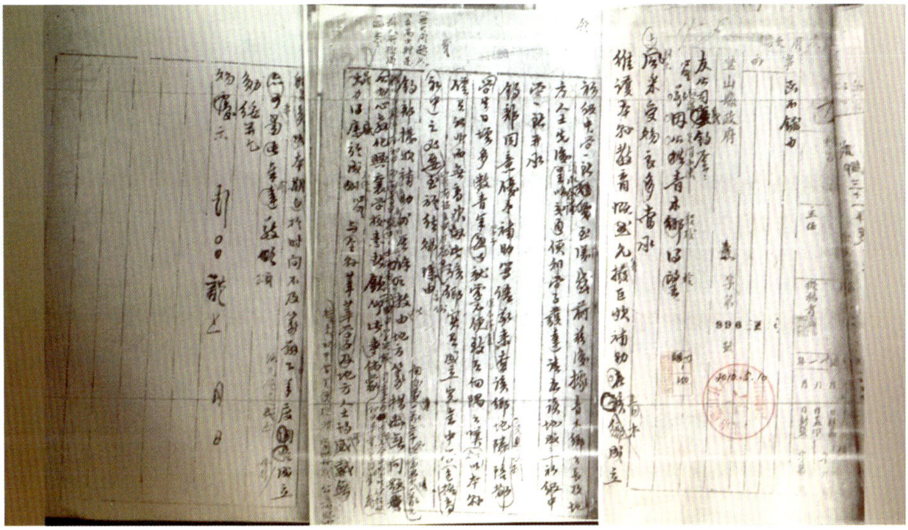

国立社会教育学院附属初级中学创办后，教育部承诺三年后该中学交地方办理。璧山县政府县长彭兴明希望教育部在初级中学的基础上办理完中，图为彭县长于 1942 年致教育部的书函。——重庆市璧山县档案馆馆藏民国档案 —15—1—250

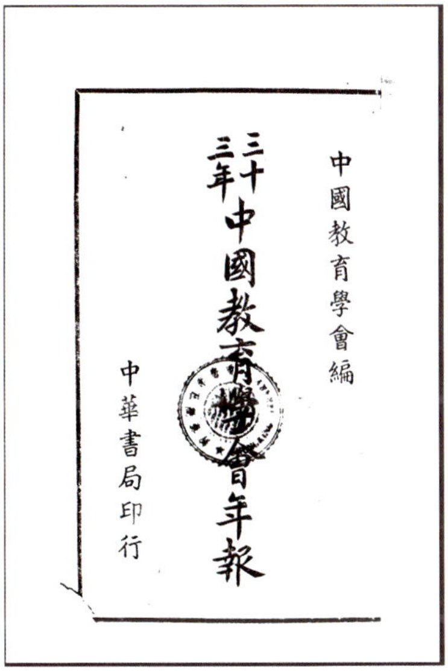

三十三年中國教育學會年報

中國教育學會編

中華書局印行

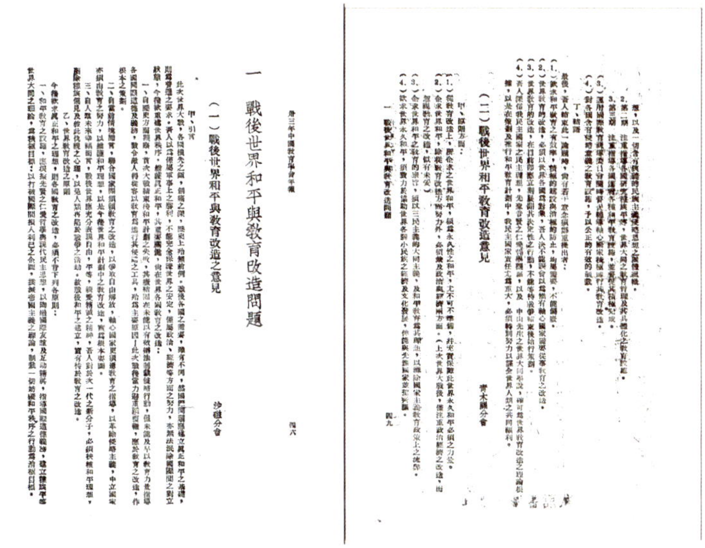

一 戰後世界和平與教育改造問題

（一）戰後世界和平與教育改造之意見 沙磁分會

（二）戰後世界和平教育改造意見 青木關分會

中国教育学会卅三年度年会在北碚举行，中国教育学会沙磁分会、青木关分会均发表《战后世界和平教育改造意见》。

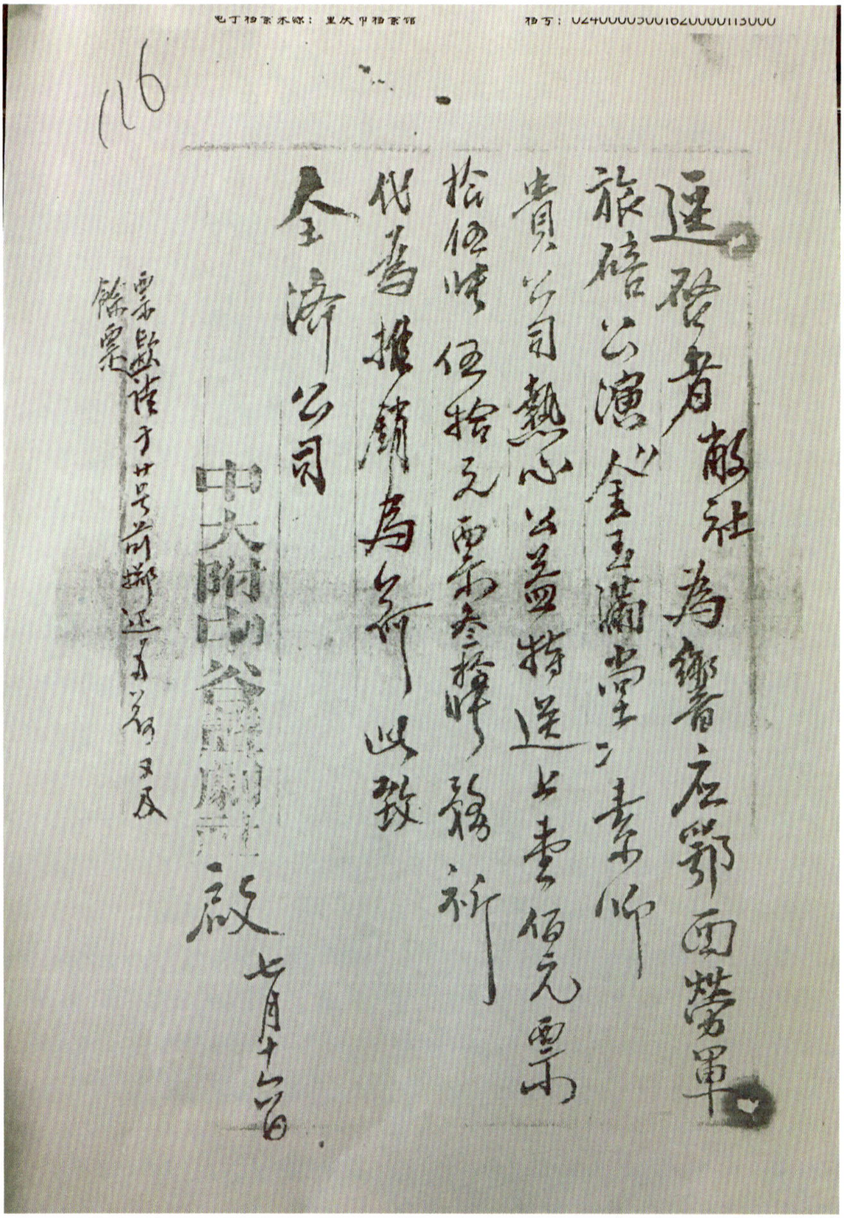
电子档案来源：重庆市档案馆　档号：02400005001620000113000

116

逕啓者 敝社為犒賞在鄂西勞軍
旅碚公演《金玉滿堂》素仰
貴公司熱心公益 特送上票伍元票
拾伍張 值拾元 西南參拾陸號 祈
代為推銷為荷 此致
全濟公司

中大附中谷雨劇社 啓
七月十六日

国立中央大学师范学院附属中学（青木关）1943 年 7 月在北碚举行劳军公演，上演话剧《金玉满堂》。

——重庆市档案馆电子档案 02400005001620000113000

國立青木關中學公告

大夏中學校長張新天緊急啓事

舉行廉價兩月

全部圖書八折 預定雜誌七折

日期：自十月十六日起至十二月十五日止

重慶分店地址：保安路一二六號

國產良藥值得介紹

1946年10月“国立青木关中学”在《中央日报》刊发的招生广告。

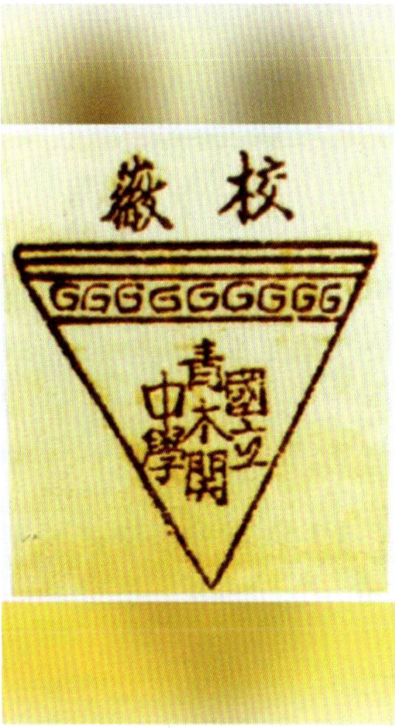

国立青木关中学校徽

国立青木关中学第一号布告。教育部任命钟芳铭为国立青木关中学校长 1946年10月19日

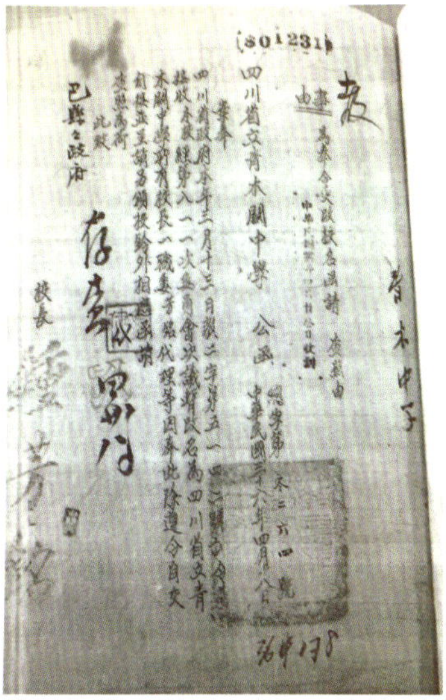
四川省立青木關中學 公函

巴縣縣政府

校長

根据四川省政府训令，教育部特设青木关中学更改校名为“四川省立青木关中学”。图为该校代理校长钟芳铭公函周知各县的公文 1947年4月18日（重庆市巴南区档案馆馆藏民国巴县档案 巴县县政府教育【二十二 】J1—11—134）

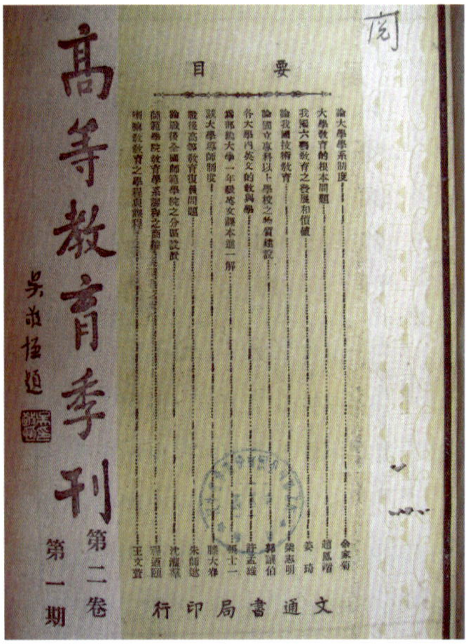

青木关教育部高等教育季刊社编辑出版的《高等教育季刊》书影。（《高等教育》季刊 第二卷第一期）

中国教育学术团体联合办事处迁青木关后编辑出版的《建国教育季刊》（中国教育学术团体联合办事处主编《建国教育》第一卷第三四期合刊，各省市教育实况中心号）

战时发行量最大的学生读物《学生之友月刊》创刊号（“学生之友”创刊号·统一招生特辑 1940 年 6 月 15 日）

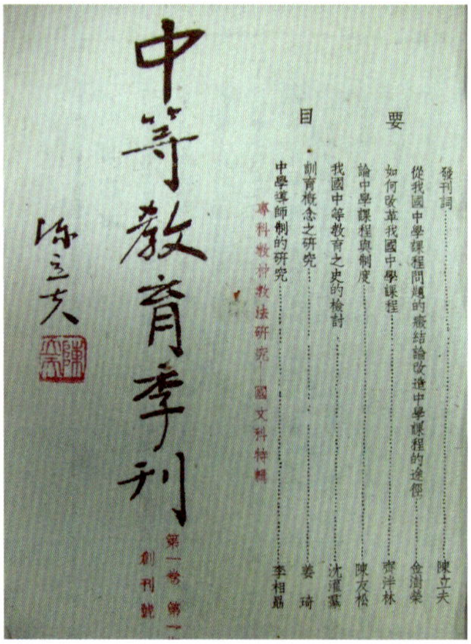

《中等教育季刊》是国民政府教育部主办，中央大学、西北师范学院承办的一种以中等教育为研究对象的学术刊物，1941 年创刊于沙坪坝。

教育部国民体育委员会在重庆大学召开国民体育大会后创办《国民体育季刊》创刊号，教育部长陈立夫题写刊名

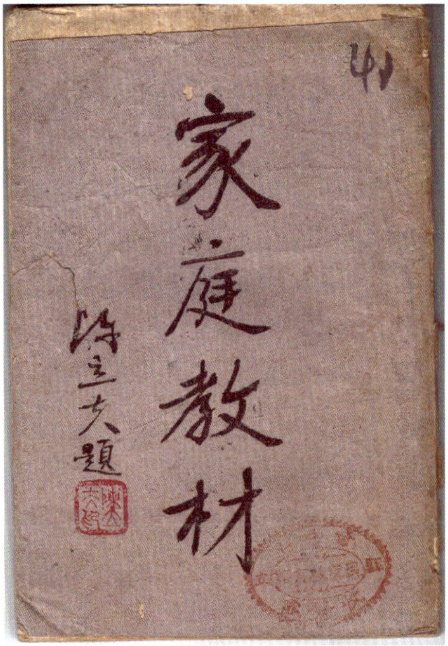

教育部社会教育司编辑发行的《家庭教材》

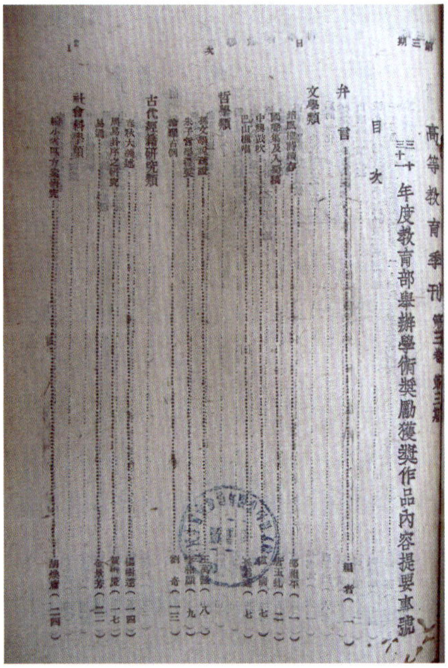

《高等教育季刊》三卷三期，三十、三十一年度教育部举办学术奖励获奖作品内容提要专号

六、文化刊物 学术刊物 文物考察

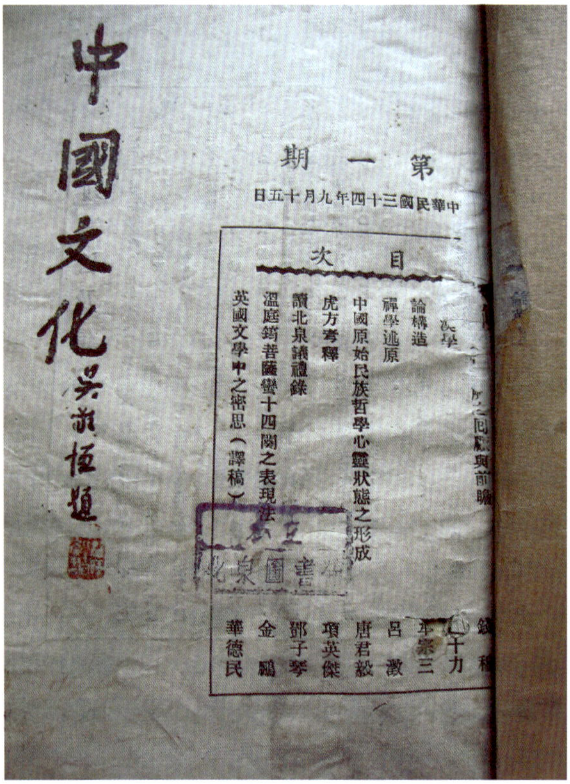

由璧山人钟芳铭创办的国学刊物《中国文化》创刊号，1946 年钟芳铭担任教育部特设青木关中学校长。

钟芳铭（国立青木关中学第一任校长）

璧山县文教界知名人士钟芳铭创办《中国文化》刊物创刊号及钟芳铭照片

《高等教育季刊》三卷三期，三十三十一年度教育部举办学术奖励获奖作品内容提要专号

青木关学生之友出版社、《学生之友》月刊社出版的戏剧专辑，介绍了重庆南开中学戏剧演出。（《学生之友》第三卷第六期·戏剧专辑1941年12月1日）

徵聘建築繪畫人材

教育部西北艺术文物考察团筹备处1940年8月在青木关民众教育馆成立并登报招聘建筑艺术人才，在青木关选聘组团，1940年12月5日从青木关出发，前往西北，历时五年。

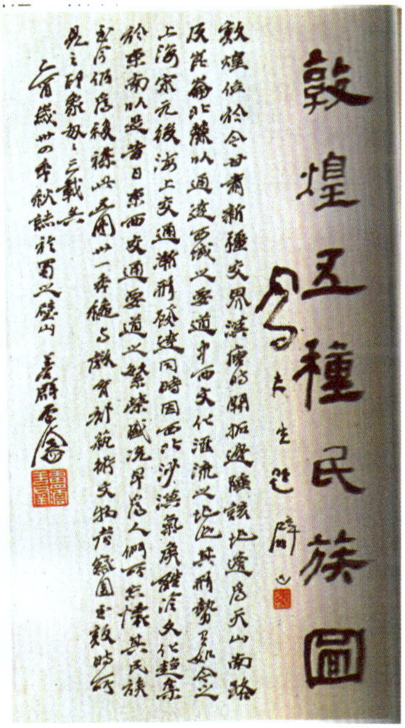

教育部西北艺术文物考察团成员卢善群返回青木关举办画展，吕凤子为之题词

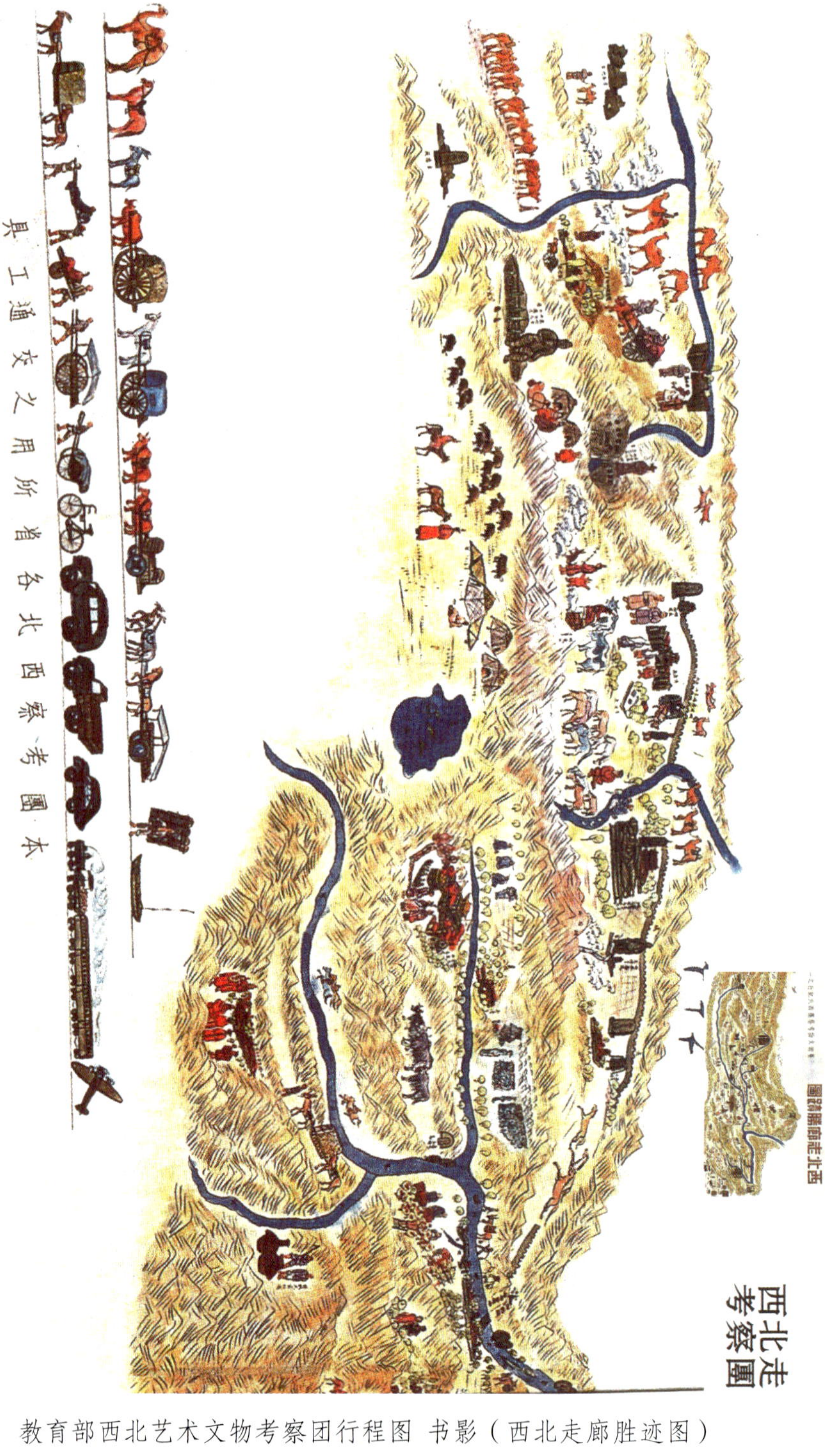

教育部西北艺术文物考察团行程图 书影（西北走廊胜迹图）

教育部艺术文物考察团 1943 年 1 月 16 日——20 日在重庆中央图书馆举办敦煌艺术展览。四个陈列室 200 余件展品皆为该团 1942 年间考察敦煌的收获。展览轰动陪都。以下三张照片是该团成员在中央图书馆布展情形。1943 年 1 月 16 日《中央日报》、《扫荡报》联合版“艺林”副刊推出“敦煌艺术展览会特刊”

读者于 1945 年 1 月在青木关购买的记者赵超构著《延安一月》书影

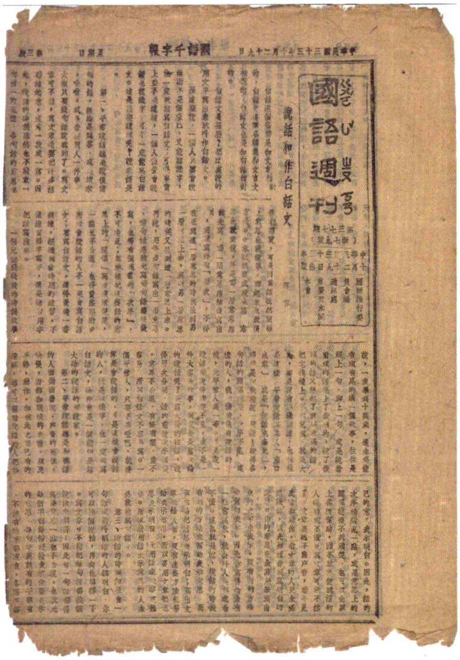
國語週刊
說話和作白話文

《国语周刊》第三七七期（新七九号）刊发何容文章《说话和作白话文》，提倡作白话文取代文言。1944 年 10 月 29 日出版

七、历史·地理专业

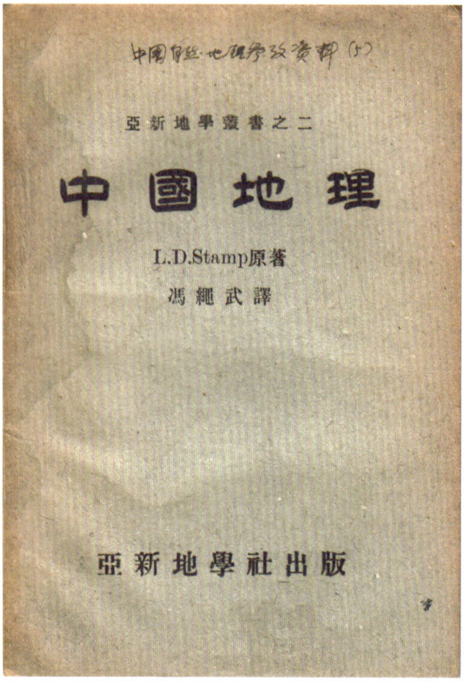

《中国地理》封面

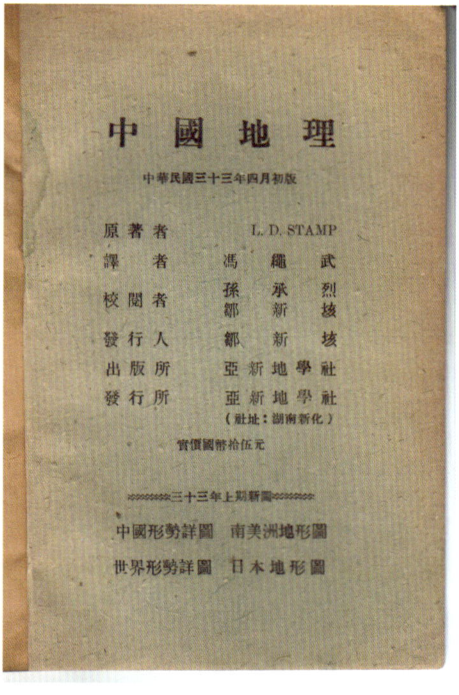

《中国地理》封面版权页

说明：是由在北碚复旦大学讲学时的冯绳武翻译的地理学专著，亚新地学社1944年4月初版。从译者于1942年12月12日在青木关所作“译者序”，时值1941年盛夏，日机对重庆大轰炸期间完成翻译。另据该书所列《亚新地学丛书目录》，在大轰炸下，在迁建区高等学府、研究机构任教任职的地理学家或著述或翻译出版专著。

黎东方（1907—1998），祖籍河南正阳。著名史学家，巴黎大学文学博士。抗战时期在重庆任教育部史地教育委员会驻会委员，抗战史编辑室主任，中央大学兼职教授。战时面向大众开讲《细说三国》轰动大后方。

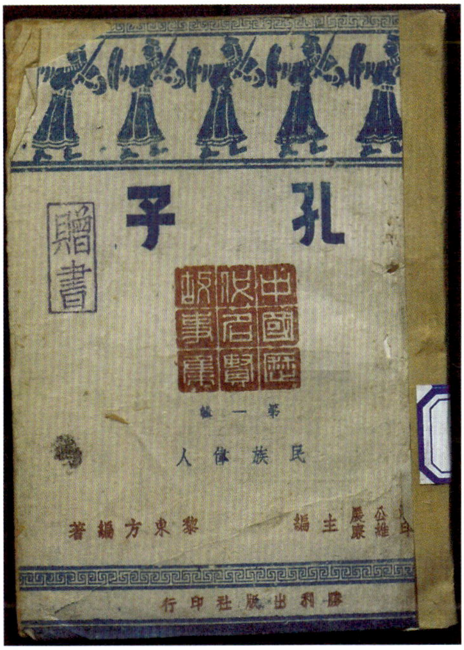

黎东方编著《孔子》列入教育部史地教育委员会规划的“中国历代名贤故事集——第一辑——民族伟人”由胜利出版社出版。

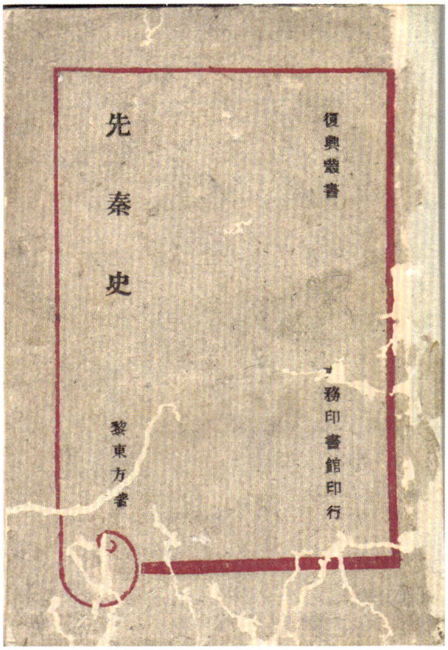

《先秦史》黎东方著商务印书馆民国三十三年九月初版

八、文学创作·译作

岳飞

荆轲

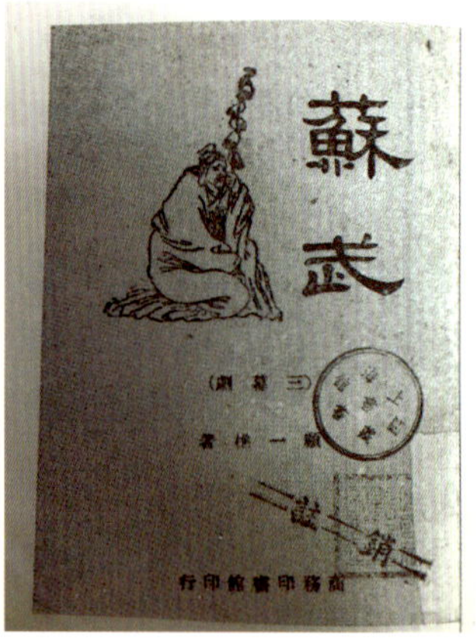

苏武

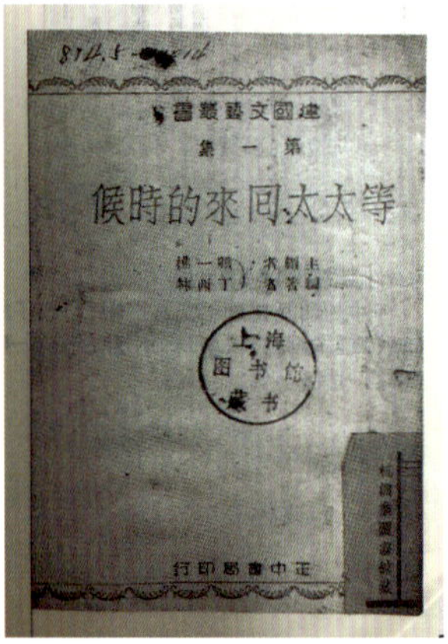

等太太回来的时候

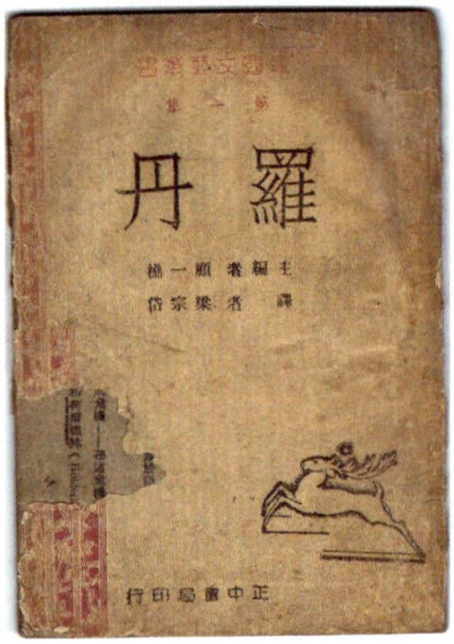

罗丹

面子问题

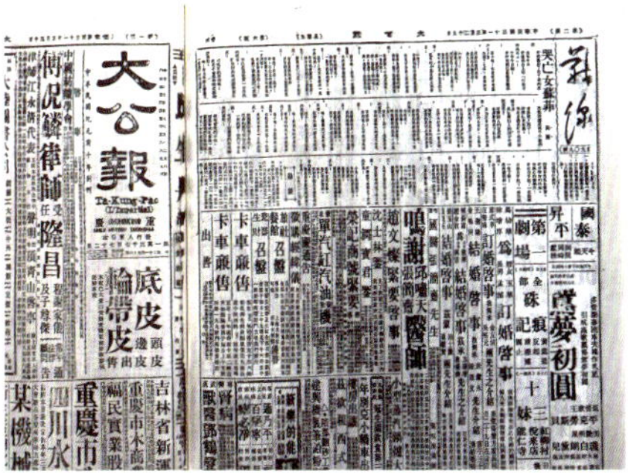
大公報
哭亡女蘇菲

1.重庆《大公报》1942年3月29日“战时副刊909”发表高兰诗《哭亡女苏菲》。

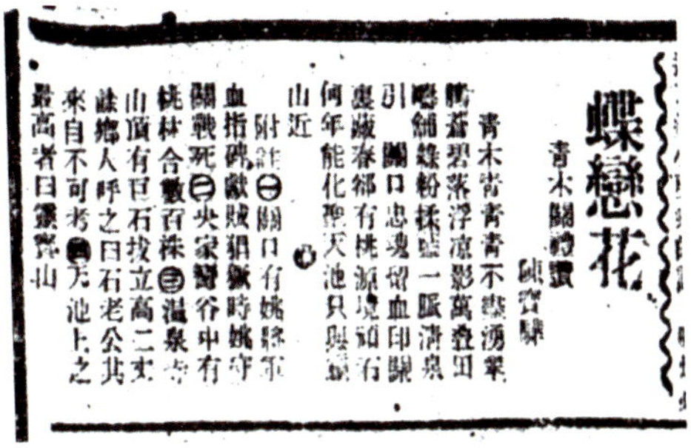
蝶戀花
青木關禮讚 陳寶驊
青木宵青青不斷湧翠騰蒼碧落浮涼影萬叠田疇鋪綠粉揉臨一脈清泉引　關口忠魂留血印隱藏春鄉有桃源境祇有何年能化理天池只與最山近◎
附註㊀關口有姚縣宰血指碑獻賊猖獗時姚守關戰死㊁中央家醫谷中有桃林合數百株㊂溫泉寺山頂有巨石拔立高二丈鄉人呼之曰石老公共來自不可考㊃天池上之最高者曰鐵鞭山

《中央日报》1946年8月5日诗人陈宝骅发表《蝶恋花，青木关礼赞》

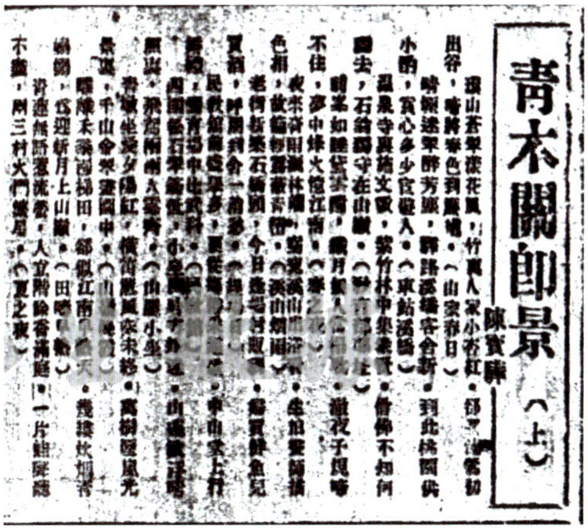
青木關即景（上）
陳寶驊

青木关即景（上）

青木關即景（下）

青木关即景（下）

九、音乐刊物·音乐报道

重庆五大学联合歌咏团启程赴成都前在重庆南开学校合影

刊发在《青年音乐》第一卷第二期上的国立音乐院学生第一次演奏会节目单

《青年音乐》第一卷第二期上的刊头

《大道音乐》（季刊）创刊号·民歌专辑

十、歌曲集·著述·舞蹈

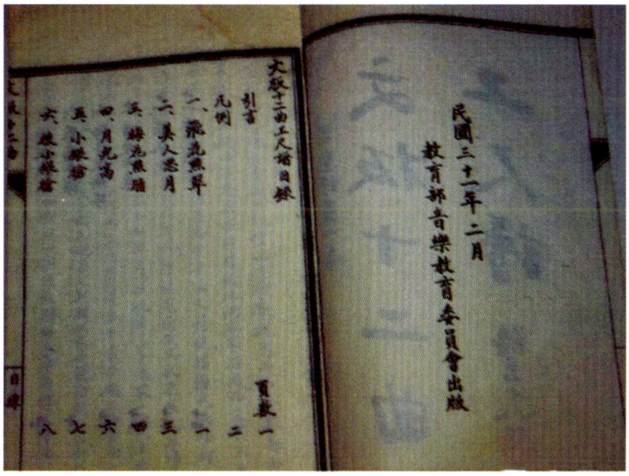

文板十二曲 上下 线谱 工尺谱 教育部音乐教育委员会编—1

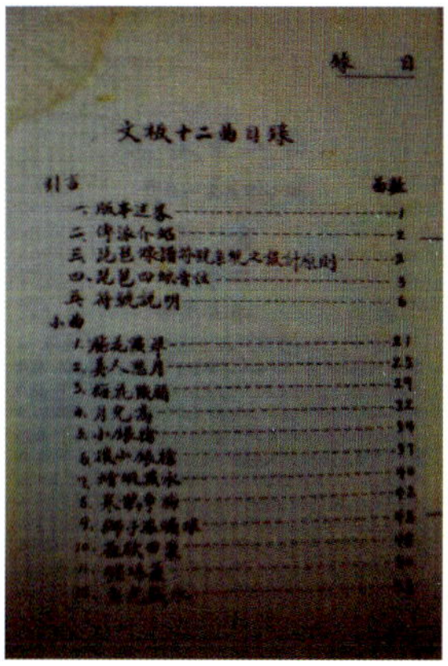

文板十二曲 上下 线谱 工尺谱 教育部音乐教育委员会编—2

文板十二曲 上下 线谱 工尺谱 教育部音乐教育委员会编

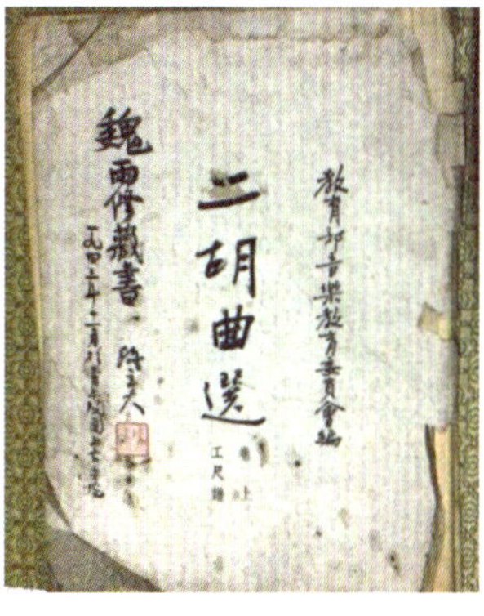

教育部音乐教育委员会编《二胡曲选》

《音乐的故事》国立音乐学院教授张洪岛译，独立出版社，民国年三十三年一月初版

《国乐民曲选》封面书影

十一、名曲曲谱选

《嘉陵江上》乐谱，贺绿汀谱曲

抗战时期李抱忱翻译的中英文对照《义勇军进行曲》曲谱书影

目　录

导　言　战时中国教育文化的神经中枢和典范性缩影

抗战初期，国民政府教育部由南京先迁至武汉，1938 年 11 月武汉失守前夕再迁至战时首都重庆。此后在渝八年期间，先驻重庆川东师范，即今重庆劳动人民文化宫内；1939 年 5 月 3 日和 4 日日机开始对重庆实施战略大轰炸后，乃迅即迁至西郊的“国民政府中央机关迁建区”内的青木关温泉寺办公。直到抗战胜利后的 1946 年 5 月，随国民政府还都南京，教育部才撤离青木关东返，总计在这里驻了大约七年的时间。

青木关距重庆老城约七十华里，地处城西远郊，在当时四川省巴县和璧山两县交界处，历史上作为拱卫重庆这座军事重镇的边关。抗战时期，这里已有从成都至重庆的成渝公路穿过，并在青木关至北碚的青北公路与北碚地区相连，使这里变成了大重庆国民政府中央迁建区中段的交通要冲：东连重庆，西通璧山和成都，北接北碚。教育部一迁到这里，便立即将巴县、璧山两县各自所属的青木乡整合为教育部附设青木关国民教育实验区，作为准备向全国推广儿童义务教育和成人业余补习教育相结合的国民教育实验地和示范区，同时着手创建全国最高音乐学府青木关国立音乐院，在璧山的国立社会教育学院及其在青木关的附属中学，国立中央大学青木关附属中学、青木关国立劳作师范、童军师范学校等院校，也如雨后春笋般创建起来。

概而言之，青木关这个远离都市的偏僻小镇，是 1939 年夏天国民政府教育部迁来此地之后迅速繁荣起来，并带动周边县城场镇的教育文化的迅猛发展，使这里变成了抗战时期全国教育文化的神经中枢、心脏和典范性缩影。重庆作为中国的战时首都，国民政府教育部迁来重庆，其在全国所处中心地位自不待言。只说它在青木关七年时间，在重庆抗战教育文化的心脏地位，尤其不可忽略。它因处在重庆中央迁建区中段的交通要冲，在青木关国民教育实验区与重庆老城之间，有以中央大学为首高校林立的沙磁文化区和歌乐山国民政府中央机关云集地（又称“小重庆”），这是当时整个重庆知识精英最集中的两个地方；在青木关北面的北碚，则是第三处学府和中央机关林立，知识精英最集中的文化区；在它西面的璧山县城，作为青木关文化教育心脏地带的延伸，不及北碚、沙坪坝、歌乐山的繁荣，但也不是邻近的其他县城所能相比的。而教育部自身所在的青木关，以及由它一手创建的国民教育实验区，各国立大中学校以及其他文化机关，在这里不但密集，中高级知识分子多达两千人，而且是重庆抗战文化教育运动最具实力、影响也最大的龙头和发动机。无论在领导重庆和全国各地的抗战文化教育运动，还是在聚集、培养建国人才为中华民族国家现代化建设所做出的贡献，包括它在这里创造和积累的发展民族新文化的经验，都可说是空前丰富的。

抗战时期青木关的文化教育史，应该说这是中华民族70多年前在对日抗战中血与火铸成的一笔不可多得的文化遗产。由于众所周知的原因，这笔珍贵的遗产被埋在地下，经过几代人的沧桑巨变，几乎被忘却了。现在改革开放的深入发展，为我们去发掘这笔文化遗产创造了空前未有的宽松环境和有利条件。经过若干年的持续努力，我们这本《掀起你的盖头来——抗战时期重庆青木关文化教育史》的地方志专著，便终于完成了。需要说明的是，我们这样的发掘和研究还在起步阶段。同时，面对数万卷现存的相关历史档案，以及当年就学于青木关的莘莘学子的大量回忆文章，本书所能容纳的也只能算是冰山之一角。不过，它的意义却是不容低估的：发掘被埋在历史的故纸堆及部分健在的当事人记忆中的这笔珍贵的抗战历史文化遗产，我们总算是迈出了第一步。

抗日战争是国共两党第二次合作的一次胜利，是伟大民族革命战争。在十四年艰苦的流血奋斗中所取得的成果，可以说都是在以国共合作为中心的抗日民族统一战线旗帜下所取得的，以青木关为龙头和心脏的全国教育文化运动取得的实绩及其所凝结的历史智慧和经验，自然也都是其中最重要的组成部分。对所有这些，我们在撰写本书时，都尽可能将其中最突出的部分用原始的档案资料及少量当年的学者日记和回忆，系统地呈现出来。其中最引人注目，即对我们今天的文化教育和经济社会发展仍有重要借鉴意义的那些部分，按照我们的初步了解，至少有如下几点值得我们特别注意。

一、大文化的观念

抗战时期教育部所主管的教育文化，也可以倒过来说成是文化教育，具有广义的大文化观念所涵盖的内容。因此，青木关的教育部，虽然只有五六百人，但所管的事，却相当于现今的教育部、文化部、体育总局等几个部门的总和。这种大文化的观念，认定人类为实现其生存意义与生活的目的，才有语言、文字、道德、法律、哲学、宗教、科学、艺术以及衣食住行等日常生活的工具和享用方式的创造发明，这些创造与发明，就是文化；这个文化，其蕴藏在内的，是人类的智慧与能力，表现在外的，是生活形态与方式。概括地说："文化是人类为了适应生活要求和生存需要所产生的一切生活方式的总合和它的表现。"当时根据孙中山的三民主义，国民政府执政当局认定民生哲学为中华民族文化的哲学基础，亦即认定生命为宇宙的主宰，民生为历史的中心，其出发点则为仁爱，是以民生为宇宙大德的表现，仁爱即民生哲学的基础，文化与民生实为一体："民生之外无文化，文化之外无民生"。合乎民生哲学的文化，才是中华民族的文化，才是中华民族所需要的文化。于此，国民政府依次提出心理建设、伦理建设、社会建设、政治建设、经济建设这五大建设任务。① 青木关教育部具体执行这五大建设，领导各级各类学校培养人才，并按照这个大文化观念来施教和推行文化运动。人们可以不同意上述观念，但认清这个大文化观念，并给予客观的科学的评价，则无疑是深入研究青木关抗战文化教育发展的一个重要前提。

二、抗战建国与中国现代化

自二十世纪八十年代以来，国内文学和史学界流行着一个观点，即认为现代中国启蒙运动从五四开始，但好景不长，到 1927 年前后的大革命和内战，再加上以后的抗日战争，这个运动即被革命和救亡所中断。历史的事实并非如此。启蒙运动的本质是以张扬以人为本的思想和追求民主宪政为目标的，它同时也是一种把一个农业文明国家向工业文明转变的强烈追求。这个过程，无论在抗战之前，还是在抗战之中，都没有中断。特别是在抗战时期，全国在以国共两党及其他民主党派共同拥护的《抗战建国纲领》这一相当于全民族共同的最高纲领的指导下，实行一面抗战，一面建设的国策，举国上下都抱定抗战必胜、建国必成的信心和决心，八年间所取得的实绩充分表明，抗战建国的过程，同时也是中国逐步现代化的过程。国家的现代化，首要是人的现代化，是人的观念的现代化，是对人道的社会民主主义和现代科学文化的诉求发展，是

① 国民党五届十一中全会通过《文化运动纲领案》（1943 年 9 月 8 日），中国第二历史档案馆编《中华民国史档案资料汇编》第五辑第二编文化（一），江苏古籍出版社，1998 年 4 月第 1 版，第 27～30 页。

对现代公民社会和民主宪政国家制度的开创或追求。这一切，在以重庆沙磁文化区和青木关国民教育实验区为代表的全民抗战文化中，表现得尤为突出。历史的事实表明以中国现代化为目标的重庆抗战文化，乃是西方先进文化与中国传统优秀文化的结合，是现代中华民族精英文化和民族革命战争中大众文化的结合，是"五四"爱国、民主、科学、进步的新文化的继续和发展。

三、城乡社会一体化发展的重要举措

抗战时期，国内的城市和乡村，已分属工商文明和农耕文明两种不同的社会类型，但彼此并无人为划分的二元对立状况。社会各阶级阶层，照传统是划分为士、农、工、商"四民"。士，是可以做官的，去官后大多为乡村士绅或地主。普通民众以农业为主业，主要有佃农和自耕农两大类；务农而有余力者，乃进城务工或经商。这种格局在抗战时期也没有改变。青木关国民教育实验区的城乡一体化发展，就是在这种社会基础上展开的。其主要特点是把儿童的义务教育和成人的文化补习教育打成一片，以强化民族国家观念及培养每个人的现代公民意识，从普及文化科学知识入手，推动城乡经济、社会、文化一体化发展。这种城乡一体化发展，中心和关键是全力用教育的办法提高每个人的智能，实行这种方针的中心机关则是民众教育馆，它是整合担当儿童义务教育的国民学校和由民教馆自身举办的各种民众补习学校的特殊教育机构，也是在一个县或乡镇内整合当地各大中小学及其他文化团体的文化资源，开展全民抗战文化运动的中心机关。这个机关里没有一个是官僚，全是知识分子，是民众学习文化科学知识的教师。这个做法是由以晏阳初、梁漱溟、陶行知等为代表的乡村建设派最先发明，后由国民政府教育部肯定并用行政力量加以推广而不断改进的结果。这个创举虽然已成了历史旧迹，但其中所包含的历史智慧，对我们如何建设社会主义新农村，还是具有一定的借鉴意义。

四、教育是一切事业的根本

抗战时期，国民政府执政当局把教育和经济、武力相提并论，并认定教育为一切事业的根本，其着眼点在以人的智能和精神的发展为一切之先导。这个思想出自孙中山先生。孙中山在他的哲学著作《知难行易》一书中，在他的三民主义讲演中，多次讲到，人按其先天禀赋和后天努力等多种条件的配合，其获得的智能和精神是有差别的。这种差别，按照他们对真理认知的先后或发明者与使用者的区别，分为先知先觉、后知后觉和不知不觉三类，先知先觉为发明家，后知后觉为宣传家，不知不觉为实践家，社会的前进就是由这三类人相互配合而完成的。这个思想的核心，就是认定人的智能和进步精神，是推动社会经济文化发展的动能。作为一种规律或真理证之人类由原始文明进入农业文明，再相继进入工业文明和互联网文明的全部历史，都可说是颠扑不破的。因此，如何全力兴办教育，大力培养精英人才，提高普通国民的文化素质，就应成为国家现代化事业不可轻视的根本。这一点又至少体现为这样两条：一是重视知识精英的地位和作用，给他们以优厚的待遇和宽松的学术自由的环境；二是尽可能充足的财政支持。这两点在青木关的战时教育文化发展中是有明确体现的。这既是我们深入了解青木关战时文化教育得以迅速发展的关键，也是我们今天实行现代化建设的重要历史借鉴。

青木关战时教育文化发展的成果和经验，作为一笔宝贵的抗战文化遗产，值得我们深入研究并从中吸取智慧。因此上述几点，贯通于整个发展进程，而我们的研究也仅仅是个起步，所以在这里特别提出来，作为引玉之砖，甚望有识之士，能给予关注，共同把这项工作推展开来，给我们和后人带来更多的教益。

第一章　中央机关迁建区重镇

主席包楚英报告：

各位同志，今天是青木关军警团联合督察处及重庆防空司令部直辖第二防空区团举行成立联合大会，但就军警团联合督察处及防护团之目的，有左列各点：

一、在维持地方安全及保护人民之生命财产。

二、防止奸伪“谍”之活动。

三、防止敌空军陆战队之降落。

四、处理双方难办之事务。

五、联系各机关部队之友谊。

青木关军警团联合督察处
重庆防空司令部直辖第二防护区团
成立联合大会会议记录

时间：1943 年 5 月 28 日上午 10 时

地点：本处大礼堂

——载重庆市巴南区档案馆馆藏民国巴县档案，巴县政府 j1－1－511，重庆市防空司令部歌乐山防护区团专卷

1941 年 8 月 12 日

晨将两书籍箱送事务处。敌机略远，即赴沙坪坝乘人力车至磁器口，以昨夜此处新被炸死多人，滑竿甚少。至市端始得一乘，即上山，又闻警报。至歌乐山车站时，敌机已临空上，即卧地以俟其过。共 16 架，山后投弹颇多。机过步行前进，遇人力车，即乘之赴青木关。又遇警报，至关犹未解除。自携荷物赴音乐讲习班，位址甚幽，流水绕村，高下连阡，香稻已熟，农人工作自如，不因敌机经过而稍停也。

——常任侠著，郭淑芬整理，沈宁编注《常任侠日记集——战云纪事中(1940—1942)》，中国台湾秀威资讯科技股份有限公司 2012 年 4 月 BOD 一版，第 289 页。

第一节　从重庆边关到迁建区重镇

从 1937 年底国民政府迁渝办公，中央机关、学府、工厂及人口聚集重庆。1938 年年中，重庆市政府发布人口疏散及空袭防护区布告：

> 重庆市政府前奉军委会电令，切实办理疏散本市人口，当经召集有关机关，会商划定防护区办法各项详细方案呈军委会核准在案。现市府、防空司令部、警备司令部，以抗战日趋紧急，敌机到处肆虐，疯狂兽行，毫无忌惮。渝市地狭人稠，若遭空袭，损失堪虞。为避免无谓之牺牲，特作防患未然之准备。爰拟疏散人口办法，会衔布告，全市民遵照：
>
> （一）划定重庆市防护区三区如下
>
> 第一区　龙隐镇，井口乡，同兴乡，蔡家乡，北碚乡，高店乡，新丰乡，石桥乡，马王乡，人和乡，跳蹬乡；
>
> 第二区　大兴乡，崇文乡，文峰乡，土桥乡，鱼洞乡，温泉乡，鹿角乡，焦坪乡，长生乡；
>
> 第三区　龙溪乡，石马乡，人和镇，鸳鸯镇，回龙乡，恒兴镇。①

此办法除（一）规定空袭避难防护区外，其余九条规定了户口登记、组织消费合作社、防护区内庙宇祠堂及公共处所应低价租与移住民，政府地皮以低价或无值租赁与移住民建筑等。布告中划定的防护区第一区是时隶属四川省巴县第一区，治所龙隐镇磁器口，辖土主、虎溪、曾家、龙凤、新丰、石桥、高店、西永、新发、井口、凤凰、同兴、蔡家、歇马、兴隆、青木 16 个乡。② 防护区第二区是时隶属四川省巴县第三区，是当年尚在重庆市区下半城巴县政府选定的县政府和直属县级机构疏散迁建区域。防护区第三区是时隶属四川省江北县。

---

① 原载《四川月报》第 12 卷第 5、6 期合刊，1938 年 6 月出版。

② 中国地政研究所丛刊，萧铮主编：民国二十年代中国大陆土地问题资料；王国栋著《巴县农村经济之研究》，成文出版社有限公司（美国）中文资料中心合作出版发行，1977 年 12 月初版，第 26 至 29 页，自治区域．巴县六区各乡镇保数甲数及户数（二十八年四月）。

进入1939年，国民政府军事委员会督饬重庆市疏散人口，行政院中央机关迁建委员会亦选定巴县第一区至北碚为中央机关迁建区，督促各中央机关选定迁建乡镇。3月3日，国民政府经济部长翁文灏视察璧山县温泉寺及二温泉，测得温泉水温36℃，又赶往北碚经济部地质调查所新建所址开地质学会；是日晚在孔祥熙宅邸晚餐时，军事委员会侍从室张群又谈起督促重庆疏散之事。[①] 3月31日，行政院秘书处吕字第四一六零号公函重庆卫戍总司令部、重庆市政府、重庆防空司令部等，公函称：[②]

沿成渝公路自老鹰岩至北碚一段，已指定为中央各机关迁建区域，市内住民之疏散不得再向该区域内迁移，该区内一切建筑，非经中央机关迁建委员会许可不得施工。

奉谕函达　烦请查照

此致

行政院秘书处

中华民国廿八年三月卅一日

行政院秘书处吕字第四一六零号公函制发后，巴县第一区、北碚划为中央迁建区，璧山青木乡、巴县青木乡成为迁建区西端终点。

青木关成为进入战时首都重庆的第一关。1939年“五三五四”日机大轰炸后，重庆市全城大疏散，行政院迁建歌乐山，参事秘书陈克文5月14日携家人前往歌乐山，他在当天的日记中写道：

一路上看见许多避难的同胞在成渝路两旁搭些临时的茅草窝，姑且安身。许多工厂的器材，许多行政机关的东西，都散在路的两旁。他们正在收拾安顿，建筑房舍，情形无疑是十分凄凉。可是大家都有一种咬定牙根，从困苦中建起未来伟大事业的精神。他们没有颓丧，没有失望，他们都在动手做，都在奋斗。敌人无论怎样的残暴，绝没有方法可以消灭我们这种精神，更没有方法可以炸毁我们这种到处都散布存在的，不断生长的建国事业。[③]

6月17日，重庆疏建委员会举行第五次委员会，主任委员、重庆卫戍总

① 翁文灏著，李学通、刘萍、翁心钧整理《翁文灏日记》，中华书局，2010年1月北京第1版第1次印刷，第314～315页。

② 重庆市档案馆馆藏民国档案，档号：0053—0012—00082—0000—003—000。

③ 陈方正编辑、校订《陈克文日记（1937—1952）》上册，社会科学文献出版社，2014年9月第1版，第1次印刷，第397页。

司令刘峙主持会议，会议公布的疏建地区一览表中，成渝公路青木关列为重庆远郊主要疏建地点之一。①

第二节　重庆直辖的青木关防空军警团机构的建立

随着日机对重庆大轰炸持续进行，疏散到巴县第一区各乡镇的民众、学校、机关团体日益增多，1940 年巴县政府设立了重庆防空避难第一区临时特组保安第一壮丁大队，大队部先设于龙隐镇磁器口，又因龙隐镇划入重庆市设立重庆市政府沙磁区临时办事处，大队部迁设于巴县第一区土主乡；全大队编制照四川省政府规定设大队长、副大队长、书记员、事务员、录事、侦缉员、侦缉兵 7 人组成大队部，下设壮丁分队 30 人，县政府核定全大队月支经常费 1929 元，执行 1938 年重庆市政府发布的人口疏散及空袭防护区布告所拟定的户口登记治安管理等规定。②

1939 年 11 月，迁巴县第一区虎溪乡办公的内政部和迁歌乐山的内政部警察总队，会同重庆防空司令部、巴县政府，视察中央机关迁建区域防空和中央机关警卫情况。视察由中央机关迁建委员会警卫组主任、内政部警察总队总队长任建鹏带领，11 月 17 至 21 日视察完毕，向中央机关迁建委员会、重庆防空司令部呈拟中央机关迁建区防护团组织办法及开办经常费概算。1940 年 1 月 6 日，中央机关迁建委员会主任委员蒋廷黻根据该会第三十次会议决议签发了《中央机关迁建委员会为抄报迁建区防护团组织办法等致重庆市政府公函》，兹录组织办法全文：③

中央机关迁建区健全防护组织办法

一、本部（重庆防空司令部）为适应中央机关迁建区之实际需要特参照各省市县组织规程订本办法。

① 重庆市巴南区档案馆馆藏民国巴县档案，巴县政府建设科，目录号 9 j1－468《重庆疏建委员会第五次会议记录》。

② 重庆市巴南区档案馆馆藏民国巴县档案，巴县政府财政科，目录号 3j1－553 卷《重庆防空避难第一区临时特组保安第一大队专档》。

③ 重庆市档案馆，重庆市沙坪坝区地方志办公室编，唐润明、张建中主编《民国歌乐山档案文献选》，2004 年 6 月内部印刷，第 381～383 页。

二、中央机关迁建区（以下简称迁建区）除所辖原有巴县、璧山、北碚所属之十一乡镇外，为事实上之需要，特将巴县第一区之蔡家、同兴、井口、石桥、新发、新丰等六乡镇及北碚实验区所属二岩、黄桷树、澄江、文星等四镇划入该区组织。

三、迁建区地域辽阔，按照该区实际情形及事实需要，组设两个区团直属重庆防空司令部。

四、区团名称定为“中央机关迁建区防护团歌乐山防护区团”及“中央机关迁建区防护团北碚防护区团”。

五、歌乐山区团设于歌乐山，以境内山洞、高店、西永、土主、陈家桥、兴隆、青木关、歇马、石桥、新发、井口、同兴、蔡家、凤凰、新丰等组十五分团属之；北碚区团设于北碚，以境内北碚二岩、澄江、文星、黄桷树等组设四分团属之。

六、各区团设区团长一人，副区团长一至三人，歌乐山区团长由内政部警察总队驻在地之大队长兼任区团长，以该大队大队副及巴县第一区区长兼任副区团长。北碚区团长由该实验区区长兼任，以该区督察长兼任副区团长。

七、区团设干事一员，由重庆防空司令部委派之，书记一员由区团长或副区团长遴员呈请重庆防空司令部加委，传令一至二人由区团长或副区团长遴用之。

八、分团设分团长一人，副分团长一至三人，由该管区团遴员呈请重庆防空司令部加委，其属于迁建区之分团以警察大队驻在地之分队长兼任分团长，联保主任兼任副分团长，不属于迁建区各分团以各当地联保主任兼任分团长，正绅或资深保长允任副分团长，均报由本防空司令部加委。

九、分团以下设警报警备（交通灯火）消防（防毒）救护（避难）担架工务等六班。

十、各班设班长一人、副班长一至三人，由各联保保长或甲长充任，每班设团员十人至四十人，由当地壮丁编组。

十一、境内各医院、各医师护士应组织救护队，直属区团部。

十二、境内驻军及各保安团队担任空袭报袭任务，组织警备队直属区团部。

十三、各队设队长一人副队长若干人，均由各该区团长遴员呈请重庆防空司令部加委。

十四、各队队员数由各该区团长或副区团长按实际需要组编之。

十五、境内各机关学校工厂商店团体满五十人以上者，组织分团直属该管区团部。

中央机关迁建区防护团歌乐山防护区团组织系统表

- 区团部
  - 高店乡分团
  - 西永乡分团
  - 陈家桥分团
  - 土主乡分团
  - 歇马乡分团
  - 兴隆乡分团
  - 凤凰乡分团
  - 青木关分团
  - 山洞分团
    - 消防班（兼理防毒）
    - 警备班（兼理灯火交通）
    - 警报班
    - 救护班（兼理避难管制）
    - 担架班
    - 工务班
  - 蔡家乡分团
  - 同兴乡分团
  - 井口乡分团
  - 石桥乡分团
  - 新发乡分团
  - 新丰乡分团
  - 救护队警备队

青木关防空及驻防军警，中央机关迁建委员会警卫组1939年11月《视察迁建区防护业务报告书》称：

青木关　该关位于青北、成渝两公路之间，为巴璧两县分管之区，两乡共辖二十一保，户口两千一百余户，壮丁一千一百余名，集居距镇一里以内户口约七百余户，壮丁二百七十余名。关于防护业务，前曾由教育部指导，组有防护团，计有团员八十人，系集中组织，均无训练。至于防护设备，有防空部发给手摇警报机，已失灵待修，并设警钟四处，此外有教

> 育部建设防空洞，可容七八百人，余如防空工务担架器材均无。境内有卫生事务所、济生医院、中医救护医院，医师护士均有，急救尚无问题。警卫力量，则有本总队长警一班，十八军一营。

根据以上办法，重庆防空司令部颁发了“重庆防空司令部直辖歌乐山防护区团”关防，委任了直辖歌乐山防护区团长及各分团长，区团长由内政部警察总队第一大队大队长、歌乐山军警团联合督察处处长吴荣光兼任。[①] 吴荣光升任内政部警察总队副总队长后，1942 年警察总队第一大队大队长、歌乐山军警团联合督察处处长孟宪周兼任“重庆防空司令部直辖歌乐山防护区团”区团长。[②]

1939 年“五三五四”大轰炸后，行政院参事秘书陈克文于 5 月中下旬数度前往歌乐山、中梁山为行政院乡下办事处选址，最后选定歌乐山新开寺。经过征购土地，建筑工程招投标，行政院乡下办事处于 7 月动工，工程设计师遴选战时有名的关颂声工程师。陈克文认为新开寺一带树林浓绿，泉水清凉，兼之峰峦峡谷间有天然溶洞可作防空袭的防空洞，“这类自然洞在迁建区内为数甚多，似天帝预为抗战而设的”。工程兴建期间，陈克文又经常上山察看工程进度，或乘“公务特约车”，或乘“疏建区公共汽车”，有时坐人力车、滑竿，在城区、歌乐山两地奔忙。到年底工程基本完成，部分公务员及眷属疏散上山。1939 年下半年，整个歌乐山成渝公路旁出现了许多建筑工地，除中央医院、宽仁医院、国立中央高级助产士学校、国立中央高级护士学校、卫生署、军医署等医疗卫生机构先期完工外，监察院、考选委员会、侨务委员会、铨叙部、文官处等中央机构迁建工程动工，金刚坡下梁滩坝，军事委员会政治部、国府内政部、教育部等亦择定永兴、虎溪、陈家桥、青木关动工兴建乡下办事处，整个歌乐山方圆百余平方公里，成为大工地。时任大成至圣先师奉祀官府文书主任的屈万里写了一首诗记述警报声中的心绪，诗曰：

---

① 重庆市巴南区档案馆馆藏民国巴县档案，巴县政府 j4—1—513，重庆防空司令部歌乐山防护区团专卷。

② 重庆市巴南区档案馆馆藏民国巴县档案，巴县政府 j4—1—511，重庆防空司令部歌乐山防护区团专卷；另参见《民国歌乐山档案文献选》第 392 页。

敌机夜袭

二十八年九月寓歌乐山

车驰人语乱如麻，警报声中月已斜；
听到敌机心转静，防空洞口数栖鸦。

乡长和歌乐山的乡民趁陈克文察看工程进度，向他抱怨一些机关工程砍伐大树，毁坏林区风景区，这直接促进了1940年初国民政府军事委员会颁布禁止砍伐山洞、歌乐山等森林的布告。

1939年12月31日清晨6时许，陈克文未吃早饭即坐轿子匆匆赶往两路口乘公务特约车上歌乐山，在人丛拥挤中购车票就花了半小时，挤上车后汽油臭味熏得他欲吐不能，上午10时到了老鹰岩再坐轿子上山到了新开寺。看望了妻子和刚出生的孩子，吃了午饭，陈克文又坐公务特约车回到城区行政院。他在是日的日记末尾写道："一年的时间便又这样过去了，不知还要这样过若干个的除夕。"

1940年3月，重庆即将结束雾季，行政院开始疏散到乡下办事处，5月10日办公。陈克文在城区、乡下两个办公场所奔走，乡下办事处因公务员和眷属太多，又增建屋舍，开辟防空洞，他感慨地在日记中写道："去年辛苦经营的迁建区，如今到底用得着了。"

夏季来临，日机对重庆又进行狂轰滥炸，奔走于两个办公场所的陈克文在日记里记述：

8月11日　星期日　晴

十二时下班后，打算和冉勺庭科长乘公共汽车往小龙坎，再坐滑竿或步行到龙井湾。刚好坐上车，便挂上了红球，预行警报来了。车立刻开行，并且开到新桥附近。那里停了不少的车辆，都是躲避敌机的。再从新桥步行，攀登老鹰岩，先到山洞附近冉勺庭的寓所吃午饭。紧急警报这时候也发出来了。到门外一看，见敌机九十多架已经整队的飞临重庆上空，均作银白色，在强烈的阳光下，闪闪发光。转瞬间，市区内烟尘分三处冒起，隆隆的轰炸声也随着传来。虽然相隔数十里，因系居高临下，被灾的地方仍隐约可辨。

敌机轰炸后，从山洞又步行四十分钟才到龙井湾，这时候警报还没解除。

8月19日　星期一　晴热

昨夜梦中给警报声音惊醒，时在深夜一时。因为乡间，故未躲避，仍继续入睡。历两小时，闻警报解除声。闻敌机在重庆市区投弹。清晨六时和之迈、蒋廷黻处长同乘汽车进城，七时到院。九时半悬挂红球，十一时许发空袭警报。下午一时敌机侵入市空，滥行轰炸，市区内许多地方起火，下午三时许解除警报。今天敌机的数目很多，大概在二百架上下，为以前所没有的。市区被焚炸的地方都是商业的中心地点，从下午三时许烧到夜里十一时左右才扑灭，灾情惨重不亚于去年五三、五四之役。这是敌人效法最近德国大举空袭英伦的结果。德国以二千多架飞机袭击英伦，敌人也出动从来所没有的二百多架飞机袭击重庆。殊不知德国所轰炸的是英国军事有关的地点，而敌人所轰炸的却是残破的市区，和残杀无辜的平民，真可谓东施效颦了。

9月22日　星期日　阴有细雨

打算再乘公共汽车去龙井湾。上午十时便往牛角沱车站候车，候一小时余，仅得一开往半途的车，姑乘往小龙坎。又从十一时余候至下午二时，饥腹雷鸣，无处可坐，疲惫不堪，终不得车。不得已坐人力车到新桥，再从新桥坐滑竿到龙井湾，到时已下午五时许。车费及滑竿费约用十元左右，交通困难之滋味可谓备尝之矣。

10月24日　星期四

从星期日起下雨，一直到昨夜绵连不断，今日才放了晴。这多日的秋雨，虽然免了敌机的侵袭，但阴郁沉闷，也是令人讨厌的。星期日冒雨乘疏建车回龙井湾，候车和车上拥挤的辛苦，每一次都会使你发誓，下一次不再来讨苦头吃了。可是除此之外，又有何法回去呢？

星期一上半天在龙井湾开了文书科和庶务科两处的小组会议，下半天又冒雨回曾家岩来。

1940年10月7日，陈克文参加了重庆卫戍总司令部召开的关于市内各机关应行彻底疏散的会议。12月12日，行政院召集重庆卫戍总司令部、内政部、内政部警察总队等会商中央机关迁建区警卫事务，由行政院参事秘书陈之迈主持，会商决定，中央机关迁建区警卫部队一个师分散驻防小龙坎至金刚坡之间，冬防吃紧期间，卫戍总司令部应在青木关、石碾槽、八庙堂、杨家庙、独石桥、兴隆场、大磨滩、伍家沟、金刚坡、龙洞湾、新店子共11处增加兵力；山洞至金刚坡区域已由四川省巴县划入重庆市，除重庆市政府筹备必要警力，内政部警察总队派赴迁建区各机关服务的警察仍旧照常服务不得撤退。这一会商决定，次日行政院训令以密件抄发重庆市政府，歌乐山成为中央迁建区核心地域。12 月 31 日下午 5 时，陈克文、陈之迈和另外两位同事开车从城区回新开寺乡下办事处，到达时天已晚，但见庆祝新年的灯笼已在漆黑的山谷中四处燃起来。

是日晚，陈克文一家四口聚在菜油灯下，倚着靠墙的方桌吃了送年饭。饭后，在平方一丈的竹壁墙斗室，一家人度过了险恶困苦的 1940 年的最后一夜。

随着中央迁建区的设立和中央机关乡下办事处的建立，重庆防空司令部直辖歌乐山防护区团、歌乐山军警团联合督察处先后成立，负责巴县第一区 16 个乡和璧山县青木乡的防空、防毒、防汉奸、防特（间谍）、维护地方治安和森林区、警卫迁建机关等，督察上述各乡驻军、警卫队、各乡分团履行责任，内政部警察总队第二大队大队长任区团长兼处长。重庆防空司令部直辖歌乐山防护区团区团长和巴县高店乡、新丰乡、井口乡、新发乡、土主乡、兴隆乡、凤凰乡、西永乡、虎溪乡、曾家乡、陈家乡、龙凤乡、同兴乡、蔡家乡、歇马乡、青木乡及璧山县青木乡 16 个分团正副分团长均由重庆防空司令部委任。区团部由警察总队第二大队组成精干班子，所属中队派出警力下到各乡分团任职。各乡分团下设警备班、警报班、灯火及救护班、消防班、交通班，另有一班为后备或预备，各班有正副班长各 1 人，团员 10 余人，每个分团有 100 人左右，只有青木乡分团是由巴璧两县青木乡联合组建人数最多，歌乐山军警团联合督察处则隶属重庆卫戍总司令部重庆卫戍区第一分区迁建区指挥部。以上歌乐山这两大机构工作辖区包括老鹰岩二郎关成渝公路沿线、山洞、歌乐山、中梁山、梁滩坝、青木关 500 余平方公里，可谓责任重大，任务繁巨。

1941 年是日军飞机对重庆实施无差别狂轰滥炸的一年。重庆防空司令部直辖歌乐山防护区团训令各乡分团，成片建筑外白墙涂黑，以免在绿色山林或田野中太过显见，成为轰炸目标；防汉奸特务潜入军政机关、文化机构、军政要员居住地刺探，发射镭光弹，为敌机轰炸指示目标；辖区内的大中学校，国立上海医学院、国立药学专科学校、国立音乐院、私立朝阳学院、中央大学附中、战区来渝学生进修班等学府师生员工大都列入防空袭重点区域，学校军训教官负责组织防护队，避免重大伤亡；针对农忙时节恰是春夏、夏秋同时又是日机轰炸频繁，乡民成群耕作不避空袭，区团特别要求各乡分团晓谕乡民尽量躲避；在日机不分昼夜、不间断空袭的情况下，区团动员民众入防空洞尽量带扇子，进洞后扇子一律向洞口扇动，让空气流动起来，这显然是汲取重庆大隧道惨案而特别要求的。

1941 年 8 月正值日机不间断轰炸重庆，国立清华大学校长、国立西南联合大学常委梅贻琦由昆明前来迁建区教育部乡下办事处办公事，在青木关、歌乐山居住半月，亦是空袭警报频繁的半月。8 月 8 日上午访教育部常务次长、高等教育司司长、参事等，中午饭后 1：30 —3：30 空袭警报即入教育部防空洞，晚间住宿教育部政务次长顾毓琇家。8 月 9 日晨 7：30 起用早餐时即闻紧急警报，与顾家人避入附近山洞；10 点解除警报，正与顾次长闲谈，11 点又是空袭警报。8 月 10 日 7 点即闻警报入洞，10 时许解除；午饭后 2 点～4 点又是警报，出洞与国民教育司、迁建区小学管理委员会吴研因科长、中央大学附中赵校长交谈，晚饭时又有警报；8：30 是当日第四次空袭警报；晚 10：45 返顾家，顾家人入防空洞未归，子夜时分，警报犹未解除。8 月 11～12 日，每日均有两次空袭警报，13 日从凌晨至下午三次警报，14～17 日每日有一次空袭警报。19 日梅贻琦离开青木关上歌乐山看望吴文藻、冰心夫妇，又去中央研究院乡下办事处访院长傅斯年，任职于歌乐山八块田中国工业合作协会总会的兄弟梅贻宝闻讯而来，兄弟俩在冰心家晚餐后住宿于工合寄宿宿舍。几日间，梅贻琦在山间访朋问友，去国库局、水利委员会乡下办事处逗留，舒舍予（老舍）专程步行四十里自北碚来相谈。桂花湾里桂花香，天阴有雨无警报。8 月 22 日上午天晴，山间时有云雾，11 时紧急警报，梅贻琦、梅贻宝与众友人同往中央银行乡下办事处防空洞；下午 2 点去国库局吕咸局长家午餐时，又闻警报，在吕院后山洞暂避，看见山下沙坪坝被炸，灰烟升腾可见。8 月 23 日乘机离渝回昆明。

1941 年夏秋，歌乐山、金刚坡一路山峦起伏，松篁交翠，桂花盛开，一如百里画图，但空袭紧急警报连连，迁建机关学府忙于躲避，有竟日在防空洞中度过。迁建于歌乐山的机构还在持续，连香港一医学院亦于日军偷袭珍珠港太平洋战争爆发后迁来歌乐山，借读于国立上海医学院。

1941 年 9 月 5 日，鲁迅好友、时任职考选委员会的许寿裳在给友人谢似颜的信中写道：“……地名歌乐山，林木蓊茂，如奏乐音，距重庆六十华里，颇觉清幽，可棲止也。”

1942 年 2 月 11 日，歌乐山飘起了雪花，至 14 日除夕，飞雪三日，山道上积雪逾三寸，乡民告知歌乐山农林部气象专家，这一场雪三十年来所未见。山上蜡梅花开，乡民采卖，颇受文化人喜爱，歌乐山镇花市兴旺。

1942 年，重庆市、四川省划界完成，巴县龙隐镇、高店乡、新丰乡划入重庆市设第十三区和第十四区，但中央迁建区仍旧跨省市，重庆卫戍总司令部、重庆防空司令部对重庆防空司令部直辖歌乐山防护区团、歌乐山军警团联合督察处进行机构调整，辖区范围重新划分：设立重庆防空司令部直辖第一防护区团，歌乐山军警团联合督察处；内政部警察总队第二大队及所属中队参加组建，办事机构两块牌子，驻地歌乐山，大队长任区团长兼处长；设立重庆防空司令部直辖第二防护区团，青木关军警团联合督察处，内政部警察总队第六大队及所属中队参加组建，驻地青木关，大队长任区团长兼处长。这样，中央迁建区核心地域有了歌乐山、青木关两个重点区，歌乐山区跨省市，青木关跨巴县、璧山并连接北碚的地域现状就在不断的轰炸中形成了。

1943 年 2 月 20 日，青木关军警团联合督察处正式成立，办公驻地青木关。根据重庆卫戍总司令部命令，内政部警察总队第六大队大队长包楚英任处长。3 月 12 日，青木关军警团联合督察处处长包楚英签发命令（迁发第一号）：[①]

命令

三月十二日于青木关　迁发第一号

查本处遵令于本年二月二十日正式成立，兹将所委职员分列于后：

一、委朱瀚、徐淑民为本处副处长。

二、委徐淑民、吴谟为本处正副督察长。

三、委徐淑民兼青木关分处长，许晴初、钟蓂阶为副处长。

四、委王庆余、董恩奎为凤凰场分处正副处长。

五、委王玉声、曾朗为歇马场分处正副处长。

六、委周峙山、孟南奎为兴隆场分处正副处长。

七、警察第六大队各中队巡官及各乡乡队副为本处督察员。

通饬所属知照　切实执行职务为要！此令

处长　包楚英

青木关军警团联合督察处成立后，遵照重庆卫戍总司令部 1940 年 12 月坤卫字颁发《军警团联合督察处组织大纲》制订了《中央迁建区青木关军警团联合督察处组织规程》，经重庆卫戍总司令部 1943 年 4 月 9 日修订核准，青木关军警团联合督察处隶属于迁建地区指挥部，由迁建地区指挥部月支经费。[②] 4 月 13 日重庆卫戍总司令部发出《重庆卫戍总司令部为报整理歌乐山迁建区治安办法致重庆市政府代电》，代电称："整理歌乐山至青木关、北碚一带军警团

① 重庆市巴南区档案馆馆藏民国巴县档案，巴县政府 j4—1—511，重庆防空司令部歌乐山防护区团专卷。

② 重庆市巴南区档案馆馆藏民国巴县档案，巴县政府 j4—1—511，重庆防空司令部歌乐山防护区团专卷。

联合督察处，改编歌乐山青木关两联合督察处，以内政部警察总队两大队长担任处长，由任总队长督导之。”[①] 4 月 15 日，青木关军警团联合督察处以迁处发卅二字第四号命令，向巴璧两县青木乡和巴县凤凰乡、歇马乡、兴隆乡印发《中央迁建区青木关军警团联合督察处组织规程》，5 月 20 至 27 日进行了一周的整顿、训练和检阅，内政部警察总队总队长任建鹏于 27 日进行了检阅。[②]

中央迁建区青木关军警团联合督察处组织规程[③]

第一条　为防止奸伪匪类及维持地方治安起见，特由当地驻军警察宪兵地方团队暨各有关机关组织青木关军警团联合督察处（以下简称本处），并遵照重庆卫戍总司令部二十九年十二月坤一卫字颁发《军警团联合督察处组织大纲》，订定本规程。

第二条　本处隶属于迁建地区指挥部。

第三条　本处辖区以巴县之青木乡凤凰乡歇马乡兴隆乡及璧山县之青木乡为限（另详部分见辖区略图）。

第四条　本处设处长一人，副处长一至六人，督察长一至二人，由本处遴选呈请重庆卫戍总司令部委任、兼充；视事务之繁简，得另设督察员三至八人，事务员一至三人，就参加组织之单位中简兼，呈报备案。以上人员属义务职。

第五条　本处之任务如左（下）：

一，关于奸伪间谍匪类之防范清剿事宜。

二，关于消防救护事宜。

三，关于维持军风纪事宜。

四，关于经济检查及限价命令之推行事宜。

五，其他有关治安之维护事宜。

第六条　本处为工作推行之便利计，得设设计委员会，以设计委员七至十九人，仍请当地党政军各机关之主要人员及地方公正士绅充任之，由本处呈部备查。设计委员系义务职。

第七条　本处经费由当地筹备，但应先事造具预算。呈部核准，每月

---

① 《民国歌乐山档案文献选》第 394—395 页。

② 重庆市巴南区档案馆馆藏民国巴县档案，巴县政府 j1—1—511，重庆防空司令部歌乐山防护区团专卷。

③ 重庆市巴南区档案馆馆藏民国巴县档案，巴县政府 j1—1—511，重庆防空司令部歌乐山防护区团专卷。

并须将收支情形报请备查并公布周知。

第八条　本处得举行处务会议，举行日期及出席人员，由处长规定之。

第九条　本规程如有未尽事宜，得随时呈请修正之。

第十条　本规程自呈奉重庆卫戍总司令部核准之日施行。

1943 年 5 月 28 日，青木关军警团联合督察处、重庆防空司令部直辖第二防护区团在青木关督察处礼堂举行联合成立大会，重庆防空司令部、迁建地区指挥部派代表参加，内政部警察总队第六大队大队长及各中队长参加，教育部附设青木关民众教育馆、青木关社会服务处、稽查所、检查所、宪兵队、邮政储汇局、璧山青木乡、巴县青木乡、凤凰乡、兴隆乡、歇马乡均派负责人参加，包楚英担任大会主席，宣布了督察处、防护区团成立的目的：1、维持地方安全及保护人民生命财产；2、防止奸伪间谍活动；3、防止敌空军陆战队之降落；4、处理双方难办之事务；5、联系各机关部队之友谊。[①]

5 月 31 日，重庆防空司令部制发（办字）第 4853 号命令：[②]

一、委包楚英为本部直辖第二防护区团兼区团长。

二、委朱瀚为本部直辖第二防护区团兼副区团长。

三、委高效泉为本部直辖第二防护区团干事。

四、委张启明为本部直辖第二防护区团书记。

五、委罗暹为本部直辖第二防护区团青木关乡兼分团长。

六、委徐晴初为本部直辖第二防护区团青木关乡兼副分团长。

七、委钟蓂阶为本部直辖第二防护区团青木关乡兼副分团长。

八、委王庆余为本部直辖第二防护区团凤凰乡分团兼分团长。

九、委董恩奎为本部直辖第二防护区团凤凰乡分团兼副分团长。

十、委周峙山为本部直辖第二防护区团兴隆乡分团兼分团长。

十一、委孟湘金为本部直辖第二防护区团兴隆乡分团兼副分团长。

十二、委王玉声为本部直辖第二防护区团歇马乡分团兼分团长。

十三、委曾朗为本部直辖第二防护区团歇马乡分团兼副分团长。

---

① 重庆市巴南区档案馆馆藏民国巴县档案，巴县政府 j1—1—511，重庆防空司令部歌乐山防护区团专卷。

② 重庆市巴南区档案馆馆藏民国巴县档案，巴县政府 j1—1—511，重庆防空司令部歌乐山防护区团专卷。

除分令外仰即遵照

此令

重庆防空司令部兼司令　贺国光

第三节　迁建区交通枢纽

1927 年，渝简马路总局筹划修筑“渝简（阳）马路”（成渝公路），其间重庆至巴县境内的青木关和龙隐镇磁器口两段路，由商会各帮组织巴县段路股，筹集资金 400 万（银元）修筑巴县路段，其中龙隐镇小龙坎至磁器口路段又称“成渝马路巴县段龙隐支路”。1932 年 5 月，工程竣工后，渝简马路总局通知出资者推举路股代表，组建汽车客运公司运营。同年“巴县汽车路股份有限公司”正式成立，公司计有股金 440 万元，其中路股 400 万，车股 40 万，客车 4 辆。该公司 1933 年 6 月 1 日正式营运开业，经营七星岗至磁器口与青木关两段线路的客运业务。这就是重庆汽车客运史上著名的“七磁线”“七青线”。①

20 世纪 30 年代成渝公路巴县段客运是由七星岗始发，出临江门过一号桥、化龙桥、小龙坎到新桥，由新桥上山公路九道拐过老鹰岩（古关口二郎关）跨线桥到达山洞、高店子（歌乐山），又由金刚坡下山至赖家桥、陈家桥、青木关，这条线路经过巴县第一区沙坪坝、歌乐山、梁滩坝，渝西佛图关、二郎关、青木关都在这条线路上，公路经过璧山县青木乡劈开巨石形成青木关“新关口”，半山腰上古关口城垣、门洞和凉亭遂过往人稀，直到 1945 年才得到修复。

巴县汽车路股份有限公司开始运营“七磁线”“七青线”时，每条线路行车班次是：渝璧（山）干线自七星岗发车，开往山洞的班车上下午往返两班，开往青木关的班车上下午往返两班；开往璧山的班车上下午往返一班。“七磁线”自七星岗发车，上下午各往返两班。其票价，七星岗至化龙桥 0.30 元，至小龙坎 0.50 元，至磁器口和新桥均为 0.60 元，至山洞 0.80 元，至高店子（歌乐山）1.20 元，至赖家桥 1.60 元，至陈家桥 1.80 元，至青木关 2.20 元，

① 重庆市公用事业局修志办公室编印《重庆公用事业历史资料（选 辑）》1989 年 11 月，第 34 页。

至璧山 2.80 元。1935 年，四川公路局实行统一经营，宣布自 2 月 6 日起禁止商办公司汽车行驶，因巴县汽车路股份有限公司股东中有商会巨贾，又经重庆行营核准，“七磁线”运营得以继续。①

1936 年 10 月，四川公路局测量成渝公路青（木关）北（碚）支路线，测得全线 20.8 公里，设计涵洞 30 余个，桥梁 4 座，青北支线于当年底动工修筑，1937 年竣工。至此，重庆至青木关经青北支线到北碚共计 83 公里。（《四川月报》第 9 卷第 4 期，1936 年 10 月版）。

全面抗战爆发后，随着大批机关、学校、厂矿迁移重庆，七星岗至磁器口沿线的化龙桥、土湾、小龙坎、沙坪坝设立文化区、工业区，人烟稠密，“七磁线”乘客有增无减。中央迁建区划定后，国民政府中央机关向该区迁建乡下办事处，并由交通部开办迁建区公务专车，以利交通。该项专车，初经交通部委交四川公路局代为办理，1939 年 5 月 15 日开始通车，行驶路线即“七青线”：重庆—化龙桥—小龙坎—新桥—山洞—歌乐山—青木关—北碚；青木关—璧山丁家坳。1939 年 9 月制发《迁建区青木关至重庆间每日行车时刻表》，青木关成为迁建区交通枢纽。

① 重庆市公用事业局修志办公室编印《重庆公用事业历史资料（选辑）》1989 年 11 月，第 34 页。

迁建区青木关至重庆间每日行车时刻表①

1939 年 9 月编印

下				行					车							00		上				行					车					
山渝八次	青渝四次	陈渝二次	山渝七次	青渝三次	山渝六次	山渝五次	青渝二次	陈渝一次	山渝四次	山渝三次	青渝一次	山渝二次	渝歌	山渝一次	车次	站点	车次	渝山一次	渝青一次	渝陈一次	渝山二次	渝山三次	渝青二次	渝山四次	渝山五次	渝陈二次	渝青三次	渝山六次	渝山七次	渝青四次	渝歌	渝山八次
	15:30			12:30			9:45				7:00		7:00		开	青木关	到		9:15			12:00	12:00				14:45			18.15		
	16:32	15:10		13:32			10:47	10:25			8:02				到	歌乐山	开		8:13	8:50			10:58			13:20	13:43			17.13		
	16:34	15:12		13:34			10:49	10:27			8:04				开		到		8:11	8:49			10:56			13:18	13:41			17.11		
17:30	16:53	15:32	15:30	13:53	13:30	11:30	11:08	10:47	10:15	9:00	8:23	7:45		6:30	到	山洞	开	7:30	7:52	8:28	8:45	10:00	10:37	11:15	12:30	12:55	13:22	14:30	16:30	16.52		
	16:55	15:35		13:55			11:10	10:50			8:25				开		到		7:50	8:25			10:35			12:52	13:20			16.50		18:30
17:41	17:05	15:46	15:42	14:05	13:42	11:42	11:20	11:01	10:27	9:12	8:35	7:57		6:42	到	新桥	开	7:18	7:40	8:14	8:33	9:48	10:25	11:03	12:18	12:44	13:10	14:18	16:18	16.40		18:18
17:44	17:07	15:48	15:44	14:07	13:44	11:44	11:22	11:03	10:29	9:14	8:37	7:59		6:44	开		到	7:10	7:38	8:12	8:31	9:46	10:13	11:01	12:16	12:42	13:08	14:16	16:16	16.38		18:16
17:58	17:19	16:01	15:58	14:17	13:58	11.58	11:34	11:16	10:43	9:28	8:49	8:13		6:58	到	小龙坎	开	7:02	7:26	7:59	8:17	9:32	10:11	10:47	12:02	12:29	12:56	14:02	16:02	16.26		18:02
18:01	17:21	16:04	16:01	14:21	14:01	12.01	11:36	11:19	10:46	9:31	8:51	8:16		7:01	开		到	6:59	7:24	7:56	8:14	9:29	10:09	10:44	11:59	12:26	12:54	13:59	15:59	16.24		17:59
18:13	17:31	16:13	16:13	14:31	14:13	12.13	11:46	11:30	10:58	9:43	9:01	8:29		7:13	到	化龙桥	开	6:47	7:14	7:45	8:02	9:17	9:59	10:32	11:47	12:15	12:44	13:47	15:47	16.14		17:47
18:16	17:33	16:17	16:16	14:33	14:18	12.16	11:48	11:32	11:01	9:46	9:03	8:31		7:15	开		到	6:44	7:12	7:40	7:19	9:14	9:57	10:29	11:44	12:13	12:42	13:45	15:44	16:12		17:44
18:30	17:45	16:30	16:30	14:45	14:30	12:30	12:00	11:45	11:15	10:00	9:15	8:45		7:30	到	重庆	开	6:30	7:00	7:30	7:45	9:00	9:45	10:15	11:30	12:00	12:30	13:30	15:30	16.00	16.30	17:30
午					下			午					上			000			上				午				下			午		

中华民国二十八年九月编印

（载自重庆市档案馆馆藏民国档案，档号 0020—0004—00094—0100—110—000.）

① 重庆市档案馆馆藏民国档案，档号 0020－0004－00094－0100－110－000.

兹录四川公路局检阅团视察重庆迁建区公路车站修理厂业务状况日记

（1941年5月23日——5月31日）

五月二十三日　晴热

气候愈热，偶一行动，全身皆汗。晨步行入城查阅义路□三线段账目。午前九时□璧山，午抵青木关，许副局长由山洞来迎。午饭后，检阅车始自小龙坎检查站撤销后，青木关地位愈见重要，车站收入日有所增加。午后二时由北温支线赴北碚温泉，公路依山沿江磐石而成，甚为险峻，抵温泉公园，宿柏林旅馆。行装既卸，入池游泳，水色清雅，温度甚宜，畅游两小时，尽兴而返。夕阳西下，访公园事务所主任卢君承派员引导参观各处名胜，如□瓦殿，乳花洞，□水观等，皆林木幽邃，引人入胜。据谈重□□温泉水为硫黄质，温度较高，北温泉水系石灰质，温度与人体温度相近，最宜游泳。晚，养路分段，刘君茶会欢迎，于热气侵养中酣然入睡。本日行程由璧山至青木关十三公里，由青木关至北温泉三十一公里，共行四十四公里。

五月二十四日　晴

昨夜天气转变，凉风□起，今日满布阴云，大有雨意。在温泉早餐后，搭车沿北温支线南返，一部分同人则买舟由嘉陵江而下，系北碚会后，转赴青木关，途中狂风大作，沙石蔽天。午后二时抵山洞（即老鹰岩）午餐，投宿云龙旅馆。更衣后，搭车赴渝市区访看三叔不遇，在□路口略事逗留，即返山洞。今日渝市悬三角空袭球，系敌侦察机飞川侦察。本日共行一百零九公里。以上川黔路成渝段及川滇东路□□段，共行六百五十八公里。

五月二十五日　雨

今日细雨霏霏，原拟入城未果。午前赴许副局长处参加成渝路改善工程座谈会。午后在经济部平价购销处供应站买衬衣一件，价较成都低廉四分之一。晚应许副局长在七七餐厅之邀宴。

五月二十六日　阴

早饭后搭车入城，行至新桥，遇空袭警报转车回山洞，已发紧急警报。在杨君处休息，敌机飞行声及爆击声均遥遥可闻。警报解除后，检阅局同人仍搭车赴市区检阅路局在渝附属机关，如驻渝办事处，成渝路改善工程处，重庆车场，渝运输区及车站等。余并赴交通部会计处访友，晚搭车回山洞。

五月二十七日　晴

住处搭公共汽车入城，查核重庆车站及运输区账款，并赴主计处买书，今日局长由蓉抵渝。

五月二十八日　晴

午前局长召集检阅局同人开会，各科室就主管事项检阅情形提出报告，并决定检阅团团员一部分回成都，一部搭轮赴万县检阅川鄂路。午后赴车站领取检阅局经费，晚渝迁建区主任许□二君邀宴于嘉陵江边生生花园。报载英德海战激烈，德击沉英战舰【胡特号】，英为报复计，亦击沉德舰【俾斯麦号】。

五月二十九日　晴

午后入城访友，晚交通部运输总局潘薛王谭四先生邀宴于上清寺卡尔登餐馆。检阅团回蓉人员，于今日搭车西返，赴万县人员原定今日登轮。因有公务待商，决延至下一次轮船班期起行。

五月三十日　晴　端午节

午前赴歌乐山。今日佳节，异乡旅居，倍增愁绪，午餐在许副局长公馆，晚餐在杨君公馆，大啖应节食品。

五月三十一日　晴

晚随局长搭车入城，参加宴会，主人为迁建区及成渝路改善工程处之各主管人员。

马坚白《四川公路旅行日记》，载《旅行杂志》第十七卷第一期，1943年1月中国旅行社印行。

1941年3月，交通部在公路运输总局下设迁建区运输办事处，继续办理迁建区客运业务。8月，国民政府军事委员会战时运输管理局设重庆市公共汽车管理处，接管重庆市公共汽车公司与迁建区运输处业务，负责办理重庆市区和迁建区客运。市区自曾家岩至过街楼止，全线计长6.5公里；迁建区沿线即渝碚线自七星岗起至北碚，全线83公里，中途依据各迁建中央机关乡下办事处所在，分设车站22处。到1942年底共有柴油车、汽油车80辆。重庆公共汽车管理处在城区曾家岩、牛角沱各设保养场一所，在迁建区高滩岩设修理厂、青木关设保养场各一所，办理车辆大修及保养工作。①

① 重庆市公用事业局修志办公室编印《重庆公用事业历史资料（选辑）》1989年11月，第80～83页。

1942年1月，重庆公共汽车管理处为加强商车、校车的统一管理，与商车公司订立租车合同，统一安排行驶路线，后又将校车编入公共汽车路线行驶，称为“特约校车”，设校车管理站专事校车管理。

军事委员会战时运输管理局对迁建区特约校车审核管理是战时重庆公共交通管理一大特色。第一是拟定特约校车分区管理办法，行驶重庆至北碚迁建区及南温泉等地校车由重庆公共汽车管理处管理，行驶沙磁区校车由巴县汽车路股份公司管理，行驶重庆璧山及以西校车由四川公路局管理，战时运输管理局负综合考核之责。第二是校车总数核定为30辆，各校车试办期每期为半年，每期届满，继续试办特约校车的，换发重庆市汽车登记证。到1945年12月第六期校车特约证期满，特约校车管理除沙磁区外交由重庆市政府管理。第三是拟订《重庆公共汽车管理处特约校车行车管理暂行办法》《特约校车违章处理暂行办法》《战时运输管理局特约校车管理办法》等，以加强校车管理，既有利于迁建区各校车优先搭乘该校教职员生，同时也可缓解迁建区客运交通的紧张。①

值得略述的是，青木关民间客运在1939年到1945年间出现较为兴盛的状况。人力轿车、滑竿和人力板车、马车客货运输都在青木关兴旺起来，以至于教育部附设青木关民众教育馆将轿夫、滑竿夫、驿运商纳入教育训练工作范围。1944年5月，交通部驿运总管理处将川陕驿运分处所辖的青木关至北碚、青木关至稗木镇区段划归重庆管辖，使青木关驿运马车客货运输出现繁盛时期。②

抗战胜利后，迁建区特约公务车、特约校车减少，巴县汽车路股份有限公司尚有客车18辆行驶“七磁线”，每月载客26万人次。随后恢复了全面抗战前的“七青线”，公司更名为“巴县长途汽车股份有限公司”。1946年8月重庆市政府管理的市公共汽车管理处将高滩岩至北碚的线路，移交巴县长途汽车股份公司营运，同时参加“七青线”营运的还有“重庆市沙磁区特约校车联合办事处”，这两个运营企业均于1950年解散。③

---

① 重庆市档案馆馆藏民国档案，档号0053－0002－00627－0000－063－000。本档文件完整记载了战时运输管理局对重庆迁建区以青木关为中心的特约校车管理沿革。

② 重庆公用事业局修志办公室编印《重庆公用事业历史资料辑》第29～30页。

③ 《重庆公用事业历史资料（选辑）》第35页；重庆市档案馆馆藏民国档案，档号01430001000490000012。

第四节 1932—1939 年巴县璧山县青木乡开发规划

1932 年成渝公路竣工，巴县汽车路股份有限公司开通“七青线”客运，这引发重庆商会、巴县、璧山及巴璧两县青木乡对开发青木关的动议，出现了一轮招商筹股建设青木关的小热潮。巴县青木乡办公处所从居于川东古石板大道的八庙场迁璧山青木关中赁屋作为新的乡公所办公场所，积极参与青木关的开发建设。璧山县团务委员会常务委员甘葵禄称：“余向慕青木关山水，考其矿藏之富如煤铁及石灰石等，在在可资开发，其他如造纸原料造屋用料供给无穷，且拥有常年不断见方盈尺之流水可兴水利，其地之宜于修养避暑景色可人者，乃又其余事，此诚得天独厚之地也。”[①] 1934 年春，甘葵禄卸任县团务委员会职，县长吴国义委任其为璧山县青木乡乡长，他“未一日忘情地方建设”，[②] 至 1937 年建设水电厂 1 座，水力磨面房达到 6 家，大小煤矿厂 12 家，铁厂一家，机制面粉运销重庆，成为青木关出口大宗商品，其余缫丝染织造纸正待招商经营。[③]

1937 年成渝公路青北支路动工后，已辞职青木乡乡长在青木关经商的甘葵禄，有感于卢作孚建设北碚打造北温泉所取得成效，于 4 月上书璧山县政府呈报《青温公园计划书》，该计划书引言称：[④]

渝西九十里，有青木关焉。其地当成渝要冲，遍饶风景，战时有事于渝州，尝为兵家所必争，盖实为渝西上游之屏障也。在昔以交通不便，遂使名山胜迹如大蟒古洞、明姚将军血书处、天池洞口、石老翁、温泉寺等胜地湮没不闻，鲜为外人知也，仅其关隘为兵家称之。至民十九年成渝马路通车，至此发起人等不忍名胜久没不怅（张），乃约集巴璧两邑绅耆会商决定，拟就温泉寺所有佛地，依山傍水开辟公园，以使人群游览，使穷乡僻壤藉以促进文明；并拟于温泉寺引水凿池，为游人解（洗）尘之需，庶遐迩人士不时有舒啸东皋浴沂风咏之乐。惜事宕延至今，未即举办。前

① 重庆市璧山县档案馆馆藏民国档案，华西实验区全宗第 9 卷 甘葵禄 拟《新青木乡计划书》。

② 重庆市璧山县档案馆馆藏民国档案，华西实验区全宗第 9 卷 甘葵禄 拟《新青木乡计划书》。

③ 重庆市璧山县档案馆馆藏民国档案，华西实验区全宗第 9 卷 甘葵禄 拟《新青木乡计划书》。

④ 重庆市璧山县档案馆馆藏民国档案，华西实验区全宗第 9 卷 甘葵禄 拟《青温公园计划书·引言》。

发起人等共期公园早日实现，特积极筹备建修，乃以事体重大，一时难期周详，谨先拟计划书，俾便按序实现，第图完成，惟就管见所及不免挂一漏万，尚望明达硕士时加指正，益以热忱赞助一切则幸甚矣。

二六·四·二八 甘葵禄叙于永和商店

甘葵禄自任青木乡乡长，便举家从璧山县城迁居青木关，目睹了青木关的变化。此番拟订《青温公园计划书》报县政府，是想以商界人士身份再尽一份心力。未曾想到，“七七”事变爆发，这一计划被搁置存档。

半年以后，甘葵禄联络巴璧两县青木乡乡长、乡绅、商家实业界人士发起筹备成立“巴璧青木乡乡村建设联合会”。1938 年 2 月 13 日在璧山青木乡温泉寺召开了第一次筹备会，巴璧青木乡各界人士 29 人参加，会上公推管兆麟、甘葵禄为筹备会临时主席，甘葵禄主持了第一次筹备会并致词：“……两邑人士共同努力新青木乡的一切建设，使增繁荣，以期建全抗日后防，增加抗战力量。”第一次会议通过了“巴璧青木乡乡村建设联合会”会体名称，起草联合会章程及该会筹备设立私立育才小学校以济失学学子等决议。2 月 22 日，该会在巴县青木乡联保办公处召开了第二次筹备会，34 人参会，管兆麟主持会议并致词：

我们青木乡介于巴璧之间，既踞地方形胜，交通復称便利，平日生活几比恁何地方都称简便，这不能不说我们的地方好了。际兹国难时日，省外避难同胞纷纷来川，从事安全地区各项建设，同人等若能全本国难，举一切地方人力地力，均愿供诸国家之旨，一面自己努力乡建，一面招引省外人士来乡开发各项实业。本乡擅有煤铁矿及石灰石暨造纸原料等重大工业原料之地，而又挟着交通便利，吾人只须尽量扶助他人一切，其日趋繁荣自可预卜。

巴璧青木乡乡村建设联合会第二次筹备会通过了 4 项议程。一是逐条讨论、修正并通过了《巴璧青木乡乡村建设联合会简章》九章十八条；二是通过了半月之内修筑旗台旗杆案；三是通过市街清洁运动案，决定由该会同巴县青木乡联保主任张之率、璧山县青木乡联保主任钟蒉阶先行定期召集市民谈话后举行清洁大扫除；四是选举了联合会职员。这次会议后，巴璧两县青木乡分别呈报巴县第一区、璧山第三区，又由两区呈报巴璧两县政府，县政府再呈报四川省第三区行政督察专员公署，使青木关乡村建设事宜成为上川东 10 个县乡村建设所共知。①

在青木关乡村建设兴起之时，甘葵禄根据任职、经商青木关乡多年对乡情的了解，起草了《新青木乡计划书》，计划书共有 5 个子计划。第一是《青木乡的低度教育计划》，分为社会教育、学校教育两项。起草者首重“教育为立国之要政，亦建国之基础工作”，“值此国难严重关头，欲收全民抗战之效，尤非努力教育不为功，即人民生活之改善亦正待教育之普及有以促进也”。社会教育方面，提出了设立巴璧青木乡图书馆、讲演所、民众学校扫盲教育、马路街市树立识字牌、张贴壁报、放映影片等；学校教育方面，提出了设立巴璧青木乡联立小学校，渐次扩充为完全小学，青木场集市三里内免设小学，其余按每两保设立一所初级小学校。第二是《青木乡的水利计划》，分为农田灌溉水利、青温公园计划、建设扩充水利发电厂计划、招商筹股兴办水利等。第三是《青木乡的治安计划》，提出设立巴璧青木乡联防办事处或巴璧青木乡特组公安分局专负地方治安；巴璧青木乡联合修建办公新舍，进而联合办公，既可消除隔阂又可节省经费。第四是《青木乡的市街计划》，提出了街市整理，扩宽旧街道、新建房屋规划限制不能影响市面观瞻，推行清洁卫生运动建造公共厕所。第五是《青木乡的经济开发计划》，提出了经费筹集促进开发、组织信用合作社设农贷所、成立生产合作社、消费合作社等。《新青木乡计划书》最后建议政府将巴璧青木乡划作实验乡，“以一事权而利进行，则其成效必更有可观”②。

甘葵禄的《新青木乡计划书》和青温公园发起人邓少琴等请划拨学产地块修建游泳池、公共浴室等申请，璧山县县长彭祥冀将计划书和申请交国民经济建设委员会璧山县支会讨论后报县政府批准。该会于 1938 年 9 月 22 日召开会议决议：

> 本会对于青木关建设事宜，正在整个计划中，一俟筹备完善，即将开始推行。该青温公园发起人等是项请求殊觉有碍本会具体方案，似难据以准行。如该发起人等确以繁荣名胜，协助公家为前提，可请县府饬其径向本会协商。③

1932 年成渝公路修筑通车以后，巴璧两县青木乡各界人士倡议开发青木

---

① 重庆市璧山县档案馆馆藏民国档案，华西实验区全宗第 9 卷甘葵禄拟《璧山县政府关于巴璧青木乡乡村建设联合会成立呈第三区行政督察专员文》。

② 重庆市璧山县档案馆馆藏民国档案，华西实验区全宗第 9 卷，甘葵禄拟《新青木乡计划书》。

③ 重庆市璧山县档案馆馆藏民国档案，华西实验区全宗第 9 卷，国民经济建设委员会璧山县支会为青木关建设事宜致璧山县政府公函，1939 年 9 月。

关资源，发展工商实业，提升文化教育程度，向两县政府提供呈送各项计划书，并成立巴璧青木乡乡村建设联合会具体推进，以融入全民抗战大潮。正如甘葵禄在《青木乡的经济开发计划》中写道："值此国难严重，农村经济破产关头，以吾乡地瘠民贫之甚，民生痛苦已难言喻，治生无计，遑言建设。惟以水深火热，必须奋发，始能战胜恶劣环境；忍痛负巨，方可期登康庄区域。"①正是这些筹划成为国民政府教育部迁建青木关打造文化教育重镇的内生动力。

第五节　巴县璧山县青木乡战时工作体制与财政人口

1939 年 5 月教育部迁建青木关温泉寺办公，并部署在巴璧青木乡开展文化教育实验，促进乡村建设，使酝酿多年的实验乡建设提上了议事日程。

1940 年 1 月 10 日，根据四川省第三区行政督察专员公署函电教育部的《四川省第三区行政督察专员公署直属青木关示范乡计划大纲》，在青木关教育部会议室召开了筹备青木关示范乡谈话会，会议由教育部总务司司长章益主持，教育部社会教育司、普通教育司，青木关社会服务处，四川省第三区派代表参加了谈话会。章益代表教育部首先支持四川省第三区依据国民政府颁布的《县各级组织纲要》实施新县制，设立青木关实验乡；第二，教育部对于青木关文化事业竭力予以协助，1939 年由部设立的青木关民众教育馆、青木关中心小学将来可交地方办理，关于文化事业的基金和事业费必须筹措；第三，青木关建设委员会的组织应增加地方党部、社会服务处和驻军警察部队等。这次会议商决了以下三点：一是文化事业经费方面，由教育部协助负担 1940 年度保国民学校经常费，临时费、开办费由地方筹措；各项事业费请四川省政府在义务教育、社会教育经费项下拨助；巴璧两县筹措拨款，巴璧青木乡撙节行政经费以补文化事业费之不足；二是乡长不兼任中心国民学校校长，校长可兼任副乡长，乡文化组主任可兼任学校教导主任；三是青木关实验乡召开筹备会之前，宜由专员公署先行向各有关机关接洽妥当后再行召开。②

四川省第三区专员公署按照谈话会商决，将《青木关实验乡计划大纲》函

① 重庆市璧山县档案馆馆藏民国档案，华西实验区全宗第 9 卷，甘葵禄拟《新青木乡计划书》。

② 重庆市档案馆馆藏民国档案 全宗号 0055 四川省第三区行政督察专员公署，目录 6 第 234 卷。

送迁驻迁建区的内政部民政司、卫生署等中央机关请予协助。1940 年 5 月内政部函复，内政部警察总队派驻青木关警察中队协助地方增强治安警保力量；卫生署亦将设立迁建区成渝公路青木关卫生站，列入支持青木乡卫生事业的机构。[①] 四川省第三区专员公署在得到上述迁建区中央机关的协助后，将修订后的《四川省第三区行政督察专员公署直属青木关实验乡计划大纲》并附 1940 年经费预算呈报四川省政府。教育部亦在 1939 年下半年在青木关相继开展文化教育实验的基础上加快了统筹抗战文化活动和增设国民教育实验区保国民学校的进程。教育部的举措受到四川省教育厅、巴璧两县政府和两县青木乡的普遍赞许，青木乡民意代表联名上书四川省第三区专员公署、教育部，呈请采纳民意准予简派教育部第二社会教育工作团青木关民众教育馆长谢光迁兼任青木乡乡长，民意呈文称："谢光迁氏自办理本乡民教以来，对于各部工作积极推进，不遗余力，为时不久建树实多。"[②]

鉴于公文往来时日延搁，四川省第三区专员公署于 1940 年 8 月 10 日才制发《为规定巴璧两县青木乡乡公所工作联系办法给巴县璧山县县政府的训令》：[③]

训　令

民教字　第 2218 号

令巴县、璧山县政府

查本区青木关密迩行都，地势冲繁且为渝市疏建区之终点。自上年教育部迁驻后，机关林立，人口激增，其地位益形重要。该处为巴璧两县所分辖，各设有联保办公处，事权不一，力量分散，以是一切地方建设均难顺利推行。教育部有鉴于此，所以爰有合并两县青木乡成立一个实验乡之议，曾由总务司与本署往返函商，并在部举行筹备青木关实验乡谈话会，经决定三项原则由本署据以拟定本区直属青木关实验乡计划大纲及廿九年度支出预算书呈请四川省政府核示在案。现在各县乡（镇）公所均须于八月一日一律成立。该乡改制不能再缓。在所拟计划大纲未奉省府指令核示之前，暂订两乡工作联系办法如次：

（一）巴县及璧山县应各成立青木乡乡公所，以原辖各保为区域范围。

（二）两县青木乡乡公所均列为甲种乡公所。

① 重庆市档案馆馆藏民国档案 全宗号 0055 四川省第三区行政督察专员公署，目录 6 第 234 卷。
② 重庆市档案馆馆藏民国档案 全宗号 0055 四川省第三区行政督察专员公署，目录 6 第 234 卷。
③ 重庆市档案馆馆藏民国档案 全宗号 0055 四川省第三区行政督察专员公署，目录 6 第 234 卷。

（三）两县青木乡乡长由各该县委任，报署备查。

（四）两县青木乡乡公所应合处办公以资联系，并指定巴县青木乡乡长为首席乡长指挥监督两乡乡公所职员办理行政及自治事务。

（五）两县青木乡乡公所图记由该县政府依照省府规定格式刊发。属于该县事务即用该乡图记；如为两县青木乡共同事务，则由两乡公所会衔会印。

（六）关于图记档卷公物武器弹药等均应由两乡公所分别登记保管。

（七）关于教育文化事业仍按原拟计划大纲，由首席乡长秉承教育部总务司训示办理。

以上七项除分令巴县璧山县政府遵照外，合行令仰该府遵照并转饬该县青木乡乡长遵照，仍将奉文日期及办理情形报署备查为要。

此令

1940年9月10日，巴璧青木乡乡公所实行合处办公，巴璧青木乡首席乡长管赓夷、乡长王鼎彝分别在联合办公的呈文上盖上了“巴县第一区青木乡公所图记”“璧山县第三区青木乡公所图记”，呈文上报四川省第三区专员公署。这表示因应日机对重庆大轰炸而形成的迁建区重镇青木关正式实行战时工作体制。[①]

与此同时，教育部部署建修文化教育设施，迁建文化教育机构的步伐加快，青木关民众教育馆、青木关国民教育实验区、国民体育场、游泳池、公共浴室、中山会堂次第建成，国立音乐院、国立十四中学、战区来渝学校进修班、国立劳作师范学校、国立社会教育学院及其附中相继创办，国立艺术专科学院迁来，它们或租赁庙宇宫观，或建简陋校舍，或于山中搭建茅草屋教学；抗战文化活动和文艺表演在国民月会、民众周会举行，在巴璧青木乡30余平方公里各个办学点、聚落点举行；各大中小学办学成果展览、历史古物陈列展览、绘画与图案艺术展览、社会教育成果展览和国立音乐院师生举办的音乐会、教育部戏剧演出队的话剧演出，尤其是在国立音乐院师生带动下的音乐活动，使青木关成为抗战时期中国大后方的文化教育重镇和音乐之乡。

由于青木关文化教育设施的建成形成了青木关新的街市——建青路街，原青木关老街市“狭隘敞陋滋甚，非特有碍观瞻，亦实妨于卫生，整理清洁是所必要”。[②] 甘葵禄所提出的街市建筑规划与整理和教育部附设青木关民众教育馆

① 重庆市档案馆馆藏民国档案 全宗号0055 四川省第三区行政督察专员公署，目录6第234卷。

② 重庆市璧山县档案馆馆藏民国档案，华西实验区全宗第9卷，甘葵禄拟《新青木乡计划书.青木乡的市街计划》。

开展的卫生教育实验相契合，成为抗战后期青木关建修委员会改组扩大的缘由。

1943年1月7日，璧山县青木乡公所函请迁驻青木关各机关首长和乡绅召开了组建新一届璧山县青木乡建修委员会的会议，除璧山县青木乡正副乡长外，其余9人为巴县青木乡乡长、青木关民众教育馆长、青木关社会服务处主任、国立社会教育学院附属中学校长、乡绅、工程技术人士等，并规定新一届青木乡建修委员会“执行整修老街，建筑新市区之责”。①

1940—1945年是青木关街道、集市迅速发展时期，各商业同业公会相继成立，碗厂、砖瓦窑场、纸厂、煤炭厂、印谱社均兴盛一时，成为璧山青木乡的财税收入主要来源。而巴县青木乡的财税收入主要是在农业上，据该乡1945年度岁入岁出概算书记载，全年度经常税费收入415386元，捐费临时征收4049025元，岁入总计4464411元，相比较1944年度2481961元，增长幅度是相当大的；1945年度捐费临时征收总额中又以地方自治捐4046000元几近100%，这一项是从该乡种粮户征收而来。巴县青木乡1945年度概算经常性行政支出110952元，教育文化支出80700元，保安支出3744元，财务支出48024元，其他支出2493885元；经常性临时支出中行政支出84260元，教育文化支出21000元，保安支出963300元，乡镇临时事业费500000元；1945年度造产基金253500元列为特殊支出；总计支出4559365元。1945年度支出概算以保安支出、公教人员工役生活补助即公粮费为大宗。②

迁驻、创办于巴璧青木乡的机关学校公教职员工役的粮食供应，自1939年“五三·五四”大轰炸后至1941年6月，经重庆市粮食管理委员会核准，按《重庆市区、中央各机关公务员役及各学校教职员役平价食米办理纲要》，统由市粮食管理委员会分配。各机关学校领米前，须先编具人口清册汇送，由该会召集社会部、教育部、中央统计调查局、军事委员会统计调查局及全国粮食管理局等有关机关审核后，决定每月发米数量，发给准购通知书，成人每月以二斗计，5岁以下者每月一斗，各机关持此证向全国粮食管理局平价米供应处购领平价食米。③ 1941年7月1日重庆民食供应处成立后，各机关学校欲购平价米，均须根据非常时期改善公务员生活办法及其施行细则册报行政院核准后，始得购买；公教职员眷属人数规定能报父母妻子女至多5人，并有年龄之

① 重庆市璧山县档案馆馆藏民国档案，民国-15全宗，目录1第250卷。

② 重庆市巴南区档案馆馆藏民国巴县档案，巴县政府目录号6j1-第446卷，巴县青木乡1944—1945年度岁出岁入预算概算书。

③ 贝幼强《重庆市之粮食管理》，原载重庆《财政评论》第5卷第6期，财政评论社编印，1941年6月出版。

限制，须经直接首长考核转报，除在任所之眷属准购平价粮米外，其未在任所者，一律发放每斗以18元折合之代金。凡经核定后之机关学校，须按月向行政院通报异动情况，以备逐月更正。中央机关迁建区各机关乡下办事处散布各乡，重庆民食供应处鉴于各机关学校因轰炸疏散，进城领米不便，专门设立了小龙坎、新桥、歌乐山、陈家桥、青木关、歇马场、北碚等供应站，以便各机关学校就近提取。①

青木关幼稚园教职员工役请领粮及代金
三十三年八月份人数清册

校名　教育部妇女工作队主办迁建区青木关幼稚园

地址　　青木关

教职员　十九人

工役　　六人

主管长官　孙禄卿

教职员部分						
分类	职务	姓名	性别	年龄	到职时间	应领米量
31岁以上者	教员	周丽华	女	36	三〇年一月一日到职	10斗
		洪文瑾	女	36	三一年二月一日到职	10斗
		马其骏	女	40	三一年八月一日到职	10斗
		沈亚先	女	46	三一年十月一日到职	10斗
		管欣荣	女	36	三二年五月一日到职	10斗
		洪长震	女	32	三二年八月一日到职	10斗
		吴文彧	女	44	三二年八月一日到职	10斗
	保姆	沈莲娟	女	49	三二年八月一日到职	10斗
	教员	殷梦驹	女	32	三二年八月一日到职	10斗
		陈肃钰	女	42	三三年二月一日到职	10斗
	职员	薛秋衡	女	36	三三年二月一日到职	10斗

① 王锡文《重庆民食供应之机构计划设施》；原载《川康建设》创刊号，川康建设杂志社1943年1月出版。

续表

教职员部分						
分类	职务	姓名	性别	年龄	到职时间	应领米量
31岁以上者	医师	贺纯路	男	47	三三年二月一日到职	10斗
	保姆	张淑芳	女	37	三三年二月一日到职	10斗
		李雪涛	女	32	三三年六月一日到职	10斗
	教员	朱孟尝	女	33	三三年八月一日到职	10斗
	教员	刘其萱	女	32	三三年八月一日到职	10斗
26—30岁	教员	谢桂莲	女	27	三二年八月一日到职	8斗
25岁以下	教员	刘知行	女	19	三二年八月一日到职	6斗
	教员	陈秀云	女	24	三三年二月一日到职	6斗
工役部分（现有五人）						
		杨素华	女		三一年八月一日到任	6斗
		吴孝英	女		三一年八月一日到任	6斗
		柯永福	男		三一年十月一日到任	6斗
		陈如萍	男		三三年三月一日到任	6斗
		张万治	男		三三年四月一日到任	6斗

教育部战区学生来渝进修班

三十三年十月份

教职员工役实领食米及代金报销清册

地址　青木关

教职员部分							
职务	姓名	性别	年龄	到职时间	应领	实领	贷金
主任	曾克温	女	35	三二年九月	一石米	八斗五升	五五五
教员	傅　恂	女	45	三二年九月	一石米	八斗五升	五五五
	曹稣曼	女	31	三三年八月	一石米	八斗五升	五五五
	张文灿	女	32	三三年八月	一石米	八斗五升	五五五
	李攸勤	女	31	三三年八月	一石米	八斗五升	五五五
	黄星桥	男	31	三三年八月	一石米	八斗五升	五五五

续表

工役部分							
	谭炳林	男	42	三三年三月	六 斗	五 斗	三七 0
	胡海洲	男	32	三三年三月	六斗	五斗	三七 0
	陈金武	男	30	三三年三月	六斗	五斗	三七 0

主任　曾克温

中华民国　三十三年十月

自 1939 年教育部、中国教育学术团体联合办事处等文化教育机构迁建青木关，巴璧两县青木乡人口急剧增加，到 1942 年 1 月达到 39670 人，其中璧山青木乡为 26222 人，成为璧山县人口最多的乡镇。尽管此后人口统计口径调整，但从 1943 年还有文教机构迁来和中等以上学校招生规模扩大，两县青木乡地域人口逾 40000 人应是毫无疑问的。1939 年至 1945 年迁建区巴璧两县青木乡人口变动参见下表：

迁建区巴县璧山县青木乡保甲户口表

年份	乡别	保数	甲数	户数	人口数		
					合计	男	女
1939 年	巴县青木乡[1]			1353	7076		
	璧山青木乡[2]	6	60	885	3812	1919	1999
1941 年 6 月	巴县青木乡	11	131	1553	13493	9427	4066
	璧山青木乡	6	58		4690	2401	2289
1941 年 12 月	巴县青木乡			1487	13479	9340	4139
	璧山青木乡	6	58		26121	23883	2238
1942 年 1 月	巴县青木乡	11	131	1492	13448	9326	4122
	璧山青木乡	6	58		26222	23992	2230
1942 年 12 月	巴县青木乡	11	131	1553	13487	9420	4067
	璧山青木乡	8	87		7350	4277	3073
1943 年 1 月	巴县青木乡						
	璧山青木乡	8	87		7339	4270	3069

续表

年份	乡别	保数	甲数	户数	人口数		
					合计	男	女
11月	巴县青木乡	12	137		10709	5954	4753
	璧山青木乡	8	137		7363	4273	3090
1944年	巴县青木乡	12	137	1370	10513	5724	4789
	璧山青木乡	8	72	873	7522	4376	3126
1945年	巴县青木乡	12	137	1370	10479	5724	4755
	璧山青木乡	8	72	916	6716	3569	3147

*本表除已注明资料来源，均见重庆市档案馆馆藏民国档案，四川省第三区行政督察署案卷号0050006000410000。

王国栋《巴县农村经济之研究》第44页，1939年4月统计巴县各乡全保甲户口数及壮丁数及每户平均人口数；《民国二十年代中国大陆土地问题资料》，台北成文出版社有限公司，（美）中文资料中心发行，1977年初版。

巴县青木关镇志编辑室《青木关镇志（初稿）》，1989年3月30日。1944—1945两年人口资料均来自《青木关镇志》。

第二章　国民政府教育部大本营

敌人可以毁灭我们现代化的校舍建筑，但是不能阻止我们于最短时间建设简单、朴陋的校舍，来继续我们的教学；敌人可以轰炸焚烧我们的城市，但是不能阻止我们疏散学校到乡间上课。在任何困难的物质条件下，我们决不使教育文化事业因侵略者的暴行而中途停顿，目的是使敌人永久记得世界上有一种正义与人道的至大至刚不屈不挠的精神力量，是不可能用武力征服的。我们深信人道正义者战必胜，我们深信“信仰”就是“力量”，而坚定必定必胜的信仰，为世界教育文化工作者应有的责任。

——国民政府教育部长陈立夫 1942 年 10 月 5 日在欢迎美国总统罗斯福特使威尔基宴会上的致词（原载重庆《商务日报》1942 年 10 月 6 日）。

第一节　教育部迁建青木关概况

一、国民政府教育部概况

所谓教育，即“教书育人”的简称是也。它是教育者将最客观、最公正的知识、意识、思维等教化于他人的过程。虽然人站在不同的角度，对教育的定义有所不同，但教育贯穿一个人的终生并对之产生持久而深刻的影响，则是人们的普遍共识。不仅如此，教育还可提高人们的综合素质，促进一个国家或地区经济社会的发展，被誉为“立国之本”。正因为如此，所以古今中外历来都十分重视教育及教育的管理，早在隋朝，我国就设立了专门负责管理教育的中央政府机构——国子监，并得以延续 1000 余年，直到清朝。到了清朝末年，清政府废科举，设新学，于中央政府设立“学部”，取代“国子监”。1911 年辛亥革命后，南京临时政府又废除清朝的“学部”，改设教育部，并以之作为管理全国教育的中央教育行政机构。自此之后，“教育部”就成为我国中央政府管理教育行政的专责机关（南京国民政府初期曾一度改“教育部”为“大学院”）。

国民政府教育部成立于 1928 年 10 月。同年 12 月 7 日，国民政府公布《教育部组织法》，之后又随着形势的发展与需要，进行过多次修正。到全面抗战爆发前的 1936 年 10 月 31 日，国民政府再次修正公布《教育部组织法》，规定：①教育部管理全国学术及教育行政事务。②教育部对于各地方最高级行政长官执行本部主管事务，有指示、监督之责。③教育部就主管事务对于各地方最高级行政长官之命令或处分认为有违背法令或逾越权限者，得请由行政院院长提请行政院会议决议后停止或撤销之。④教育部内设总务司、高等教育司、普通教育司、社会教育司、蒙藏教育司以及大学委员会、华侨教育设计委员会等，分别掌管各相关事宜，同时经行政院会议及立法院之议决，得增置、裁并各司及其他机关。⑤教育部设部长 1 人，综理该部部务并监督所属职员及各机关；设政务次长、常务次长各 1 人，辅助部长处理总务。[①]

国民政府教育部成立后，即“以充实人民生活，扶植社会生存，发展国民生计，延续民族生命为教育目标。订定各级教育制度，增加教育经费，整顿大学，推行义务教育，扩充社会教育，提倡科学研究等工作”，使中国的教育较先前有了较大的发展。到 1937 年 7 月全面抗战爆发前，中国计有专科以上学校 108 所，计大学 42 所，独立学院 34 所，专科学校 32 所，学生 41922 人；有中等学校 3264 所、学生 627246 人，其中中学 1956 所、学生 482522 人，师范学校 814 所、学生 87902 人，职业学校 494 所、学生 56822 人。[②] 正当中国教育按其预定轨道运行之际，1937 年 7 月，日本帝国主义发动全面侵华战争并对中国的教育文化机关进行毫无忌惮的野蛮摧残与破坏，“敌骑所至，黉舍为墟”，极大地阻碍了中国教育的发展与进步。面对日本帝国主义的野蛮破坏与摧残，国民政府教育部及其领导下的文化教育机关，也不得不与其他机关、行业一样，踏上了漫漫的西迁之路。

---

① 《国民政府第 6 次修正公布〈教育部组织法〉》（1936 年 10 月 31 日），载中国第二历史档案馆编：《国民党政府政治制度档案史料选编》（上册），安徽教育出版社，1994 年 12 月出版，第 236～238 页。

② 《1937 年以来之中国教育》，载《教育通讯》复刊第 2 卷第 9 期，1947 年 1 月 1 日出版。

二、国民政府西迁重庆

当1937年7月全面抗战爆发特别是日本帝国主义进攻上海、威胁到国民党统治的经济、金融、政治中心时，国民政府即综观全局，遵从孙中山先生有关在中国对外战争发生时建立“海、陆都”的思想，借鉴1932年“一·二八”上海事变后国民政府迁都洛阳、抵御入侵之敌的成功经验，开始考虑首都的迁移问题。所不同的是：此次迁都，并没有按照1932年3月在洛阳召开的国民党四届二中全会上所通过的“（一）以长安为陪都，定名西京；（二）以洛阳为行都；（三）关于陪都之筹备事宜，应组织筹备委员会，交政治会议决定”的有关决定，[①] 将首都迁往行都洛阳或陪都西京（今西安），而是将其迁到了“天府之国”的四川重庆，并于11月20日明令全国，昭告中外：“此后将以最广大之规模，从事更持久之战斗。”[②] 经过近10天的艰难跋涉，11月26日，国民政府主席林森率国府直属的文官、主计、参军三处部分人员抵达重庆，12月1日，国民政府在重庆简陋的新址正式办公，此举标志着重庆正式成为中国的“战时首都”。

与国民政府迁都重庆相适应，南京国民政府各中央机关及其所属职员，除其最高长官留南京主持工作外，其余也均于国民政府主席林森撤离南京之后，开始陆续撤离南京，或转赴武汉，或直接一次性地远奔重庆，作为国民政府行政院所属的教育部，也就随此西迁洪流，远迁数千里之外的重庆。

国民政府行政院，“为国家最高行政机关，大体上相当于各国内阁制之责任内阁”，[③] 负有实际的行政责任。国民政府迁都重庆的决议实施后，行政院即在南京举行临时会议，决定该院及所属各部、会、署等在国民政府所在地设部办公，并须于适宜地点设办事处，行政院会议则在院长驻在地召集。依此决议，11月20日，行政院所属各部、会、署长官纷纷乘船西上，留在南京的只有外交部部长王宠惠、铁道部部长张公权、交通部部长俞飞鹏等。11月30日，行政院又在武汉举行院务会议，决议：“（一）依照上次会议决议原则，各

---

① 《确定行都与重庆地点案》（1932年3月5日国民党四届二中全会通过），载荣孟源主编：《中国国民党历次代表大会及中央全会资料》下册，光明日报出版社1985年出版，第156页。

② 《国防最高会议为补送〈国民政府移驻重庆办公宣言〉致国民政府函》（1937年11月29日），台湾中国国民党中央委员会党史馆馆藏档案：政治006/59。

③ 《国民政府年鉴》之《中央之部》第一编《行政》，载行政院编纂：《国民政府年鉴》，1944年3月再版。

部、会、署本机关，应限期于重庆开始办公。（二）各机关命令，应由重庆本机关颁发。（三）办事处由各机关视事实上之需要设置之。（四）院会开会地点，各机关须设办事处。”并由行政院分饬所属各部、会、署遵照执行。[①] 奉令后，行政院所属各部、会、署，大多迁往重庆，个别与战争密切相关的部、会、署，则暂时迁武汉或在武汉设立办事处，也有个别部门如内政部等因交通困难、觅船不易暂迁湖南长沙。

11月19日，国民政府教育部除部长王世杰及总务司司长、庶务科科长外，其余均搭乘轮船赴汉口，11月20日，王世杰也乘船离开南京，转赴武汉。后为了携带家属，遂于11月22日在九江下船，然后赴牯岭与家人团聚，复于11月25日携眷属下牯岭抵九江，26日在九江乘南浔路火车赴南昌，27日晨4时由南昌乘汽车赴长沙，于下午3时抵达。11月30日晚，又从长沙启程转赴武汉，于12月1日午后抵达武昌，从而结束了其漫长的西迁之行。[②]

11月20日，国民党中央党部，国民政府行政院、立法院、司法院、监察院、考试院及司法行政部、教育部、实业部、内政部、铨叙部、审计部、最高法院、卫生署以及国民政府所属各部专门委员会等机关奉令移驻重庆办公之一部分科长以上人员及随员等，分别搭乘民生、招商、三北等公司之轮船，陆续西上。12月4日，国民政府司法院副院长覃振、秘书长谢冠生，司法行政部部长洪陆东、次长谢健，国民党中央委员邹鲁等，率国民政府各院部会高级职员200余人乘船抵达重庆；12月5日，司法行政部在四川高等法院第一分院与该院合署办公；12月6日，国民政府考试院及所属铨叙部职员30余人，以及考选委员会、国民政府监察院审计部职员数十人及其部分眷属，由铨叙部次长马旭楼率领乘船抵达重庆；12月11日，国民政府考试院院长戴季陶、蒙藏委员会委员长吴忠信，率所属秘书、科长以及卫士等60余人，乘大车3辆、小车7辆，由贵州抵达重庆，其中，考试院择定重庆通远门外陶园为办公地址，蒙藏委员会借观音岩慈香阁为其办公地址；12月14日，国民政府赈济委员会委员长朱庆澜抵达重庆，赈济委员会职员20余人已先期到达，该会随即于柑子堡荆园办公；12月18日，国民政府立法院致电重庆市政府，称“本院

---

① 《国民政府行政院秘书长魏道明为院会决议四点致国民政府文官长魏怀电》（1937年12月1日），台湾“国史馆”档案：001－077555－001072。

② （台湾）林美莉编辑校订：《王世杰日记》（上册），台湾“中央研究院”近代史研究所2012年12月出版，第67～70页。

奉命迁渝，经择定观音岩义林医院内为办公处所”；[①] 12月中旬，中国国民党中央执行委员会侨务委员会迁渝职员，先后到达重庆，觅得公署路“重庆市党政军警宪俱乐部”三楼为办公地，并于12月21日迁入该地，开始办公；1938年1月，国民政府行政院及内政部、教育部的大部分职员，相继乘轮船西迁重庆，其中行政院选定上清寺上清花园为办公地址，内政部择定观音岩同淑里为该部在渝办公地址，教育部则拟将办公地址设在了位于牛角沱的西南美术专科学校。3月6日，新任国民政府教育部长陈立夫偕该部政务次长顾毓琇、主任秘书张庭休由汉口飞抵重庆，并于3月7日在国民政府举行的总理纪念周举行就职典礼，阐述今后的教育方针。

到1938年初，虽然国民党中央政府已正式宣告移驻重庆并开始相继在重庆办公，但这时迁到重庆来的只是国民党中央、国民政府中的一小部分，那些国民党中央、国民政府、国民政府军事委员会中的重要职能部门如军政、外交、经济、财政、交通部等，因为与战争密切相关，都暂时迁到了湖北的武汉或湖南的长沙，国民党中央党政军的主要负责人蒋介石、汪精卫、孔祥熙、何应钦、张群、白崇禧、徐永昌、陈诚等，也前后齐集武汉。所以这时的武汉，实际上成了中国抗战的指挥中枢和领导中心。到了1938年夏，华中重镇武汉岌岌可危，加之日机空袭的频繁，为安全计，国民政府当局在先前已有的疏散基础上，加大了对在武汉的人口、物资与学校的疏散与转移。与此同时，先前聚集在武汉的国民党党政军各中央机关的迁移疏散，也被再次提到议事日程。7月17日，国民政府军事委员会紧急命令国民政府及国民党中央驻武汉各机关，限五日内全部移驻重庆。[②] 奉此命令，先前迁到武汉的国民党中央各党政机关，开始了又一次大规模的西迁：1938年7月中旬，国民党中央执行委员会社会部部分职员相继抵渝，并择定九道门兴华小学楼下为办公地址，7月18日，该部开始正式在重庆办公；7月27日，国民政府外交部政务次长徐谟、常务次长曾容甫等抵达重庆；7月29日，国民政府蒙藏委员会委员长吴忠信、侨务委员会委员长陈树人等抵达重庆；7月31日，国民政府经济部长翁文灏偕该部常务次长秦汾等抵渝；8月2日，内政部长何键、财政部次长徐堪及中国青年党主席曾琦等抵渝；8月3日，行政院副院长张群、中央赈济委员会代委员长许世英、副委员长屈映光以及张道藩、寿景伟、杭立武、许行成等由汉

① 《国民政府立法院为择定办公处所致重庆市政府代电》（1937年12月18日），重庆市档案馆馆藏档案：全宗号：0053全宗，目录号：29，卷号：251。

② 转引自台湾吴相湘著：《第二次中日战争史》下册，台湾综合月刊社，1973年出版，第694页。

口飞抵重庆；8月4日，国民政府行政院秘书长魏道明，乘机由汉口抵达重庆；8月5日，中国国民党中央副总裁、国民参政会议长汪精卫，乘“永绥”军舰抵达重庆，同一天，国民政府行政院院长兼财政部长孔祥熙、国民参政会秘书长王世杰以及邵力子、彭学沛等由汉口飞抵重庆……

到8月上旬，经近一个月的紧急运输，国民政府、国民党中央所属驻武汉各中央党政机关，已全部迁到重庆，部分政府首脑、要员，以及外国驻华大使等，也于此前后相继抵达重庆。至此，在全面抗战爆发、国民政府决定迁都重庆一年之后，重庆成了真正的中国“战时首都”，在中国对日抗战史上发挥着神经中枢与指挥中心的作用。

三、国民政府教育部迁建青木关

到1938年7月底，国民政府教育部全体职员，全部迁重庆办公。在教育部内迁重庆的过程中，教育部的人事也发生了一些变化。1938年1月1日，国民政府为建立战时行政机构，是日进行改组，蒋介石辞去国民政府行政院长兼职，改由孔祥熙任行政院长，张群为副院长，同时对行政院所属的教育、交通、铁道等部进行改组，原教育部长王世杰另有任用，免去其教育部长职务，另外任命陈立夫为教育部长；1月14日，国民政府发布命令，任命张道藩为教育部常务次长，顾毓琇为教育部政务次长；9月6日，国民政府明令：任命章益为教育部总务司司长，吴俊升为教育部高等教育司司长。

国民政府教育部迁重庆后，最初觅定牛角沱的西南美术专科学校为办公地址。2月初，教育部从牛角沱的西南美术专科学校迁至罗家湾的川东联立师范学校内办公，时教育部共有工作人员150余人。在此期间，教育部也按其职责，开始其应负的各项工作，如于1938年2月3日组织成立了“战时教育问题研究委员会”，以政务次长顾毓琇为主任委员；7月25～26日，教育部训育研究委员会在川东师范学校召集重庆市各中等学校校长、训育主任60余人举行谈话会；10月20～22日，教育部在该部举行“全国高等师范教育会议”，研讨关于师范学院的有关问题；10月27日，教育部组织“音乐教育委员会”并于是日下午在该部会议室举行第一次会议，等等。

国民政府迁都重庆，粉碎了日本帝国主义“挟其暴力，要我为城下之盟”的企图，表明了国民政府“适应战况，统筹全局，长期抗战”的决心。它一方面打破了日本帝国主义迅速灭亡中国的美梦，另一方面使重庆的政治、经济、军事、文化、社会等地位迅速提高，人口大量增加，市区不断拓展。在前方战事僵持不下的大背景下，日本帝国主义为了达到迫使国民政府投降、破坏大后方的物质基础、摧毁大后方人民的抗日信心与决心的目的，从 1938 年初开始，对中国内地各重要都市进行了长时期的、野蛮的狂轰滥炸，而作为中国战时首都的重庆，也就因其地位的特殊和重要，首当其冲，成了人类历史上“比世界上任何一个国家的首都，都更早地、更久地、更多次数地成了战略轰炸的目标。”①

鉴于重庆地位的重要，当时的一切有识之士都知道日本帝国主义必将轰炸重庆，只是时间的早晚、规模的大小难以预计。同时提出了他们应对轰炸的策略——建设防空避难设施及疏散市区机关、学校与人口。早在 1938 年 10 月，国民政府军事委员会委员长行营就制订颁布了《疏散重庆市人口办法》，规定“现在重庆市无职业者及其眷属及不必常住市内之人口，由重庆市政府会同警备司令部、警察局、宪兵第三团查明应行疏散之人口，限期迁出本市”；疏散地点则为“长江、嘉陵江上下游及成渝、川黔两公路旁各县县城及附城地带及重庆市各防护区”。②

在经过 1938 年 2 月、10 月以及 1939 年 1 月 7 日、10 日的数次试探性的轰炸之后，1 月 15 日，日机 27 架于中午 1 时左右对重庆市区的三门洞街、国府路、曾家岩、观音岩、黄家花园河边、蒲草、学田湾、龙家湾、梯圣街、龙泉观、中四路行政院驻地后面以及江北的龙溪乡、陈家馆、刘家台、青草坝、万寿宫、保定门河坝、溉澜溪等地进行了轰炸，共投爆炸弹 69 枚，炸死重庆市民 119 人，炸伤 166 人，损毁房屋 92 间。

1 月 15 日的轰炸，日本出动的飞机数量、投弹量都是自轰炸重庆以来最多的一次，且轰炸的地区主要集中在人口密集的重庆市区，因而也是重庆遭遇轰炸以来伤亡人口最多的一次，给重庆人民的生命财产造成巨大损害，轰炸后的悲惨景象直接暴露在市民眼前，当时媒体报道称：在重庆某制革厂，“飞机投掷的炸弹，竟炸得晒牛羊皮的木板满天乱飞，而制革的人也不幸同罹难了，两具尸体躺在了一根电线柱身前，一个是无头，一个是连上半身都没有了，肠子肺腑落了一地。……虽然魔手们才仅仅的扔下了一个炸弹，可是在这闹市里，他不知会牺牲若干毫未准备的生灵。防护、消防、警察同志们正在抢救，而尸体或断肢残腿者却陆续不断的从瓦砾中抓了出来，一两点钟之间，朝天门

① 〔日〕前田哲男著，李泓、黄莺译：《重庆大轰炸》第 4 页，成都科技大学出版社，1989 年出版。

② 《行营公布疏散渝市人口办法》，载重庆《国民公报》1938 年 10 月 2 日。

河坝上也列满了血淋淋的尸首。”①

与此同时，血淋淋的事实，也让人们明白了飞机的威力，为应对日机的轰炸，救护救济大轰炸下的市民，一个由国民政府赈济委员会牵头、相关各方参与的在重庆反空袭历史上具有重要地位、发挥了重要作用的“重庆空袭紧急救济联合办事处”（后更名为“陪都空袭救护委员会”）也就于大轰炸的次日应运而生。而“一般民众，鉴于被难者之惨状，为避免无谓牺牲起见，均纷纷自动疏散，迁徙下乡”②。与此同时，政府当局也加大了疏散的宣传力度，1939年3月28日，国民政府行政院会议通过了《重庆市疏建委员会组织规程》和《防空疏散区房屋建筑规则》，4月10日，重庆市疏建委员会正式成立，以重庆卫戍总司令刘峙为主任委员，重庆市市长蒋志澄、重庆警备司令李根固、国民党重庆市党部主任委员洪兰友为副主任委员。由此一来，重庆的疏散工作就提高到国家层面，开始由国民政府行政院设置专门机构主持。

在重庆各机关学校的疏散中，沿成渝公路自老鹰岩到北碚一带，于1939年3月31日被国民政府行政院指定为“中央机关迁建区域”，并规定市内市民的疏散，不得向该区域内迁移；该区域内的一切建筑，非经中央机关迁建委员会批准，不得施工。而位于重庆西郊、隶属于四川省巴县、璧山县的青木关，位于青北（青木关至北碚）、成渝公路的交汇点，地位重要，人口众多，素为重庆西郊重镇。当国民政府行政院要求驻重庆各中央机关疏散时，教育部经过勘察寻觅，相中了璧山县青木关的温泉寺、文昌宫，1939年2月24日，教育部总务司司长章益致电四川省第三行政督察专员公署专员沈鹏，告以“本部奉令疏散，急需寻觅部址。查璧山县境内青木关有温泉寺及文昌宫房屋二所，堪以应用。拟请饬该县连同附近荒地，先行保留并希饬复为荷”。沈鹏接电后，即于次日（25日）致电璧山县县长彭祥蕡，将教育部的电文抄送并令其“即便遵照保留并速复，以凭转报”为要。2月28日，璧山县县长彭祥蕡致电沈鹏，称已奉令为教育部保留青木关温泉寺、文昌宫的房屋2所。

与此同时，国民政府经济部也将疏散办公的视线放在了青木关的温泉寺，并于1939年3月4日与温泉寺寺僧签订了租用契约，契约规定温泉寺全寺房屋及寺有山地，均由该部租用。3月6日，经济部将此信息分别电告璧山县政府、四川省第三区行政督察专员公署知照。面对此种局面，沈鹏也不知如何处理。3月8日，沈鹏致电教育部总务司司长章益，一方面告知已奉令令璧山县

---

① 《灾区惨象——本报记者速写》，载重庆《新民报》1939年1月17日。

② 《市民自动疏散轮渡拥挤》，载重庆《国民公报》1939年1月20日。

政府为教育部保留青木关温泉寺、文昌宫二处房屋，另一方面又将经济部已与温泉寺签订租用契约之事告知，并提出了“究应如何办理，敬祈就近与该部交涉”的建议。[①] 后经过教育部与经济部的协商，经济部放弃迁移疏散青木关的想法，改迁中梁山华岩寺。由此一来，青木关就成了国民政府教育部的迁移疏散地，也成了抗战时期国民政府教育部活动的大本营。

1939 年 5 月，国民政府教育部迁青木关办公，并在城区川东师范学校内和沙坪坝设立办事处，部属体育组、统计室、中央建教合作委员会专门技术工作咨询处、音乐教导员训练班等机构迁驻沙坪坝，负责人为教育部督学郝更生。[②] 5 月 31 日，教育部总务司召集巴县、璧山县青木乡乡公所、保甲人员和街市民众举行了青木关首次国民月会，这次由教育部主持的国民月会周知了教育部迁青木关办公；7 月 1 日下午 7 时，由巴县第一区青木乡联保主任张之率担任巴璧两县青木乡第二次国民月会主席，迁建青木关的机关学校团体、两乡保甲人员和民众千余人集会于青北公路会车场，会议主席宣读国民公约，教育部代表费石师讲解“国民精神总动员”及国民公约，教育部代表徐朗秋报告一月来的国际形势和抗战情形，内政部警察总队一大队一中队队长讲解整编保甲和组织青木乡防护团的意义，璧山县青木乡钟伯贞介绍乡风民俗，全场呼口号后，由教育部第二社会教育工作团第二施教队放映抗战建国影片。[③] 同月，教育部先后制发《教育部同仁星期考察旅行团办法》《教育部沙坪坝办事处同仁星期考察旅行团办法》，对北碚、璧山、青木乡、沙坪坝即迁建区进行经济文化考察，这成为教育部布点迁建区文化教育机构设施的先期调查研究工作。[④]

第二节　教育部在青木关召开的重要会议

1938 年教育部在重庆近郊巴县龙隐镇、沙坪坝举办了农业职业学校教员暑期讲习班，川滇黔三省农业职业学校教员参加农作、园艺、森林的学习、讲解，中央大学、金陵大学两校农学院教师担任讲授教员。

---

① 《国民政府教育部就保留璧山青木关温泉寺、文昌宫房屋与四川省第三行政督察专员沈鹏往来电》(1939 年 2～3 月)，重庆市档案馆馆藏档案：0055 全宗，3 目，313 卷。

② 中国第二历史档案馆 全宗五 教育部，第 442 卷。

③ 重庆市巴南区档案馆馆藏民国巴县档案，巴县政府民政科 目录 6 J1 第 315 卷。

④ 中国第二历史档案馆 全宗五 教育部，第 442 卷。

1939 年 2 月，教育部音乐教导员训练班在龙隐镇小龙坎开班。3 月 1 日，经过 4 个月的筹备，第三次全国教育会议在重庆川东师范大礼堂举行。陈立夫在开幕式致词中说："这一次教育会议的目的有二：第一，就抗战方面说，是要使全国教育界同仁，怎样尽最大的努力，来协助战事；第二，就建国方面说，是要使全国教育界同仁，怎样地准备着，在战事继续进行时和战争结束以后，当大建设时代来临之时，全国智识分子，早已在最短时期内，准备完成了基本建设的能力。"历时 9 天的会议发表了《第三次全国教育会议宣言》，蒋介石亲临会议，并做训示："平时要做战时看，战时要做平时看"，被大会列为教育的指导原则。①

教育部迁青木关办公后，迅速修建了各省市民众教育馆馆长训练班和教育部办公与工作人员住宅等建筑。1939 年 12 月 15 日至 18 日，教育部社会教育工作团工作讨论会在青木关举行，教育部直辖第一、二社会教育工作团、湖北战时社会教育人员工作团、湖南战时社会教育人员工作团、河南社会教育工作团等战时社会教育工作团团长、副团长参加；教育部听取了这次会议各社会教育工作团工作汇报，讨论了工作议案，修正战区社教人员登记任用办法，改进各工作团工作机构和实施事业等。② 12 月 25 日，各省市民众教育馆馆长训练班第一期开学，川滇黔鄂西康等省的民众教育馆馆长参加两个月培训，该班课程有国民精神讲话、社会教育概论、社会教育行政、民众教育馆行政及组织、图书阅览、农业推广、合作组织、民众工艺、戏剧教育、科学教育、专题演讲、业务实习等，教育部所聘讲师为学术专家或社教实作研究者，主旨是使民众教育馆成为社会文化教育中心，推进抗战建国使命。③

从 1939 年下半年到 1945 年，教育部在青木关召开了一系列教育会议、学术会议、讲习会和举办训练班培训文化教育专门人才，青木关成为教育部大本营。本节就 1940 年召开的若干会议简述如下：

一、各省市国民教育会议

1940 年 3 月 11 日至 16 日，在青木关召开各省市国民教育会议，教育部

---

① 张建中、罗玲、吴波主编《中国战时首都档案文献·战时教育》，西南师范大学出版社，2017 年 6 月第 1 版，第 1 次印刷，第 124～125 页《第三次全国教育会议开幕式陈立夫议长致词》；第 131～133 页《第三次全国教育会议宣言》。

② 教育部第二社会教育工作团编印《团务通讯》第 4、5 期合刊，1940 年 1 月 20 日出版。

③ 《申报》1940 年 2 月 16 日。

和各省市教育厅局长或代表、各省民政厅代表共 58 人参加会议，行政院各部会代表，教育部全国义务教育委员会委员、义务教育视察员、社会教育督导员、社会教育司主管民众教育人员、普通教育司主管师范教育人员参加会议。蒋介石在各省市国民教育会议上颁示训词："此次教育部召集全国各省市主管教育人员与各有关机关代表，荟萃一堂，讨论国民教育推进问题，实为抗战建国进程中之一大事。盖治国之道，千头万绪；然着手所在，不外提高国民之道德、智能与体力，养成人人皆为健全之公民，俾人人皆能担当应负之任务，然后生活得以改进，国力由此增加。故一言蔽之，即国民教育为一切之根本是已。""更觉基础教育与成年补习教育，应在可能范围之内，打成一片，以完成建国必需之国民教育"。"爰于去年颁行《县各级组织纲要》，规定每保必设一国民学校，每一乡镇必设一中心小学；更规定此项教育机关与政治基层组织相互配合，取三位一体之制；凡乡镇保之学校校长、教员，即为基层政治建设之干部。"陈立夫在开幕式致词中述明了"国民教育"的由来："自从中央颁布《县各级组织纲要》以后，凡是与县政有关的各种业务，都须根据纲要的规定，重建新的制度，厘定新的方案，以适应实际的需要。教育是政治工作——管教养卫——四大业务之一，而县是政治机构的单位，所以对于县各级组织的教育业务，也应重建新的制度与方案。因此本部决定将义务教育、民众教育合二为一改称'国民教育'；'国民教育'能否顺利推行，不仅是教育本身的问题，而且有关新县制的成败。"教育部订定的《国民教育实施纲领》1940 年 8 月提出至 1945 年止，分三期实施普及国民教育，使入学儿童达到学龄儿童总数 80％以上，入学民众达到失学民众总数 70％以上。

各省市国民教育会议因为战争关系，全国有 20 个单位的厅长或主管科长参加，出席会议者占全国比例过半数以上。3 月 16 日各省市国民教育会议在青木关闭幕后，教育部又相继召开了游击战区国民教育讨论会、中等教育会议、社会教育会议。3 月 19 日，以上各会全部结束。[①] 21 日，教育部公布《国民教育实施纲领》。

1942 年 1 月 26 日至 2 月 3 日，教育部在青木关举行各省市国民教育、中等教育、社会教育、教育视导会议。行政院有关部、会、局代表、各省市教育厅长、局长出席。会议着重检讨过去工作及商定今后实施计划。教育部长陈立夫在大会致词说："国民教育的目的在扫除文盲，故首应注意量的发展，同时

① 教育部编印《各省市国民教育会议报告》1940 年 3 月；《教育通讯》从 1940 年 3 月 16 日的第 3 卷第 10 期至 6 月 1 日的第 3 卷第 21 期连续刊发了各省市国民教育会议相关文件。

不可忽视师资的培养，以求质的提高。今后高等教育由教育部负责办理，各省应集中力量推行中等教育和国民教育。高级中学以省办为原则，初中以县办为原则”。[①]

二、第二届高级师范教育会议[②]

1940 年 4 月 25 日—29 日，第二届全国高级师范教育会议在青木关召开，教育部有关人员及各大学师范学院院长、主任、导师等出席。会议主要讨论各师范学院行政、课程、辅导、视导等问题，决议案有：大学师范学院独立设置、师范学院招生须顾及各省市名额分配、通过《辅导中等教育办法草案》、课程改进、科系设置、培养各科教学师资、培养国民教育师资、师范生升学等 34 项。

4 月 25 日会议开幕，教育部长、次长发表演讲，各师范学院院长作了报告。26 日会议分两个审查组审议提案，27 日全体大会由陈立夫主持讨论，次日星期天休会，29 日各师范学院院长与教育部高等教育司负责人举行谈话会，交换高级师范教育意见，各院长认定如下研究科目：

研究科目	负责研究学院	协助研究学院
初高中公民科教材教法	国立师范学院	西北师范学院
初高中国文科教材教法	西北师范学院	西南联大师院
初高中英语科教材教法	中央大学师范学院	西南联大师院 西北师院
初高中数学科教材教法	国立师范学院	西南联大师院 西北师院 浙大师院
初高中史地科教材教法	浙大师范学院	西南联大师院 西北师院
初高中博物科教材教法	西北师范学院	中央大学师院
初高中理化科教材教法	西南联大师院	浙大师院
师范学校教育课教材教法	心理部分 教育部分	中央大学师院 西北师院
小学各科教材教法 初高中体育科教材教法 初高中音乐科教材教法	西南联大师院 西北师范学院 国立女子师范学院	中山大学师院 中央大学师院（童子军部分）

① 《第二次中国教育年鉴》第 2 编；《益世报》1942 年 2 月 4 日，该报在青木关办有益世报社造纸一厂。

② 陈东原《第二届高级师范教育会议概述》，原载《教与学》第 5 卷第 4 期，1940 年 6 月 30 日出版。

续表

研究科目	负责研究学院	协助研究学院
初高中图书（画） 劳作科教材教法	国画部分 劳作部分	中央大学师院 西北师范学院
高中家政科教材教法	女子师范学院	西北师范学院

会议决议由各师范学院联合发行《中等教育季刊》一种，各院推代表1人组织编辑委员会，负责征集各单位稿件，各院轮流主编，第一年由沙坪坝国立中央大学师范学院负责主编，成为本届会议最具体的决议案。

三、教育部医学教育委员会第五届第一次全体委员会议

1940年8月下旬，教育部医学教育委员会第五届第一次全体委员会及专门委员会在青木关各省民众教育馆馆长训练班举行。24至25日，医院教育委员会助产、护士、药学、牙医、中医、医学教育分别召开会议，助产、护士两教育专门委员会还召开联席会议，26日至28日正式举行医学教育委员会第五届第一次大会。

教育部政务次长顾毓琇在首日大会致词，提出鼓励青年学医，医学教育应配合抗战建国之需要；卫生署长金宝善担任首日大会主席，报告1937年以来各地医疗卫生机关发展情况，特别是1940年5月以来，行政院会议通过颁发《县各级卫生组织大纲》《省卫生处组织大纲》，各省县所需医学卫生人才甚多，希望医学教育委员会应有整体规划。首日大会上，医学教育委员会报告该会一年多来的工作后，各专门委员会相继报告工作。

大会之后两日，又分三组审查会议提案，第一组讨论医学方针与计划，第二组讨论《医学课程标准》《教材大纲》，第三组讨论医学教育行政，共计讨论审查提案26件。28日，教育部邀宴委员并由社交歌咏团举行音乐晚会演奏抗战歌曲。

四、教育部史地教育委员会第一次全体会议

1940年5月14日，教育部史地教育委员会成立并召开第一次全体委员会议，20位委员有5位请假，部长陈立夫致词中说："我国史地教育，近年来确甚落后，试观统一招生之史地试卷，即可见其一斑。此或许由于我国历史甚

长，史实太多，地理上幅员广大，地名亦多，有难于记忆之苦，然而就此点而论，如此可宝贵之史，可珍爱之幅员，更应努力研究，改进其教育。”教育部次长余井塘主持了会期一天的提案讨论审议。会议提案：一编纂中国史学丛书案，教育部交议；二编纂中国通史大学教本案；三改进大学史地教育案；四改进中学史地教材及教学法案；五编纂一般史地读物案，包括历代名人传记丛辑、民族英雄传记丛辑、中国先哲传记丛辑、游记丛辑、风土记丛辑、物产志丛辑、边疆史地丛辑、沿革地理丛辑等；六征集私家所藏史料及稿本以资研究案，提案人孟寿椿、黎东方、张西堂；七请搜集史料俾便整理史籍案，提案人许心武；八请培植大学中外历史课师资案，提案人缪凤林；九增加研习地理深造机会以培养大学及师范学院师资案，提案人胡焕庸、黎东方；十提议增设历史研究所以提高历史教育案，提案人金毓黻；十一编制地理课室挂图辅助教学案，提案人胡焕庸、黎东方；十二拟制地形模型俾教学者用直观教学法启发学生地理之兴趣以收地理学科之实效，提案人孟寿椿、许心武；十三拟编辑历代史迹图案，许心武、张西堂等提；十四编制历史挂图及年表挂图案，提案人黎东方、缪凤林；十五函请国立戏剧学校及山东省立戏院暨中国电影教育协会分别编演中国历史戏剧及中国地理影片案，提案人陈可忠、缪凤林；十六请提出撰稿人名单呈部核定案，提案人吴俊升、张西堂、黎东方；十七编辑中学地理教授书辅助教学案，提案人黎东方、胡焕庸；十八编辑历史地理教育定期刊物以为教师辅导案，提案人胡焕庸、黎东方；十九拟请标点十三经注疏案，提案人顾颉刚。①

1940年，教育部奉行政院令，成立抗战史料编辑室，先后派江超岳、李焕之负责主持。史地教育委员会成立后，改派驻会专任委员黎东方接办。1940年8月4日，黎东方召集抗战史料编辑室第三次谈话会，制定编辑计划呈奉批准后开始工作。②

1941年7月3日至6日，教育部史地教育委员会第二次全体委员会议在青木关举行，教育部长、次长和部属各单位代表，史地教育委员会委员、职员和列席专家，国史馆、党史编纂会代表共计42人出席。会议讨论审议提案47件，参观青木关名胜古迹、中小学教科用书编辑委员会，观看社会教育司放映历史幻灯和地理影片，教育部音乐教育委员会举办了古乐演奏会。7月7日，教育部在重庆城区国立中央图书馆举行七七纪念·中国史地学术讲演周，同

① 教育部史地教育委员会 编印《教育部史地教育委员会概况 第一号》。

② 教育部史地教育委员会 编印《教育部史地教育委员会概况 第一号》。

日，教育部中等学校史地教员暑期讲习会在青木关开班授课。①

第三节　教育部统辖巴璧两县青木乡教育文化事务历程

沙坪坝地域历史上长期隶属巴县政区，为古代巴县西里膏腴之地，重庆附郭。1935 年 12 月，沙坪坝按四川省政府指令设巴县第一区，区署设龙隐镇磁器口，开始了对所属 17 个乡镇的经济、文化、教育调查登记。据《巴县第一区县立男女初级小学教员姓名册（1936 年 10 月造）》可知，除龙隐镇有县立龙山小学一所完小外，方圆逾 500 平方公里都是初级小学、短期小学，巴县第一区青木乡有 2 所初级小学，一所女子初级小学，一所短期小学，接受 1 至 2 年的小学教育；办学校址从这份姓名册上可见，利用宫观寺庙办学是普遍的事；全区 92 所小学 91 位正教员、11 位助教，每学期正教员薪额 80 元、助教 60 元。②

1933 年创办于磁器口的四川乡村建设学院此时也面临四川省政府经费支绌结束办学的训令，在院长高显鉴的带领下，全院教职员及学生，外面各附属事业教育文化机构工作人员，无不努力于谋求挽回“结束”办学成命的工作。1936 年 8 月 1 日，高显鉴顶着压力，以“各小学行课势难再缓，校务亟待推进”为由签发了复元乡村教育实验乡和龙隐社会改进会教职员的新学年度聘约，使四川乡村建设学院兴办数年的乡村建设实验免遭夭折。③

---

① 教育部史地教育委员会编印《教育部史地教育委员会概况 第二号》；《教育部中等学校史地教员暑期讲习会办法》，原载《教育通讯》第 4 卷第 26、27 期合刊“七七”专号，1941 年 7 月 11 日出版。

② 重庆市巴南区档案馆馆藏民国巴县档案，巴县议事会 j7 目录号 1 第 119 卷。

③ 重庆市档案馆：四川省立教育学院全宗，第 3 卷。

巴县第一区复元乡村教育实验区龙隐社会改进会教职员任职表①

姓名	职务	月薪（法币）	聘期
李华英	复元乡村教育实验区主任	50元	1936年8月至1937年7月
戴桢万	复元乡村教育实验区副主任兼复元乡村学校校长	50元	
崔泰武	复元乡村教育实验区教育实施组副主任	46元	
单周铭	复元乡村教育实验区生计指导组主任	50元	
邓叔度	复元乡村教育实验区生计指导组副主任	46元	
刘济湘	复元乡村教育实验区实验研究组主任	50元	
周诚	复元乡村教育实验区小龙坎实验简易民众教育馆总干事	46元	
杨晓芳	龙隐社会改进会学校组主任	46元	
陈友栋	龙隐社会改进会嘉陵乡村学校校长	46元	
陈仙岩	龙隐社会改进会总务组主任	46元	
李代超	龙隐社会改进会社会组主任	46元	
王希夷	复元乡村教育实验区小龙坎简易民众教育馆干事兼生活辅导员	24元	1936年8月至1937年1月
刘麟	复元乡村教育实验区小龙坎简易民众教育馆干事兼医士	20元	
周继昌	复元乡村教育实验区复元乡村学校副校长兼生活辅导出主任	30元	
罗熙	复元乡村教育实验区复元乡村学校生活辅导处副主任	24元	
李隐莹	复元乡村教育实验区复元乡村学校生活辅导处副主任	24元	
黄永金	复元乡村教育实验区五灵乡村学校校长兼生活辅导员	26元	
杨力学	复元乡村教育实验区五灵乡村学校生活辅导处主任	24元	
袁文达	复元乡村教育实验区五灵乡村学校生活辅导处副主任	24元	
吴植芎	复元乡村教育实验区沙坪乡村学校校长兼生活辅导员	26元	
罗光耀	复元乡村教育实验区沙坪乡村学校生活辅导处主任	24元	
龙成云	复元乡村教育实验区致远乡村学校校长兼生活辅导处主任	26元	
冉琴	复元乡村教育实验区土湾乡村学校校长兼生活辅导员	26元	
董光奇	复元乡村教育实验区土湾乡村学校生活辅导处主任	24元	
唐恭义	复元乡村教育实验区新丰乡教育推广处总干事兼凤鸣乡村学校校长	26元	
郑德辅	复元乡村教育实验区新丰乡教育推广处助理干事兼凤鸣乡村学校生活辅导处主任	24元	
袁盛朝	复元乡村教育实验区化龙（桥）乡教推广处总干事兼化龙（桥）乡村学校校长	26元	
张冰谷	复元乡村教育实验区化龙（桥）乡教推广处助理干事兼化龙（桥）乡村学校生活辅导处主任	24元	

① 重庆市档案馆：四川省立教育学院全宗，第3卷。

续表

姓　名	职　务	月　薪（法币）	聘　期
覃厚义	复元乡村教育实验区复元乡村学校生活辅导员	18元	1936年9月至1937年1月
余逸滨	复元乡村教育实验区复原乡村学校生活辅导员	18元	
吴淑怡	复元乡村教育实验区五灵乡村学校生活辅导员	24元	
吴焕堃	复元乡村教育实验区沙坪乡村学校生活辅导员	24元	
陈质文	复元乡村教育实验区致远乡村学校生活辅导员	24元	
冯祖遗	复元乡村教育实验区致远乡村学校生活辅导员	18元	
覃厚智	复元乡村教育实验区新丰乡教推广处助理干事兼凤鸣乡村学校生活辅导员	18元	
李若愚	复元乡村教育实验区化龙（桥）乡教推广处助理干事兼化龙（桥）乡村学校生活辅导员	24元	
彭建中	复元乡村教育实验区化龙（桥）乡教推广处助理干事兼化龙（桥）乡村学校生活辅导员	18元	
皮世德	龙隐社会改进会干事兼嘉陵乡村学校教员	24元	
陈一和	龙隐社会改进会干事兼嘉陵乡村学校教员	24元	
邓守律	龙隐社会改进会干事兼嘉陵乡村学校教员	24元	
段振宇	龙隐社会改进会干事兼嘉陵乡村学校教员	24元	
饶泰洲	龙隐社会改进会干事兼嘉陵乡村学校教员	24元	

（参见 张建中主编《重庆沙磁文化区创建史》，四川出版集团 四川人民出版社，2005年2月第1版，第1次印刷，第118～120页。）

1936年9月，由天津南开大学校长张伯苓在巴县第一区龙隐镇沙坪坝创办的南渝中学开学行课。同年12月，重庆大学校长胡庶华应《四川教育》之约公开发表《理想中的重庆市文化区》一文，提出在沙坪坝创建文化区，为全面抗战和今后的建设培养人才；此文在《重大校刊》第4期首发后，又在重庆《国民公报》《四川月报》转载。由四川乡村建设学院改组设立的四川省立教育学院从1937年起又将乡村建设实验延伸扩展到巴县第一区高店乡（歌乐山）。①

1938年2月，重庆沙磁文化区创建成立的诸项会议进行之际，巴璧两县青木乡也发起"巴璧青木乡乡村建设联合会"的筹备会，在向巴璧两县政府呈报的《新青木乡计划书》中将青木乡文化教育建设列到首位，名为《青木乡的低度教育计划》，特将全文录下以供研究。

① 参见张建中主编《重庆沙磁文化区创建史》，四川出版集团 四川人民出版社 2005年2月第1版，第1次印刷，第116～117页。

《新青木乡计划书·青木乡的低度教育计划》[①]

教育为立国之要政，亦建国之基础工作。总理所谓“心理建设”是也。

吾乡僻处山间，居民贫苦，文化落后，民生憔悴，平昔已需教育。值此国难严重关头，欲收全民抗战之效，尤非努力教育不为功，即人民生活之改善，亦正待教育之普及有以促进也。用是拟具低度教育计划，如有可采，敬冀当局择要推行见诸事实。兹分社会教育及学校教育如次：

一、社会教育方面

1. 设立巴璧青木乡图书馆。由青木乡巴璧两邑热心地方教育人士开会推选3人负责筹备设立，即由负责筹备人先行分别向外劝募图书或捐款，一俟稍有成效，即就现有璧山县青木乡民众书报社合并成立图书馆。

2. 设立讲演所。就文昌宫小学校内礼堂设立备置牌告，邀请富有学识人士定期讲演。由图书馆职员主持其事。

3. 设立民众学校。就乡中已设各初级小学校及短期小学校地点，分期举办民众校，由各校校长负责主持。每届毕业学生应请县府或区署发给毕业证书，期将乡内失学民众尽数入学毕业，始免停办。

4. 设立民众问事处。就图书馆设立青木乡第一问事处，文昌宫小学校设立第二问事处，再就四乡小学及短期小学设立第三第四……，民众问事处馆中校中职员负责主持。

5. 其他。于乡民酬神演剧时，移其经费放映影片；于社训集训时实行讲话，并于马路街中两路竖立识字牌，每日掉换一次；于图书馆门前建一板壁或于墙壁上绘一全国形势图，均由图书馆职员主持；另于馆门前辟一壁报张贴处，壁报出版由乡建联合会职员暨文昌宫小学教职员及学生共同负责，每周出版一大张。

二、学校教育

1. 就文昌宫小学两邑合办小学，渐次扩充成为完全小学。办法如次：

(1) 组设巴璧联立青木小学校，校务维持会负责维持。校务进行以巴璧青木联保主任联合区学董、小学校校长、区教育委员暨两县政府督学为出席会议人。

(2) 校务维持会开会期间在每学期终了后三日进行之，但遇需会商事

① 重庆市璧山县档案馆馆藏民国档案，华西实验区全宗，第9卷。

件时，亦得延期举行。

(3) 校务维持会开会，在初次召集时，由巴壁青木乡联保主任报请两县政府会衔召集之。嗣后即由小学校长负责报请两县召集开会，籍免繁劳。所有开会议决案分报两县政府备案。

(4) 小学经常临时各费，由两县平均担负。由校先行造具预算，交由校务维持会审查后分报核定动支。

(5) 校长荐用由校务维持会荐请两县政府会委充任。如第一届校长为巴县人，则不问其校长任职时间之久暂，在其去职后，第二任校长应荐请壁山人任之。以后依次掉换，籍昭平允而杜未来纷争。

(6) 教职员之聘用，由校长商得维持会同意聘用之，分报两县政府备案。

(7) 四乡学校教育，除附场四周距离三里内地方得免设学校外，其他地方应按地形人口，平均以两保地方面积为准，设立一初级小学校（设立学校校地施行时，另图规划之）。

读此《青木乡的低度教育计划》，可知资源丰富、交通方便、向称农耕经济发达的巴壁青木关文化教育落后，自清末废科举兴办新式学堂以来还是没有一所完全小学。这新拟订的“低度教育计划”已是巴壁青木乡人士追求的教育文化目标，却未明确实现年限。1939 年初来巴县研究农村经济的地政学院王国栋认为：“四川自民国已还，大小内战 470 余次，人民受祸之烈无以复加。农民在封建政治压迫掠夺之下，其身受之惨况，举国之人尽知其为古今中外所不能企及。”① 王国栋在其所著《巴县农村经济研究》一书写道：“巴县共有 80 联保，每 1 保平均失学人数约 6400 余人……”，并进行了具体分析：

一、生活过高

现当米珠薪桂，农民谋生不易，更无余力遣送子弟以受教育。农村中五六岁儿童，可在家负守门户之责，至十岁左右即可担任牧羊牧牛之工作，十至十四五左右即可担任割草割柴烧火送饭之职，故农村儿童均能参加劳动生活也。

二、收费过重

县府筹款设校，原为救济农村中之失学儿童，而现在各农村小学收费太重，竟与城区小学无异，如学费高级 2 元，初级 1 元，书籍费 1.8 元，

① 王国栋《巴县农村经济之研究》第 18 页。

制服费6.5元，运动费、卫生费、讲义费等约2元，合计13.3元。农民点金无术，实在无法承担子女之教育费也。

三、师资太差

农村小学教师资格，多系高小或中学毕业者。余观察其所改之国文卷及其他试卷，文字不通，别字亦多，即学校张贴之标语，亦有别字在上，而教授法亦不良。[①]

1939年5月教育部、中国教育学术团体联合办事处在青木关办公。6月，教育部组织对迁建区沙坪坝、北碚、青木乡、璧山县的星期旅行考察，历时2个月。北碚三峡乡村建设实验区由卢作孚主导的开发建设已历时十余年，一批科学研究机构迁入和复旦大学入驻“下坝”（后称“夏坝”），使北碚享有文化区之称。重庆近郊巴县龙隐镇沙坪坝因中央大学、中央工校、国际广播电台、中央博物院筹备处等教育文化机构的迁入，1938年2月6日在重庆大学理学院成立了重庆沙坪文化区自治委员会。教育部迁建地青木关正处于这两个文化区之中，以其考察调研的成果，开始了主导创建青木关抗战文化教育基地的历程。

部署在巴璧两县青木关创办国民教育实验区和民众教育馆，是教育部考察成果的体现和实施新县制教育方面的先期试行。1939年7月15日，由教育部普通教育司主管小学教育的科长吴研因领衔拟订了《青木乡试办国民学校暂行办法》，经社会教育司会核后呈教育部政务次长顾毓琇签批：“呈核后拟咨商四川省政府试办”，7月21日部长陈立夫签发。《青木乡试办国民学校暂行办法》第一条规定：为实验政教合一及推行普及教育起见，划定巴县及璧山县交界处之青木乡为实验区，依照县各级组织纲要及实施办法，试办国民学校及中心国民学校。与此同时，社会教育司主管的教育部第二社会教育工作团第二施教队亦进入青木关开展民众教育和抗战文化宣传，并准备筹办青木关民众教育馆。[②]

1939年9月19日，国民政府公布《县各级组织纲要》，即所谓“政教合一”“三位一体”的新县制。9月22日，教育部普通教育司、社会教育司相关科拟稿，普通教育司司长顾树森、社会教育司司长陈礼江签呈，9月26日部长陈立夫签发教育部接办青木关小学改办青木关中心小学及添办民众教育馆给四川省教育厅的训令与璧山县政府的函。9月29日教育部发出这两份直辖巴

① 王国栋《巴县农村经济之研究》第58~59页。

② 中国第二档案馆 教育部全宗五 第10371卷。

璧两县青木乡文化教育事务的文件，特将该训令原文录下以供研究。①

教育部训令

民字第 33717 号

令四川省教育厅

查本部为改进青木乡小学教育及推行民众教育起见，曾约该厅及璧山、巴县两县政府代表来部会商，决定将璧山县属青木关小学，暂由本部接办，改为青木关中心小学并添办青木关民众教育馆。目下该校馆房舍已由部加以修葺，教具图书等设备亦已次第添置，并经分别聘李廉方为校长、谢光迁为馆长，预计本月下旬即可正式开办。其原校校长江青娥女士仍留该校充任教员。其经常费用，民众教育馆部分完全由本部负担；小学部分，除由本部担任巨额外，所有前由璧山县政府拨给该原校经费原额，应由该厅转饬该县政府，按月拨交本部转发该校。再本部为实验卡片教育方法，拟在青木乡各保小学，由部指派实验教育训练班毕业学员，分别前往各校从事此项实验工作，并由中心小学校长及主任负责指导，以其彼此联系，并切实改进教学方法。除由本部普通教育司函知璧山县政府外，合行令仰知照，并仰转饬璧山、巴县政府遵照办理。

此令

中华民国二十八年九月二十九日

对于直辖青木关文化教育事务，教育部作了较充分的考察调研、会商咨商、聘派专家师资及拨调经费等工作，使巴璧两县青木乡各界所希冀的文化教育“低度计划”迅速实现，尤其是李廉方校长、谢光迁馆长深得赞赏。

李廉方名步青，字廉方，湖北京山人，早年中清末举人，曾赴日本留学，专攻教育，是同盟会会员，参加过辛亥革命。民国时期曾任中华书局编辑，河南大学教授兼文学院长及教育系主任，河南省教育厅长等。1934 年李廉方担任河南开封教育实验区负责人，专心小学教学改革实验，意在创立一套办法使小学儿童用较少的时间完成小学学习的任务，而且学得更好。李廉方的实验设计是用两年半的时间完成初级小学的学习，所以当时人称“二年半制”；由于实验此项教学时学生识字多用卡片，故有人把它叫做“卡片教学法”。教育部文件和《教育通讯》也如是称，但李廉方自己在中华书局所出版著述《廉方教

① 中国第二档案馆 教育部全宗五 第 10371 卷。

学法》，却使李廉方成为名闻教育界的小学教育实验改革的专家。全面抗战爆发后受战事影响，开封教育实验区无法继续办理，李廉方以其德高望重到教育部任职了。①

1939年9月李廉方任职青木乡中心小学校长，待其开学后即召开巴璧两县青木乡各小学辅导会议，决定调查各保小学环境，充实保小内容，添设保立小学。1940年2月19日，李廉方校长向教育部呈送《青木乡二十八年度第一学期辅导报告》，报告了办学及辅导工作，提出了新学期提高教师待遇、增设国民学校、添设图书设备、增设音乐体育科目、废除体罚、加强学校学生整洁训练、鼓励教师进修等工作建议。教育部长陈立夫、政务次长顾毓琇、常务次长均圈阅了李廉方的报告。3月14日正值各省市国民教育会议在青木关召开，教育部制发了给青木乡中心小学的指令：②

教育部指令

民字第67517号

呈件均悉。查国民教育实验在即，该校既系本部设置，自应首先实验以资倡导；最近据青木乡联保主任呈称该乡失学儿童为数甚多，尤应迅予设法救济。兹就原报告所陈各项意见，指示如下：

（一）青木乡附近原有之短期小学及初级小学，应由该校长根据实际需要，详细拟具改进计划及所需补助经费数目，由部分别拨给补助费作为修葺校舍充实设备及提高教师待遇之需。对于教学管理各方面，应由该校长及各班主任随时督导，以期改善。

（二）袁家沟增设国民学校一节，可予照准。仰即会同地方人士积极进行，至所需建筑设备等费用约三千元，准由本部拨给。

以上两点，仰即遵照办理，并将办理情形具报。

此令

中华民国二十九年三月十四日

在教育部接办青木关小学并辅导各保小学之时，青木关民众教育馆筹备开馆工作也在紧张进行。1939年9月13日，教育部即训令第二社会教育工作团

---

① 李秉德《廉方教学法实验始末》，中国人民政治协商会议全国委员会文史资料委员会《文史资料选辑》编辑部编《文史资料选辑》第十九辑（总第119辑），中国文史出版社，1989年5月第1版，第1次印刷，第51～63页。

② 中国第二历史档案馆：教育部全宗五，第10371卷。

设立青木关民众教育馆，指定了馆长并核定了开办费和每月经常费。10月27日，教育部同意第二社会教育工作团筹设青木关民众教育馆工作人员的职务及薪给。第二社会教育工作团根据教育部公布的民众教育馆规程及工作大纲制定《青木关民众教育馆简章》，特全文录下：①

教育部第二社会教育工作团
青木关民众教育馆简章

第一条　本团为实施各项民众教育事业并辅导地方社会教育之发展起见，特设青木关民众教育馆（以下简称本馆）。

第二条　本馆设于璧山青木关，以巴璧两县之青木乡为施教区域。

第三条　本馆馆员以优先聘用教育部登记合格之战区社教人员为原则，并得聘请相当人员充任，遇必要时，得由团长派充之。

第四条　本馆设馆长一人综理全馆事务，由团长聘任并呈部备案。

第五条　本馆组织分总务、教导、生计、艺术四组，每组设主任一人，各组干事若干人，分掌各组事宜，均由馆长遴选合格人员，呈请团长核定聘任之。

第六条　本馆各组执掌如下：

1. 总务组 办理文书、会计、庶务及其它不属于各组事宜。

2. 教导组 办理民众学校辅习、学校图书展览、健康活动、家事指导、通俗讲演及调查辅导等事宜。

3. 生计组 办理职业指导、农事推广、工艺改良及合作组织等事宜。

4. 艺术组 办理电影、幻灯、播音、戏剧、音乐及各项展览等事宜。

第七条　本馆职员均须担任直接施教工作。

第八条　本馆每月举行馆务会议一次，会议规则另订之。

第九条　本馆工作计划及办事细则另订之。

第十条　本馆经费由团拨发，其预算另订之。

第十一条　本馆工作每日须有日记，按月呈报团本部转呈教育部备案。

第十二条　本馆设施除本简章规定外，其他一切设施均依照部颁民众教育馆各项规程办理之。

---

①　教育部第二社会教育工作团编《团务通讯》第3卷第6期合刊（本团二周年纪念特辑），1940年2月20日出版。

第十三条　本简章经团务会议通过后施行。

为使青木关民众教育馆尽快开馆，教育部长、政务次长批准了该馆首期即1939年10月至1940年元月工作实施计划，并核准由部总务司增拨经常费补助的签呈，1939年11月11日教育部制发了《为同意青木关民众教育馆工作实施计划及经常预算书给青木关民众教育馆的指令》，完成了由部立项、调派负责人员、聘任文化文艺工作人员、馆舍修葺、设备添置、工作简章等筹办事项。①

青木关民众教育馆确立的工作目标是：唤起民族意识，灌输抗战知识，提高文化水准，增加生产技能，协助乡村建设，改善民众生活；工作原则是以抗战建国纲领为各项工作实施依据，从民众实际需要着手，与党政机关社会团体及本地民众取得密切联络，注重民众的自觉与自动参与，尽量谋求推动实施工作的迅速与普遍。青木关民众教育馆自其前教育部第二社会教育工作团第二施教队进入青木关开展工作以来，即对巴璧两县青木乡进行了自然、经济和社会考察：

本区面积约计80方里，人口10000人左右。青木关地处成渝公路上渝段第一大站，又为渝北公路两线之间交叉点，南北两面高山对峙形成一小盆地，公路则东西中贯，山泉水源颇多，耕作尚便。社会概况则以地当巴璧两县之分界，本乡计巴县13保，璧山6保，合共19保，各设联保办事处于本镇，不相统属。教育极不普及，就巴县属设有初小3所，短期小学1所，民校1所；璧山属设有初小2所，受教机会仍少，故文盲极多。工业尚发达，大多利用水力，有造纸、烧石灰、挖煤炭等业。自渝市疏散人口指定本镇为迁建区最西一站，镇上人口骤增，商市繁荣，已非纯粹农村社会矣。②

1939年11月12日，青木关民众教育馆在文昌宫举行成立开馆会议，巴璧青木乡各迁建机关、学校、医院、保甲均参加，教育部社会教育司司长陈礼江致词祝贺，民众学校扫除文盲班开班，图书室、博物陈列室、文化娱乐室向

① 重庆市沙坪坝区地方志办公室　重庆市档案馆　中国第二历史档案馆合编　张建中　唐润明　李波主编《抗战时期重庆沙磁文化区档案史料选编（教育文化）》，《民国档案·增刊》2010年民国档案杂志社编辑出版，下册第920～921页。

② 重庆市沙坪坝区地方志办公室　重庆市档案馆　中国第二历史档案馆合编　张建中　唐润明　李波主编《抗战时期重庆沙磁文化区档案史料选编（教育文化）》，《民国档案·增刊》2010年民国档案杂志社编辑出版，下册第922页。

民众开放，民众壁报（三日刊）张贴于街市，特约民众茶园讲述时事教唱民歌小调也开张，车站服务处提供旅客咨询服务，这一天成为该馆成立纪念日。同日，为纪念孙中山诞辰，该馆举行纪念大会，下午特请山东省立剧院表演评剧，晚上放映电影。①

随着教育部直辖青木关文化教育历程的完成，教育部中山中学班、青木关班、国立音乐院选址青木关筹办、宪光学校在璧山青木乡修建从小学部、初中部、高中部的校舍，青木关民众教育馆新馆、国民体育场、中山会堂从1939年底陆续开始修建，利用青木关的温泉开发修建为简易游泳池、简易浴室工程亦动工，教育部的水磨电厂完成安装，为战时迁建创办于青木关的文化教育机构开展活动提供了条件。

① 教育部第二社会教育工作团编印《团务通讯》第4、5期合刊，1940年1月20日出版。

第三章　教育部附设青木关国民教育实验区

为实验政教合一及推行普及教育起见，划定巴县及璧山县交界处之青木乡为实验区，依照县各级组织纲要及实施办法，试办国民学校及中心学校。

国民学校设置儿童班，收容各该保内六岁至十二足岁之失学儿童及尚未受足义务教育之已入学儿童，施以二年至四年之义务教育；设置成人班，收容各该保内超过学龄儿童年龄之失学民众，施以补习教育。

——载国民政府教育部《青木乡试办国民学校暂行办法》（1939 年 7 月 21 日）第一条、第五条

巴县青木乡国民教育过去概况：本乡在抗战时期地处陪都迁建区域，教育全赖教部所办大中小学维系，乡人学子获益匪浅。而乡属国民教育，因经费及待遇低微，师资不够，及校舍设备简陋，一落千丈，不堪问闻。社会教育过去概况：本乡地处教育部，其社会教育事业，多赖民教馆负责办理，其成效稍佳。

——载巴县青木乡乡长张卫北拟呈巴县政府《巴县青木乡自治计划实施程序项目大纲及分期进度表》（1946 年 3 月 7 日）重庆市巴南区档案馆馆藏民国巴县档案 j4－1－534

第一节　教育部附设青木关国民教育实验区的形成

从 1939 年 7 月教育部普通教育司拟订《青木乡试办国民学校暂行办法》时，就已经决定以巴璧两县青木乡地域创办国民教育实验区，与四川省教育厅、四川省第三区行政督察专员公署及巴县、璧山县两县政府会商时，并将该

项办法咨商四川省政府准予试办。在各省市国民教育会议召开之前半年，1939年9月教育部在青木关开始了国民教育、社会文化教育的实验工作。特将抗战时期国民教育重要文献《青木乡试办国民学校暂行办法》全文录下，以供研究。

青木乡试办国民学校暂行办法①

一、为实验政教合一及推行普及教育起见，划定巴县及璧山县交界处之青木乡为实验区，依照县各级组织纲要及实施办法，试办国民学校及中心学校。

二、巴县青木乡十三保，璧山县青木乡六保，共计十九保，每保择适当地点，各设立国民学校一所，同时即为保办公处，以便政教合一办理。

三、国民学校各设校长一人，兼各该保保长及保壮丁队队长，主持办理各该保民政、警卫、经济、文化各事务。上项保务之处理，保办公处应另设副保长一人，干事二人至四人分掌之。上项校长及副保长，在试办期间，皆由巴璧两县县政府遴选委任之。

四、国民学校教员，由校长按照每学级设教员一人之原则，酌量聘请，除分任各学级教导及校务外，并得兼任保办公处干事。

五、国民学校设置儿童班，收容各该保内六岁至十二足岁之失学儿童及尚未受足义务教育之已入学儿童，施以二年至四年之义务教育。设置成人班，收容各该保内超过学龄儿童年龄之失学民众，施以补习教育。

六、国民学校所设儿童班之学级编制及教学方法，得采用二部制或多部编制及卡片识字教学法等比较经济之设施。成人班之学级编制及教学方法得就性别、年龄、程度及教学时间，分别编级，并得视环境需要，采用活动编制，实施分团巡回教学。

七、各保国民学校得利用庙宇、公屋或租借适当民房为校舍。其保内已设有学校或私塾之可资利用者，即就原有学校或私塾改组为国民学校。

八、各保国民学校应于本年暑假期内即着手筹备，至迟须于二十九年二月以前完全成立开学，同时并成立保办公处，尽先完成保内下列各项设施：

1. 重行清查保内户口，严密保甲编制，编造详细户口及学龄儿童失

① 中国第二历史档案馆，全宗五 教育部第10371卷。

学民众等清册。

2. 编成甲乙级壮丁队，实施新生活运动及精神总动员训练与军事训练。

3. 设置医药箱，以便保民普通疾病之医疗，并施行种痘打防疫针。

4. 设置合作分社，办理信用，消费，生产，运销，仓库等合作事业。

5. 清查保内公产公款及无主人之田地、山塘等，确定其一部或全部分为本保教育基金及其他公有财产。

6. 计划开展各该保生产事业，并共同造成本保公共产业。

7. 编写壁报，传播时事消息。

8. 举办通俗讲演及其他有关社会教育事业。

九、国民学校校长每月应以保长名义召集甲长及保民大会各一次，切实检查有无违反新生活运动及精神总动员之规定，并宣读国民公约誓词，讲解精神之改造，报告时事，检讨本保生产、消费、风俗各项问题，并讨论本保应办事项如何进行，以促进甲长及全保保民之自觉自动自治。

十、全乡利用青木关文昌宫原有房屋及原有青木小学，改组为青木乡中心学校，同时即为乡公所，以便全乡政教合一办理，并为辅导各保国民学校之机关（以下简称中心学校）。

十一、中心学校设校长一人，得兼任青木乡乡长及乡壮丁队队长，主持办理全乡民政、警卫、经济、文化各股事务，并负视导本乡各保国民学校之责。设总务主任一人，主管本校一切总务事宜，并协助校长视导本乡各保国民学校之关于一切总务事宜。设教导主任一人，主管本校一切教导事宜，并襄助校长视导本乡各保国民学校之关于一切教导设施事宜。上项各股乡务之处理，乡公所应另设副乡长二人，及各股主任各一人，干事若干人分任之。并须有一人专办户籍，遇必要时并得酌设事务员。上项校长及副乡长，在试办期间，暂由巴璧两县县政府会同遴选 ，并会衔委任之。上项经济股主任由学校总务主任兼任，文化股主任由学校教导主任兼任，连同其他各股主任，均由校长遴选 ，呈请巴璧两县政府会衔委任之。

十二、中心学校之教员，由校长按照三学级设教员四人之原则酌量聘请，除分任各学级教导及校务外，负有辅导本乡各保国民学校之责，并得兼任乡公所干事。

十三、中心学校设置儿童班，照六年制小学编制，自初级一年级起至高级六年级止，暂设六个学级，除收容乡内尚未入学之学龄儿童及尚未受足四年义务教育有志续学之儿童编入初级各年级外，并招收初级小学修业完毕，及有五六学年程度之学生编入高级各年级，如有必要，得将各年级酌量添设至二班以上。并得设置幼稚园或幼稚班，招收儿童，施以学前教育。成人班设置，除收容乡内失学民众，施以初级补习教育外，并设置高级班或职业训练班，以便乡内已受初级补习教育者得续受高级补习教育及职业训练。

十四、中心学校辅导各保国民学校，并应有下列之设施：

1. 召集各保国民学校校长会议，讨论各校应兴革事宜，是项会议，每月至少举行一次。

2. 督促各校组织研究会，研究学校一切设施及教导方法之改进，与补充教材之搜辑等问题。每两月召集各校全体教职员集会一次，讨论教导方面之问题，并举行某种成绩展览会或讲演会等。

3. 由本校教员或保国民学校之优良教员轮流担任示范教学。每两个月一次，俾各校教员观摩并举行批评会，讨论教学方法之改进。

4. 定期由中心学校校长择定科目，延请教学专家讲演教育问题，以资各校采取改进。

5. 由中心学校选购各种教学参考图书及教师进修用书，装箱巡回递送各校，供给教员阅览。

十五、中心学校，于本年暑假后开学，同时并成立乡公所，尽先完成乡内下列各项设施：

1. 督饬并指导各保重行清查户口，编造清册二份，将一份交存乡公所备查。

2. 户籍册编造完成后，并应将全乡各保之区域调查清楚，制成全乡简图与各保分图。

3. 督促各保从速筹办国民学校并随时指导其进行。

4. 督促各保从速编成甲乙级壮丁队，并完成乡壮丁队。

5. 设置合作社，并督促指导各保设置合作分社。

6. 清查全乡公产公款及无主人之田地、山塘等，并确定乡保教育基金及其他公有财产。

7. 计划发展全乡生产事业并督促各保实施。

8. 计划架设乡保间电话，并修筑乡保间之道路，以利交通。

9. 计划设置公共体育场及其他公共娱乐场所。

10. 计划并从速实行改进公共卫生设施。

11. 置备通俗图书，公开阅览。

12. 举办通俗演讲。

13. 编写壁报，传播时事消息。

14. 提倡正当娱乐，改良风俗习惯。

15. 办理其他有关社会教育事业。

十六、中心学校校长每两月应以乡长名义召集保长会议一次，切实检查有无违反新生活运动及精神总动员之规定，并宣读国民公约誓词，讲解精神之改造，报告时事，检讨本乡生产消费风俗各项问题，并讨论本乡应办事项如何进行，以促进保长之自觉自动自治。

十七、中心学校及各保国民学校，于举行纪念周时，应检查有无违反新生活运动及精神总动员之规定，并宣读国民公约誓词，讲解精神之改造，报告校事及时事，以促进学生之自觉自动自治。

十八、中心学校及各保国民学校教职员学生，每星期一早晨，须出外巡行宣传，以国民公约誓词为宣传要旨，如见人民有违反新生活运动之规定者，劝告其遵守，以促进一般人民之自觉自动自治。

十九、中心学校及保国民学校的入学儿童及成人一律不收学杂等费，其贫苦者并由学校供给课本及必需之学习用品。

二十、中心学校及各保国民学校之开办费及经常费，除由巴壁两县县政府补助外，并应另定乡保自筹教育经费办法，责成自筹相当基金，生息充作学校经常费。

二十一、中心学校及各保国民学校之详细设施计划预算，应另由巴壁两县饬科会同拟具，呈送四川省教育厅审核，并转呈教育部备案。

二十二、上项实验区及中心学校暨国民学校之试办，得由教育部及四川省教育厅会同巴壁两县主管科负责人员组织委员会指导进行。

二十三、上项中心学校校长，副乡长，各股主任、各保国民学校校长、副保长等，得由委员会推荐或介绍。

自1939年9月由教育部任命校长、派出教师接办青木乡小学教育到1943年9月正式冠名“教育部附设青木关国民教育实验区”，成立办事处加快国民教育进程，共经历了三个阶段。

一、从1939年9月到1940年9月，是青木关国民教育实验区的起步阶段

这一阶段以奉教育部令筹备开学的“青木乡中心小学”为办理国民教育的

主导学校，并兼办理青木乡各保立小学的辅导事宜。教育部相继派李廉方、郭子通为青木乡中心小学校长。

李廉方校长到任后，于1939年9月26日召开了第一次辅导会议，教育部普通教育司潘俨之和璧山县青木乡甘葵禄作为指导参加，巴璧两县青木乡小学辅导员到会。会议决定对青木乡短期小学、初级小学进行全面调查向教育部呈报办学计划。1940年2月李廉方在呈送教育部的《青木乡二十八年度第一学期辅导报告》中报告了璧山县青木乡1所短期小学、1所初级小学和巴县青木乡1所短期小学、3所初级小学的调查情况，提出了新学期每所学校改进意见和添设保国民学校、中心国民学校的意见；特别是在调查各保学龄儿童情况后，李廉方针对中央机关迁建区的现状，在增设国民学校中提出“教育部迁青以后，人口逐渐增加，学龄儿童亦骤增数倍”的实际，为教育部实施国民教育和中央机关迁建区小学教育提供了参考。同时，在视察巴县青木乡八庙场初级小学借用庙宇办学，“庙宇之空屋极多……，又有大厨房、操场空地可供利用，如能扩充，可收容300学生”。[①] 李校长本拟在八庙场办完小，但此后教育部将八庙场租借创办了战区来渝学生进修班，收容战区来渝求学学子读书补习，年度收容初中学生最高达1600人。

1940年4月，教育部青木乡中心国民学校校长郭子通向教育部呈文：“查国民教育为一种新制度，本校既负首先实验之责，为慎重其事起见，拟推请各有关长官暨教育专家等，组织青木乡国民教育设计委员会，以计划普及并改进青木乡国民教育为目的，协助本校推动教育事业。是否有当?”随呈文报送的《青木乡国民教育设计委员会组织简章》第二、第三条如下：[②]

第二条　本委员会之任务如左（下）：

一、计划改进青木乡中心学校

二、计划设置并改进青木关保国民学校

三、计划普及青木乡儿童教育及成人补习教育

四、计划筹集青木乡中心学校与保国民学校之经费及基金

五、计划其他有关青木乡国民教育事宜

第三条 本委员会由青木关中心学校推请下列人员组织之

一、教育部普通教育司、社会教育司、总务司司长及有关各主管科科长

① 中国第二历史档案馆，全宗五 教育部第10371卷。

② 中国第二历史档案馆，全宗五 教育部第10371卷。

二、四川省第三行政督察专员公署主管教育之科长

三、巴璧二县县政府主管教育之科长

四、青木乡乡长、中心学校校长、民众教育馆馆长

由教育部发起的青木乡国民教育实验区在1940年8月巴璧青木乡实行战时工作体制后加快推进。

二、1940年9月到1943年9月，是迁建区学龄儿童入学与青木乡国民教育实验区加快推进相结合阶段

这一阶段是由教育部国民教育司、迁建区小学管理委员会主导，在四川省教育厅、四川省第三区行政督察专员公署和巴璧两县政府、青木乡的支持配合下，实行增设实验中心国民学校解决迁建机关公教人员子女入学，同时添设保国民学校推进青木乡国民教育。

由于中央机关迁建区公务人员子女入学的需要，教育部拟订了《迁建区小学设置计划》，并以教育部相关司为主成立迁建区小学管理委员会。该会章程如下：

迁建区小学管理委员会章程①

第一条　本章程根据迁建区设置计划第二项规定制定之

第二条　迁建区小学管理委员会（以下简称本会）以下列人员组织之

一、教育部普通教育司司长及主管科科长（1940年11月教育部组织法修订后，该司分为中等教育司、国民教育司——编者注）

二、教育部总务司司长

三、迁建区中央各机关之代表各1人

第三条　本会设常务委员3人至5人，由全体委员互推之

第四条　本会任务如下：

一、任免迁建区小学校长并呈报教育部备案

二、审核迁建区小学设施方针及计划

三、支配□□□□

四、保管迁建区小学校产

① 中国第二历史档案馆，全宗五 教育部第11767卷。

五、审核迁建区小学预算及决算

六、其他关于迁建区小学财务事项

前项各款所称迁建区小学系指迁建区内为公务员子女设置之小学而言，原设小学由地方主管教育行政机关管辖者，管辖权不加变更。

第五条　迁建区小学内部行政由校长负完全责任，本会不直接参与。

第六条　本会常务委员会议每月开会一次，全体委员会议每学期开会一次，必要时得召开临时会，均由常务委员召集，开会时由常务委员互推一人为主席。

鉴于近一年在巴璧青木乡试办国民学校进度缓慢，而迁建青木关的文教机构增多，公教人员子女入学和保国民学校规模狭小，教育部酝酿全面接办青木乡国民教育事宜，而不仅仅是辅导各保国民学校。经与四川省政府、四川省教育厅咨商同意，教育部迁建区小学管理委员会从 1940 年 9 月起将迁建区青木乡中心国民学校、保国民学校纳入管理。

1940 年 9 月 30 日，巴县政府遵四川省政府令向教育部呈文请派员接办巴县县立青木乡中心小学，县政府已“令饬县立中心小学将校舍校具学生一并造册移交”。教育部普通教育司接此呈文后，令迁建区小学管理委员会指派校长前往接收改办为迁建区小学。① 10 月 24 日，教育部制发给迁建区小学管理委员会的训令称：

训　令②

普陆字第 35424 号

令迁建区小学管理委员会

查青木乡中心小学，现已改归该会管理，所有该校郭校长前向本部领取之经常费、临时费、建筑费等，亟应造具清册呈报本部核销以清手续，仰即转饬遵办。再各保国民学校，今后亦应由该会管理，所有委派校长、修建校舍及发放经费等，均应由该会直接负责。据报各保国民学校校舍大都未能依照原定计划修建完成，且尚有至今未能开学者。殊属如是。应即由该会派员会同郭校长及各保保长前往各校查勘工程，并督促各校校长尽早筹备开学。至各校修缮或建筑校舍，应由郭校长迅将详细情形呈报该

① 中国第二历史档案馆，全宗五 教育部第 11689 卷。

② 中国第二历史档案馆，全宗五 教育部第 11689 卷。

会，并将未经动用之是项经费，移交该会接管。仰即切实遵照办理。

此令。

根据此项训令，迁建区小学管理委员会到1940年11月共接收管理的青木乡9所中心国民学校、保国民学校，除1939年9月由教育部主办的青木乡中心小学此次更名为迁建区青木乡中心小学，其余8校是巴县花朝门中心国民学校、田坎保、管祠保、三块田保、袁家沟保、八庙塘保、黄家漕保、碗厂沟保国民学校；同月，巴县第一区青木乡乡长管赓夷在迁建区小学管理委员会领到了新建巴县县立青木乡中心国民学校修建费，各保国民学校亦由迁建区小学管理委员会按月发放办公费和教员津贴。[①]

迁建区小学管理委员会直接负责巴璧青木乡中心国民学校和保国民学校后，又规定迁建区青木乡中心小学不承担国民教育中失学民众的补习教育。1941年4月26日，《教育部督导迁建区各小学研究工作进行办理要点》颁发，[②] 该“要点”中的一二两点如下：

一、分区：根据各学校之分布情形，暂分为下列四个研究区（有△记号者，为各该区内主持研究工作之学校）

第一区 △青木关小学、陈家桥小学、青木关幼稚园、其他小学

第二区 △歌乐山小学、新桥小学、其他小学

第三区 △小湾小学、独石桥小学、状元碑小学、其他小学

第四区 △天生桥小学、迁建区北碚小学、国立重庆师范附属小学、其他小学

分组：研究工作暂分为下列各组：

（一）国语科研究组

（二）常识科研究组

（三）社会科研究组

（四）自然科研究组

（五）体育卫生科研究组

（六）音乐科研究组

（七）幼稚园及学前教育研究组

（八）小学公民训练研究组

---

① 中国第二历史档案馆，全宗五 教育部第11689卷。

② 《教育部公报》第13卷第7、8期合刊，教育部总务司印行，1941年5月31日出版。

（九）小学设备研究组

（十）复式及单级教学研究组

（十一）卡片教育研究组

（十二）其他

青木关小学即迁建区青木乡中心国民学校，是中央机关迁建区最早设立的学校，是师生员工最多的迁建区小学，1940 年 8 月全校教师 38 人。现在又成为第一区主持研究工作的学校。青木关幼稚园由教育部妇女工作队主办，为迁建青木关的文化教育机构公教人员幼儿所办。青木关小学自 1943 年 3 月由重庆市教育局接收迁建区小学纳入市管后，又更名为教育部附设青木关国民教育实验区第一实验中心国民学校，继续在完成教学工作中进行教学科目的研究辅导。

迁建区小学管理委员会接收管理巴璧青木乡国民教育事务，是教育部在本部迁建区域创办国民教育实验区的一次升格，主要统筹协调是国民教育司司长、迁建区小学管理委员会主席常务委员顾树森。从 1941 年到 1943 年，该会主要采取三方面措施来加快青木乡国民教育实施进程。一是每届新学期由迁建区小学管理委员会拟定添设中心国民学校、保国民学校计划，与巴璧两县政府、青木乡商讨确定予以实施。如 1941 年就将璧山县青木乡袁家沟保国民学校升格为迁建区青木乡中心国民学校分校，成为完小，由迁建区小学管理委员会任命校长拨发经费修建校舍，校长不任璧山县青木乡职务，实行专任。二是除新建的巴县青木乡中心国民学校外，其余中心国民学校不承担国民教育中失学民众扫盲补习教育，主要承担学龄儿童包括迁建青木关的文教机构公教人员子女。由于青木关地处迁建区最西端，是进入重庆的第一关，驻军宪兵警察稽查机构众多，其子女在青木关单独创办有小学部、初中部、高中部的宪光学校入校，不纳入迁建区小学管理委员会管理的国民教育实验区。三是巴县青木乡中心国民学校和青木乡各保国民学校按照《县各级组织纲要》在乡、保任职由巴璧两县政府委任，办学经费和失学成人扫盲补习教育经费由县、乡自筹，迁建区小学管理委员会在办公经费、修缮费、教育津贴等方面予以补助。

三、1943 年 9 月到 1946 年 4 月，教育部附设青木关国民教育实验区正式冠名，并成立教育部附设青木关国民教育实验区办事处主持推进国民教育事务

1943 年 3 月，重庆市教育局奉教育部、重庆市政府令接收迁建区各小学

为重庆市管理，迁建区小学管理委员会宣告结束。① 1943年4月，成立数年的青木关民众教育馆正式冠名“教育部附设青木关民众教育馆”，馆长费石师。同月，教育部开始筹组由部附设青木关国民教育实验区并设立办事处具体推进，9月，教育部附设青木关国民教育实验区办事处成立，费石师兼主任，同时成立的还有青木关国民教育实验区设计委员会。② 随着国民教育的推行，1943年相继得到教育部支持和经费补助的还有云南国立丽江师范国民教育实验区、西北师范学院与兰州市合办国民教育实验区、河南省立信阳师范国民教育实验区、国立幼稚师范学校国民教育实验区、中国乡村建设育才院国民教育实验区、国立社会教育学院国民教育实验区等，后两个国民教育实验区与教育部附设青木关国民教育实验区同处于中央机关迁建区，这在客观上对教育部直接管理的青木关国民教育实验区提出了更高的要求。

1944年3月9日，四川省第三区行政督察专员公署制发了《奉转令饬协助国民教育给巴县、璧山县政府训令》，该训令原文如下：

四川省第三区行政督察专员兼保安司令公署训令③

中华民国三十三年三月九日发

令璧山县政府

案奉

四川省政府本年三月教三字第二二五三号训令开：

教育厅案 呈奉教育部三十三年元月廿日国字第二六零七号训令开：查本部为研究如何改进巴璧两县青木乡国民教育起见，经在青木关设置国民教育实验区并组织青木关国民教育实验区设计委员会主持该区一切进行事宜在案。查是项实验区之设置应与当地行政机关密切联系方能增进工作效率。仰即转饬第三行政督察专员公署暨巴璧两县县政府随协助该实验区，以便推进巴璧两县所属青木关国民教育事宜。除令青木关国民教育实验区知照外，仰即遵照办理。此令

等因到府，自应照办。除分令外，合行令仰该署即便遵照切实协助办理为要。等因奉此 除分令外，合行令仰该县政府切实协助为要！

---

① 《中国战时首都档案文献·战时教育》，西南师范大学出版社，2017年6月第1版，第1次印刷，第695页。

② 重庆市巴南区档案馆馆藏民国巴县档案，巴县政府文教科，卷宗号j1-43-30。

③ 重庆市璧山县档案馆馆藏民国璧山县档案，民国15全宗目录1第250卷。

此令

专员兼司令

经教育部整合，青木关民众教育馆、青木关国民教育实验区办事处实行馆、区一体化，均正式冠名“教育部附设”，社会教育、国民教育统一筹划，由青木关国民教育设计委员会召开会议议定后报教育部核准，再由馆、区办事处实施。这成为抗战后期教育部统辖青木关文化教育事务的一大特色。

1944 年 1 月 24 日，教育部附设青木关民众教育馆、青木关国民教育实验区办事处向巴璧两县政府制发了该处 1944 年度事业计划书，要求县政府转饬青木乡切实联络推进；[①] 2 月 1 日至 15 日馆、实验区办事处举办了第一期国民教育人员寒假讲习会，这一期讲习会是 1939 年秋季青木关试办国民教育以来对小学教师进行培训进修；[②] 2 月 23 日馆、区又以代电向巴璧两县政府制发青木乡添设国民学校、增加学级、收纳失学儿童和举办民教班数、实施失学成年人补习教育的计划，请两县核准经费概算呈报。[③] 4 月中旬，巴璧两县青木乡相继成立国民教育促进会，这是继教育部组织青木关辖区教育机构成立中国教育学会青木关分会之后，成立的乡级国民教育机构。4 月底，教育部附设青木关国民教育实验区办事处对实验区中心国民学校、保国民学校、教职员、儿童部学生进行统计，计有国民学校 13 所，教职员 55 名，学生 1633 人，这是 1939 年以来的首次国民教育实验区统计。[④]

1944 年 6 月 15 日，教育部附设青木关国民教育实验区设计委员会举行第三次会议，国民教育司司长顾树森以设计委员会主席身份主持并报告实验区 8 个月工作概况，实验区办事处主任费石师报告师资调整、充实设备、修建校舍工作和教职员生活艰苦不能安心教学、实验区与巴璧两县政府联系不畅工作推动不易等情况。会议决议：一、两县及青木乡发放教职员薪津、食米不得拖延，以安顿生活；二、本届暑期由实验区与两县政府合办训练班；三、中心学校应负辅导国民学校之责；四、学校成人部须先办初级班，其教材教本由国民教育司与国定中小学教科书七家联合供应处接洽供应；五、课程标准与各校教员任课时间改进待督学视察后报告教育部；六、教育部督学与县督学视察实验区时尽量谋求县政府与实验区的联系，临时发生重大事项可由实验区呈请教育

① 重庆市璧山县档案馆馆藏民国璧山县档案，民国 15 全宗目录 1 第 250 卷。

② 重庆市巴南区档案馆馆藏民国巴县档案，巴县政府文教科卷宗号 j1—13—30。

③ 重庆市璧山县档案馆馆藏民国璧山县档案，民国 15 全宗目录 1 第 250 卷。

④ 中国第二历史档案馆，全宗五 教育部第 10492 卷。

部协助。1944年上半年，青木关国民教育实验区加快了实验进程，发动乡保、学校教职员修建校舍取得成效，巴璧两县也分别拨发补助经费，但教师生活困难问题还是使实验区办事处解决乏力。[①] 1944年秋季新学期，教育部再次增设直属青木关小学一所，以解决中央机关迁建青木关的公教人员子女入学，使巴璧两县青木乡完小达到4所。[②]

教育部附设青木关国民教育实验区

中心国民学校、保国民学校三十三年度第一学期优良教职员名册[③]

1945年3月1日

优良教职员姓　名	籍贯	性别	年龄	服务学校名称及职别	考核优点	备注
李乃正	山东	男	三二	本区第一实验中心国民学校校长	吃苦能干　成绩卓著	
胡超伦	江苏	男	四六	本区第二实验中心国民学校校长兼璧山县青木乡代用中心学校校长	计划有方　才能兼优	
管国光	四川	男	二八	巴县中心国民学校校长	热心教育　任劳任怨	
况国光	四川	男	二六	巴县第十一保国民学校校长	精明有为　成绩优良	
万钰琴	贵州	女	三〇	璧山第五保国民学校校长	公而忘私　教而忘家	
邓明成	四川	女	三一	璧山第四保国民学校校长	劳心焦思　发展校务	
吴家翼	江苏	女	三六	本区第一实验中心国民学校中阶主任兼级任	教学有方　成绩斐然	
徐尚褩	南京	女	三九	本区第一实验中心国民学校级任	教学有方　成绩斐然	
石自润	安徽	女	四四	本区第一实验中心国民学校高阶主任兼级任	教学有方　成绩斐然	
郑阿兰	南京	女	三四	本区第一实验中心国民学校研辅主任兼级任	教学有方　成绩斐然	
李善修	山东	男	三一	本区第二实验中心国民学校教导主任	埋头苦干　领导尽力	
尹粹贞	安徽	女	四二	本区第二实验中心国民学校级任	品学兼优　循循善诱	

① 重庆市巴南区档案馆馆藏民国巴县档案，巴县政府文教科卷宗号j1—43—30。
② 中国第二历史档案馆，全宗五 教育部第10493卷。
③ 重庆市巴南区档案馆馆藏民国巴县档案，巴县政府文教科j1—13—29。

第二节　青木关国民教育实验区的发展

巴璧两县青木乡中心国民学校是由教育部统筹设立的。1939 年 9 月首先创办青木乡中心小学，首任校长李廉方在视察两县青木乡办理初级小学、短期小学情况的基础上，提出设置学校并辅导原 6 所初小的计划；第二任校长郭子通又根据各省市第一次国民教育会议召开后的要求，提出了在两县青木乡推进国民教育实验区添设中心国民学校、保国民学校的安排。1940 年 8 月巴县青木乡花朝门保国民学校升格为巴县青木乡中心国民学校，主要招收本乡学龄儿童，并招收迁建机关人员子女。到 1940 年底，两县青木乡有两所中心学校，7 所保国民学校。

1941 年迁建区小学管理委员会又继续增设中心国民学校、保国民学校。第一，扩建巴县青木乡中心国民学校，增建校舍，增添班级，增聘教师，实施儿童部学龄儿童和民教部成人班、妇女班教育。第二，将璧山县青木乡袁家沟保国民学校升格为中心国民学校，先纳入国立社会教育学院附属小学分校，后又将该校命名为教育部附设青木关国民教育实验区第二实验中心国民学校兼国立社会教育学院附属小学第二分校；1945 年又根据璧山县政府、璧山县青木乡国民教育促进会的请求加上“代帽”，成为璧山县青木乡代用中心国民学校，使该校在兼收璧山青木乡学龄儿童、迁建青木关机关公教人员子女成为完全小学基础上，又承担国民教育实验区实验小学的教学工作。第三，到 1943 年正式冠名教育部附设青木关国民教育实验区，成立实验区办事处并设立实验区设计委员会，由教育部国民教育司司长顾树森任设计委员会主席，教育部附设青木关国民教育实验区已有收纳巴璧两县青木乡学龄儿童和失学成人教育的中心国民学校、保国民学校 13 所，在校学龄儿童 1633 人；同时，青木关国民教育实验区第一实验中心国民学校、第二实验中心国民学校兼国立社会教育学院附属小学第二分校招收的学龄儿童还未统计在内。第四，1941 年秋由湖南芷江迁建青木关办学的宪兵子弟学校小学部，1945 年 9 月 1 日更名为私立宪光小学。该校是六年制完全小学，也是实验小学，在青木关办学期间，因办学基金由宪兵司令部、社会部补助，资金较为充裕，师资较优，教学设备、教材和辅助读物、实验室都是青木关各小学中最优质的。从该校呈报璧山县政府立案的档案中，招收的学生中有巴璧两县青木乡的学龄儿童，“本校学生来源，以收宪兵官兵子女为原则，但有缺额及其他特殊情形时，得招收部外学生”。到1945年9月开学，全校有一至五年级学生168名，教职员17人。[1]

教育部附设青木关国民教育实验区

中心国民学校
巴县青木关乡　　　　概况表[2]
保国民学校

1943年度第二学期　儿童部教职员名册简况

校　名	校长姓名	教职员数	学级数	学生数	校　址	备　注
巴县青木乡中心国民学校	周益峰	一七	一二	五二〇	花朝门	
巴县青木乡第二保国民学校	邓照明	一	一	三七	乌龟石	本学期筹设
巴县青木乡第三保国民学校	彭　植	一	一	五七	管家祠	
巴县青木乡第四保国民学校	管集中	一	一	五六	马家漕	
巴县青木乡第六保国民学校	熊伯宇	一	一	七三	么塘	
巴县青木乡第七八保国民学校	刘容闉	二	三	九六	八庙塘	
巴县青木乡第九保国民学校	官达中	一	一	七六	鱼箭滩	
巴县青木乡第十保国民学校	何　奇	二	三	一〇六	三块田	
巴县青木乡第十一保国民学校	况国光	三	三	一一一	板壁房子	内教职员一人系义务职
总计	九	二九	二六	一一三二		

① 重庆市璧山县档案馆馆藏民国档案1-4-201卷私立宪光小学专卷。
② 重庆市巴南区档案馆馆藏民国档案 巴县政府文教科全宗 j1-13-30。

教育部附设青木关国民教育实验区

中心国民学校
巴县青木关乡　　　　　　教职员一览表①
保国民学校
1943年度第二学期

校别	职别	姓名	年龄	性别	籍贯	经历	到校年月	备注
巴县青木乡中心国民学校	校长	周益丰	三一	男	巴县	省立成都师范毕业 曾任教员校长督学	三十三年二月	
	教员	余在川	三〇	男	巴县	国立第七中学毕业 曾任教员主任校长	三十三年二月	
		周乐天	二八	男	合江	巴县县立中学师范科毕业曾任教员主任	三十二年八月	
		黄绍秦	二七	女	江北	江北县立中学高中毕业 曾任教员	三十二年八月	
		王嘉荣	二五	女	重庆	国立重庆师范肄业 曾任教员	三十二年八月	
		黄履芝	二七	女	江北	国立重庆师范毕业 曾任教员	三十二年八月	
		何　庸	三二	男	巴县	曾任小学教员十二年	三十二年八月	
		周正熙	三二	男	巴县	私立吴淞中国公学肄业 曾任教员教官	三十二年八月	
		熊时昌	三二	男	巴县	重庆市立中学毕业 曾任教员校长	三十二年八月	
		鹏承惠	二九	女	巴县	私立求精中学毕业 曾任教员科员	三十二年八月	
		朱霞君	二八	女	南充	南充县立女中毕业 曾任教员主任	三十三年二月	
		艾　琪	三五	男	巴县	国立劳作师范肄业 曾任教员校长	三十三年二月	
		张亚玲	二〇	女	巴县	国立中大附中毕业 曾任教员行员	三十三年二月	
		何胤芳	二〇	女	巴县	私立淑德女中毕业 曾任教员干事	三十三年二月	
		魏志芳	二八	女	河南	河南汲县师范毕业 曾任教员指导员	三十三年二月	

① 重庆市巴南区档案馆馆藏民国档案 巴县政府文教科全宗 j1—13—30。

续表

校别	职别	姓名	年龄	性别	籍贯	经历	到校年月	备注
		秦锐久	二八	男	铜梁	巴县童训班毕业 曾任教员保长	三十三年二月	
		熊沙特	二八	女	巴县	国立重庆师范肄业 曾任教员主任	三十三年二月	
		解警字	二八	男	安徽	皖土临时中学毕业 曾任教员所员	三十三年二月	
巴县青木乡第二保国民学校	校长	邓照明	三〇	男	巴县	四川省立高工校毕业	三十三年二月	
	教员	况希翘	二六	男	巴县	巴县县立中学毕业	三十三年二月	
巴县青木乡第三保国民学校	校长	彭　植	四〇	男	巴县	私立求精中学毕业	三十三年二月	
	教员	彭亚森	二二	男	巴县	初中毕业	三十三年二月	
巴县青木乡第四保国民学校	校长	管集中	二七	男	巴县	曾任教员三年	三十三年二月	
	教员	彭遐铃	三九	男	巴县	私立求精中学毕业	三十三年二月	
巴县青木乡第六保国民学校	校长	熊伯宇	三三	男	巴县	私立求精中学毕业 曾任校长教员	三十三年二月	
	教员	熊恒昌	三〇	男	巴县	计政班毕业 曾任会记教员	三十三年二月	
巴县青木乡第七八保国民学校	校长	刘容闣	四五	男	巴县	重庆甲种工校毕业 曾任教育委员校长	三十三年二月	
	教员	傅遂初	四六	男	巴县	巴县中学毕业 教员校长	三十三年二月	
		张邦杰	四二	男	富顺	川南师范毕业 曾任督学教员校长	三十三年二月	
巴县青木乡第九保国民学校	校长	管达中	四〇	男	巴县	南泉乡师毕业 曾任校长	三十三年二月	
	教员	谭玉芳	二六	女	巴县	私立胥宇中学毕业 曾任教员	三十三年二月	
巴县青木乡第十保国民学校	校长	何　奇	二五	男	巴县	四川国教训练班毕业 曾任校长	三十三年二月	
	教员	杨积熙	二〇	男	巴县	私立南京钟南中学肄业 曾任教员	三十二年八月	
		杜映雪	二二	男	巴县	江苏复兴中学毕业 曾任教员	三十三年二月	
巴县青木乡第十一保国民学校	校长	况国光	二六	男	巴县	同文高中肄业 曾任校长教员	三十三年二月	
	教员	范重禄	二三	男	巴县	治平高中肄业 曾任教员	三十三年二月	

续表

校别	职别	姓名	年龄	性别	籍贯	经历	到校年月	备注
		何志伦	二一	男	巴县	上海私立民治高中肄业 曾任教员	三十三年二月	系义务职
		张德教	二〇	男	巴县	中大附中毕业 中央工校肄业 曾任教员	三十三年二月	

巴县青木乡中心国民学校从短期小学、初级小学到 1940 年 8 月成为完全小学，校内设小学部、民教部，小学部又设一至四年级的初级部和五六年级的高级部；民教部承办国民教育中失学成人扫盲识字教学任务，每学期办理成人班、妇女班。该校 1941 年扩建校舍后，又先后得到迁建区小学管理委员会、教育部国民教育司和青木关国民教育实验区办事处的经费补助、教职员补贴，勉力支撑小学、民教两部办学，到 1944 年初成为青木关国民教育实验区师生规模最大的小学。从 1939 年秋教育部在巴璧青木乡试办国民学校，到 1946 年 1 月教育部附设青木关国民教育实验区结束，巴县青木乡中心国民学校小学部读完高小的毕业生共 9 班。现将该校任课教师、高级部毕业第一班、第八班、第九班学生列表如下，以供研究。

巴县青木乡中心国民学校三十一年度第二学期教职员履历表

姓名	性别	年龄	籍贯	学历	经历	检定年月及合格证书号数	登记年月及奉令号数	现任职务	现任学科	每月授课分数	月薪数目	到校年月	备注
周　泽	男	三七	巴县	四川省行政干部训练团暨四川省立第一高级商科中学毕业大夏大学肄业	历任县立各校校长十年，蓬溪武胜县督学三年	二十五年八月川字156号	未	校长				三十二年二月	
刘则明	男	二四	三台	潼属联立高级中学毕业	曾任小学教员数年			小学部主任兼科任	史地 童军 自然	1000		仝	
杨志祯	女	三九	巴县	四川省立女子师范毕业，大夏大学肄业	曾任小学教员十余年			总务主任兼级任	国语 算术 劳作 体育	1000		仝	
吴　敏	女	二九	安徽	南京钟南中学高中部毕业	曾任小学教员数年			民教部主任兼级任	国语 算术 常识 美术	1000		仝	
管昌乐	男	四二	巴县	川东师范后期文史组毕业	曾任本县市属各公私立学校教员二十余年			级任	国语 劳作 史地	1100		二十九年八月	
熊时昌	男	三一	巴县	重庆市立中学毕业	曾任县市立小学校长教职员九年			级任	国语 算术 自然	1100		三十年二月	
吴淑慧	女	二八	安徽	潼南中学高中毕业	曾任小学教员数年			级任	国语 算术 劳作	1100		三十二年二月	

续表

姓名	性别	年龄	籍贯	学历	经历	检定年月及合格证书号数	登记年月及奉令号数	现任职务	现任学科	每月授课分数	月薪数目	到校年月	备注
李光哲	女	二六	资中	资中县立女中高中毕业	曾任小学教员四年			级任	国语 算术 劳作	1100		三十一年八月	
张忠贤	女	二三	江津	适存高商毕业	曾任小学教员三年			级任	国语 算术 常识 劳作	1100		三十一年二月	
胡为钦	女	二五	巴县	四川商业女子职业校毕业	曾任小学教育五年			级任	国语 算术 常识 劳作	1100		三十二年二月	
叶上林	女	二九	巴县	巴县女中毕业	曾任小学教员二年			级任	国语 算术 常识 劳作	1100		三十二年二月	
景雅毅	女	二四	巴县	钟南中学高中毕业	曾任小学教员四年			级任	国语 算术 常识 劳作	1100		仝	
石映琳	女	二二	涪陵	南岸女中毕业	曾任小学教员二年			级任	国语 算术 常识 音乐	1100		仝	

续表

姓名	性别	年龄	籍贯	学历	经历	检定年月及合格证书号数	登记年月及奉令号数	现任职务	现任学科	每月授课分数	月薪数目	到校年月	备注
张宣诚	女	二四	江北	四川省立女子师范毕业	曾任教数年		三十年重庆社会局登记	级任	国语 算术 常识 工作	1100		仝	
贺安妮	女	二二	巴县	合川县女中简易师范毕业	曾任教二年			科任	音乐 算术	1100		仝	
吴清福	女	三〇	江北	四川省立女子师范毕业	曾任教九年		三十年重庆社会局登记	科任	自然 工作 昌游	1100		仝	
刘生第	女	二四	巴县	四川省立女子师范毕业	曾任教四年			科任	自然 史地	1100		仝	
钟耿光	男	二八	巴县	钟南中学毕业	曾任书记三年			书记				仝	
杨　晋	男	二七	山西	山西祁县县立中学毕业	曾任事务二年			事务				仝	
校　　役													
杨云华													
瞿代元													
陈志清													
罗刘氏													

（重庆市巴南区档案馆馆藏民国档案，巴县政府文教科全宗 j1—13—30）

巴县青木乡中心国民学校高级部第一班毕业生名册

1942年1月

巴县青木乡中心国民学校高级部第一班、第八班、第九班毕业生名册（重庆市巴南区档案馆馆藏民国巴县档案，巴县政府教育科全宗j1－11－134、135）

巴县青木乡中心国民学校高级部第一班毕业生名册

部别	班次及期别	姓名	性别	年龄	籍贯	家庭职业	入校年月	毕业年月	毕业总平均分数	备注
高级部	第四期第一班	管昌裕	女	一二	巴县	商	廿九年八月	三十一年一月	76.2	本校廿九秋创办本班全系插班生
		黄蜀琴	女	一二	巴县	商	廿九年八月	三十一年一月	70.5	
		王廷璋	女	一二	巴县	商	廿九年八月	三十一年一月	71.6	
		王廷瑜	女	一三	巴县	商	廿九年八月	三十一年一月	74.2	
		温伯英	女	一二	山东阳谷	军	廿九年八月	三十一年一月	77.6	
		管昌玉	女	一四	巴县	农	廿九年八月	三十一年一月	83.1	
		蒲开玉	女	一三	巴县	商	廿九年八月	三十一年一月	77.6	
		龙光碧	女	一三	巴县	军	廿九年八月	三十一年一月	72.4	
		管昌荣	男	一四	巴县	农	廿九年八月	三十一年一月	78	
		张天银	男	一二	巴县	农	廿九年八月	三十一年一月	82	
		王明德	男	一三	巴县	农	廿九年八月	三十一年一月	82.1	
		何祥彬	男	一一	巴县	农	廿九年八月	三十一年一月	68.3	
		罗达邦	男	一三	巴县	农	廿九年八月	三十一年一月	71.9	
		何德光	男	一二	巴县	农	廿九年八月	三十一年一月	74.7	
		范德均	男	一二	巴县	商	廿九年八月	三十一年一月	75.1	
		高光年	男	一三	新海	商	廿九年八月	三十一年一月	71.8	
		何德全	男	一三	巴县	农	廿九年八月	三十一年一月	75.3	
		张明培	男	一二	巴县	商	廿九年八月	三十一年一月	71.1	
		王为霖	男	一三	巴县	商	廿九年八月	三十一年一月	78.8	
		傅宗祺	男	一三	巴县	商	廿九年八月	三十一年一月	70	
		徐在印	男	一一	巴县	商	廿九年八月	三十一年一月	79	
		黄仁惠	男	一二	巴县	医	廿九年八月	三十一年一月	80.7	
		张德风	男	一三	巴县	农	廿九年八月	三十一年一月	74.1	
		何德义	男	一一	巴县	农	廿九年八月	三十一年一月	65	

续表

部别	班次及期别	姓名	性别	年龄	籍贯	家庭职业	入校年月	毕业年月	毕业总平均分数	备注
		傅国柱	男	一〇	巴县	农	廿九年八月	三十一年一月	65.8	
		廖致均	男	一三	巴县	农	廿九年八月	三十一年一月	72	

巴县青木乡中心国民学校高级部第八班、第九班毕业生名册

部别	班次及期别	姓名	性别	年龄	籍贯	家庭职业	入校年月	毕业年月	毕业总平均分数	备注
高级部	高八班	邓先志	女	十二	巴县	农	廿八年八月	三四年七月	82.2	
		王先圣	女	十二	巴县	商	廿八年八月	三四年七月	85.1	
		王子贤	女	十三	巴县	商	廿八年八月	三四年七月	70.5	
		秦万桂	女	十二	巴县	商	廿八年八月	三四年七月	85.5	
		管昌洁	女	十二	巴县	商	廿八年八月	三四年七月	84.3	
		蒲开禹	女	十三	巴县	农	廿八年八月	三四年七月	80.4	
		江朝芳	女	十二	巴县	农	廿八年八月	三四年七月	60	
		杨永平	女	十三	巴县	农	廿八年八月	三四年七月	65	
		黎源碧	女	十三	巴县	商	廿八年八月	三四年七月	80.1	
		陈厚云	女	十四	湖北汉口	商	廿八年八月	三四年七月	75.1	
		何德毓	女	十三	巴县	商	廿八年八月	三四年七月	69.5	
		何德瑶	女	十二	巴县	商	廿八年八月	三四年七月	63.7	
		蒲开仁	男	十二	巴县	商	廿八年八月	三四年七月	68.36	
		陈天?	男	十二	巴县	农	廿八年八月	三四年七月	77	
		张文禄	男	十三	巴县	农	廿八年八月	三四年七月	60.7	
		叶上川	男	十二	巴县	农	廿八年八月	三四年七月	60.5	
		刘毅为	男	十二	巴县	农	廿八年八月	三四年七月	66	
		张文载	男	十二	巴县	农	廿八年八月	三四年七月	62	
		甘国泉	男	十四	巴县	农	廿八年八月	三四年七月	63.5	
		张光裕	男	十二	巴县	农	廿八年八月	三四年七月	67.5	

续表

部别	班次及期别	姓名	性别	年龄	籍贯	家庭职业	入校年月	毕业年月	毕业总平均分数	备注
		叶上华	男	十二	巴县	农	廿八年八月	三四年七月	72.3	
		廖治国	男	十三	巴县	农	廿八年八月	三四年七月	64.7	
		何德林	男	十三	巴县	农	廿八年八月	三四年七月	68.7	
		罗文德	男	十四	巴县	农	廿八年八月	三四年七月	67.6	
		何代禄	男	十二	巴县	农	廿八年八月	三四年七月	65.6	
		温淑文	女	十二	巴县	商	廿八年八月	三四年七月	60.1	
		程镒芬	女	十三	湖北黄冈	农	廿八年八月	三四年七月	68.3	
小学部	高九班六年级下期	吴庆璋	女	十二	江苏	政	三十三年二月	三十五年一月		
		王廷琼	女	十一	巴县	商	三十三年二月	三十五年一月	72.6	
		叶南君	女	十二	巴县	农	三十三年二月	三十五年一月	65	
		傅宗惠	女	十一	巴县	农	三十三年二月	三十五年一月	67.5	
		李绿茂	女	十一	巴县	商	三十三年二月	三十五年一月	77.3	
		徐在琼	女	十二	巴县	农	三十三年二月	三十五年一月	77.3	
		钱发学	女	十二	巴县	绅	三十三年二月	三十五年一月	76.7	
		罗天瑛	女	十二	巴县	农	三十三年二月	三十五年一月	74.7	
		王先久	男	十一	巴县	农	三十三年二月	三十五年一月	67	
		蒋文云	男	十一	巴县	农	三十三年二月	三十五年一月	66.8	
		陈本义	男	十一	巴县	农	三十三年二月	三十五年一月	76.8	
		潘合泽	男	十二	巴县	农	三十三年二月	三十五年一月	66	
		刘洪开	男	十一	巴县	农	三十三年二月	三十五年一月	79.4	
		郭兴邦	男	十一	巴县	农	三十三年二月	三十五年一月	74.3	
		王永才	男	十一	巴县	农	三十三年二月	三十五年一月	68	
		罗治轩	男	十一	巴县	农	三十三年二月	三十五年一月	73.6	
		王永全	男	十一	巴县	农	三十三年二月	三十五年一月	65	
		罗天申	男	十一	巴县	农	三十三年二月	三十五年一月	75	

续表

部别	班次及期别	姓名	性别	年龄	籍贯	家庭职业	入校年月	毕业年月	毕业总平均分数	备注
		钱发国	男	十一	巴县	农	三十三年二月	三十五年一月	79	
		管绍刚	男	十二	巴县	农	三十三年二月	三十五年一月	80	
		黄世荣	男	十二	巴县	农	三十三年二月	三十五年一月	70.3	
		傅国福	男	十二	巴县	农	三十三年二月	三十五年一月	66	
		熊全品	男	十二	巴县	农	三十三年二月	三十五年一月	72.2	
		况崇才	男	十二	巴县	农	三十三年二月	三十五年一月	73.6	
		傅国林	男	十二	巴县	农	三十三年二月	三十五年一月	65.7	
		谢邦南	男	十二	巴县	农	三十三年二月	三十五年一月	73	
		熊德厚	男	十二	巴县	农	三十三年二月	三十五年一月	63.4	
		荀大模	男	十二	巴县	农	三十三年二月	三十五年一月	63.4	

第三节　国民学校的设立与学龄儿童教育①

按照《青木乡试办国民学校暂行办法》，国民教育实验区内国民学校的发展是迅速的。就学校的增加来看，1939 年 9 月教育部迁青木关后，实验区 19 个保仅有 9 所小学，以后按每保增设一所的要求发展，国民学校在各保大多建立，除了少数几个保因保内有中心国民学校而无须成立以外。中心小学校最初只有青木乡中心国民学校一所，不久又先后添办了教育部附设第一实验中心国民学校、第二实验中心国民学校两所及一所青木关小学。第一实验中心校由 1939 年以后增设的花朝门中心小学发展而来。为进一步了解这些学校内部发展情况，有必要在这里将当年各校经由国民教育实验区办事处上呈教育部备案留存的档案资料中，摘取部分学校教室、学生的名册，以及简要的统计分析，

① 教育部附设青木关国民教育实验区办事处 1945 年初对该实验区各心校保国民学校进行了汇总统计，上呈教育部备案。参见中国第二历史档案馆全宗五教育部第 10492 卷，本节即以此卷为依据。教育部附设青木关小学参见全宗五教育部第 10493 卷；第一、二实验中心校参见全宗五教育部第 10699 卷。

以了解当时详情。

先以青木乡第十保国民学校为例。到1944年9月初，该校有教师2人，详见1944年8月《巴县青木乡第十保国民学校教职员名册》。

三十三年八月

职别	姓名	性别	年龄	籍贯	资历	课程		职务	月薪	到校年月	备注
						教学科目	教学分数				
校长	熊伯宇	男	33	四川巴县	求精中学毕业，曾任书记教员校长等职	国、常、算、体育				三十三年八月	
教员	熊全明	男	20	四川巴县	中大附中毕业，曾任教员、干事	国、常、康乐				三十三年八月	

注：国、常、算，指国语、常识、算术。

同一学期，第十保国民学校学生人数从一年级至四年级，共有84人，分作两班（复式），每班学生约在40人左右。学生全校84人，按当时保甲制，每保约一百户，可说每一户适龄学童都进了学校。就学生初入学年度分，从1941年至1944年四年间，具体情况是：

1941年　9人　男生8人，女生1人

1942年　28人　男生17人，女生11人

1943年　29人　男生16人，女生13人

1944年　18人　男生11人，女生7人

其中，女生每年度初入学人数占同年度初入学学生总数的比例呈明显上升趋势，从1941年至1944年各年度分别为：11.1%∶39.3%∶44.8%∶38.9%。1944年初入学儿童数量虽不及前两年，女生人数比例也略有下降，可是，却呈现一种十分有趣的现象，就是女生初学年龄普遍比男生低，男生最低为5足岁，女生中有两个只有4周岁零8—11个月。该校所有的儿童都是本地人，表明当地居民（绝大多数是农民）对儿童上学读书，特别是对女孩上学，比以往更加重视。现将该校民国三十三年八月（1944年8月）一下年级和四下年级的学生花名册附录如下，以供研究（这些学生有的至今健在，而且年龄都在八十岁上下）。

次序	姓名	性别	实龄		籍贯	年级	入学		备注
			岁	月			年	月	
1	王荣清	男	7	8	四川巴县	一下	33	2	
2	何德元	男	7	5	四川巴县	一下	33	2	
3	张明禄	男	7	4	四川巴县	一下	33	2	
4	张明材	女	6	6	四川巴县	一下	33	2	
5	傅国祥	男	7	9	四川巴县	一下	33	2	
6	陈启云	女	6	11	四川巴县	一下	33	2	
7	陈启辉	男	5	2	四川巴县	一下	33	2	
8	谭祖芬	女	5	3	四川巴县	一上	33	8	
9	陈淑兰	女	4	8	四川巴县	一下	33	2	
10	秦世康	男	6	9	四川巴县	一下	33	2	
11	谭祖木	男	6	8	四川巴县	一下	33	2	
12	王明全	男	8	4	四川巴县	一下	33	2	
13	刘济全	男	7	3	四川巴县	一下	33	2	
14	苏朝英	女	9	8	四川巴县	一下	33	2	
15	苏朝福	男	7	6	四川巴县	一下	33	2	
16	陈能森	女	4	11	四川巴县	一下	33	2	
17	吴有成	男	9	7	四川巴县	一下	33	2	
18	陈能梅	女	5	12	四川巴县	一下	33	2	
19	程兴礼	男	12	2	四川巴县	四下	30	2	
20	岁应生	男	10	4	四川巴县	四下	30	2	
21	程厚禄	男	12	9	四川巴县	四下	30	2	
22	陈大勇	男	12	5	四川巴县	四下	30	2	
23	甘德义	男	12	7	四川巴县	四下	30	2	
24	熊全泳	男	10	10	四川巴县	四下	30	2	
25	熊全友	男	11	10	四川巴县	四下	30	2	

续表

次序	姓名	性别	实龄		籍贯	年级	入学		备注
			岁	月			年	月	
26	熊治国	男	12	11	四川巴县	四下	30	2	
27	王甘树	女	8	1	四川巴县	四下	30	2	

现在，再来看三所中心学校。较之保国民学校，最大不同之处，除设有高小班级，人数更多之外，就是教师阵容强大。为简便起见，现将巴县青木乡中心国民学校、青木关第一实验中心国民学校和第二实验中心国民学校民国三十三年（1944 年）下期各校教职员名册，分别胪列如下：

一、教育部附设青木关国民教育实验区，青木乡中心国民学校教职员名册

职别	姓名	性别	年龄	籍贯	资历	担任科目	课程分钟	职务	月薪	到时年月	备注
校长	管国光	男	28	四川巴县	四川三区师训班国立重师毕业，任经教多年	美术劳作	400		95	三十三年八月	
主任	舒熙	男	27	四川江津	江津县中师范班及四川三区师训班毕业，任教一年	国语算术	500	小学部	90	三十三年八月	
主任	黄仁恕	男	21	四川巴县	国立重师毕业	国语算术	500	总务部	90	三十三年八月	
主任	蔡幼民	男	21	湖北汉口	国立十六中高中毕业	历史地理	500	民教部	90	三十三年八月	
教师	罗其昌	男	30	四川巴县	巴县中学毕业，任教多年	国语自然	840	五下级任	80	三十三年八月	
教师	刘笃亲	男	26	四川巴县	教育部计政班毕业	国语算术	840	五上级任	80	三十三年八月	
教师	吴　箴	男	30	四川内江	省立资中中学毕业	国语算术	840	六上级任	80	三十三年八月	

续表

职别	姓名	性别	年龄	籍贯	资历	担任科目	课程分钟	职务	月薪	到时年月	备注
教师	母慎吾	女	30	四川剑阁	四川立成都女子职校毕业	国常算术	840	四上级任	80	三十三年八月	
教师	马德芳	女	28	四川江津	璧山简师毕业	国常历史	840	二上级任	80	三十三年八月	
教师	吕德荣	女	26	四川江津	私立建业中学毕业	国常地理	840	三下级任	80	三十三年八月	
教师	江南	男	26	四川巴县	教育部计政班毕业	国常算术	840	三上级任	80	三十三年八月	
教师	朱霞君	女	28	四川南充	南充嘉陵女师毕业	国常算术	840	二下级任	80	三十三年八月	
教师	熊时昌	男	32	四川巴县	重庆市中毕业，任教多年	国常算术	840	一上下级任	80	三十三年八月	
教师	李智纯	女	26	四川成都	荣县女师毕业	音乐唱游	900	科任	80	三十三年八月	
教师	傅有良	男	25	四川巴县	国立劳作童军师范毕业	体育童军	900	科任	80	三十三年八月	
教师	黄子真	男	23	四川巴县	巴县中学毕业	国语自然	840	六下级任	80	三十三年八月	
教师	管　岳	男	27	四川巴县	璧山县中附设师训班毕业	美术劳作	400	科任	80	三十三年八月	
教师	高尔怡	男	26	安徽巢县	湖南省立第一师范毕业	国常算术	840	四下级任	80	三十三年八月	

二、教育部附设青木关国民教育实验区第一实验中心国民学校教职员名册

职　别	姓　名	性别	年龄	籍贯	（学历及简历）	担任科目	课程分钟	月薪	到时年月	备注
校　长	李乃正	男	32	山东堂邑	青岛大学肄业师范部毕业，曾充中小学校长教员县教育科长、督学、民教馆长、党部指导员等职			260	三十三年十一月	
教导主任	刘光耀	男	36	江苏六合	中大区立南中师范科毕业，历任小学教员、县督学等职计十四年	社会珠算	300	190	三十二年八月	
事务主任	黄宝发	男	44	南京市	苏省立四师本科毕业，历任中小师范教员、县督导员、督学、教育科长等职二十一年	劳作珠算	300	200	三十一年八月	
六下级任	韦兰馨	女	34	河北保定	冀省立第二女师毕业，历任中小学职教员十二年	国语算术团训	730	110	三十二年四月	
研辅主任兼六上级级任	郑阿兰	女	34	南京市	苏省立南京师范科毕业，历任小学教员等职二十年	国语算术团训	670	160	三十一年十一月	
五下级任	李四明	女	37	湖北黄冈	鄂省立一女师范科毕业，历任小学教员十四年	国语算术团训	730	120	三十二年八月	
高级主任兼五上级级任	石自渊	女	43	安徽怀宁	皖省立一女师范毕业，历任安徽省立第一女师附小及安徽省立小学教员	国语算术团训	730	180	三十年二月	

续表

职　别	姓　名	性别	年龄	籍贯	（学历及简历）	担任科目	课程分钟	月薪	到时年月	备注
四下级任	戚之凡	女	43	浙江吴兴	吴兴县立女师毕业，历任小学教员十四年	国常算术团训	850	120	三十二年二月	
中级主任兼四上级级任	吴家翼	女	36	江苏常州	苏省立南京女子中学师范科毕业，历任小学教员十三年	国常算术团训	760	170	二十九年五月	
三下甲级任	鲍逸琴	女	32	湖北蒲圻	鄂省立一女中毕业，历任小学教员及训育员计七年	国常算术团训	850	85	三十三年二月	
三下乙级任	张之英	女	31	河北保定	冀省立女师毕业，历任小学教员及教育部实验教育编辑组编辑	国常算术团训	850	130	二十八年九月	
三上级级任	曹子清	女	34	湖北武昌	上海市私立东南体专毕业，历任中小学教员共九年	国常算术团训	850	120	二十九年八月	
低级主任兼二下级级任	蒋元清	女	41	安徽芜湖	皖省立一女师毕业，历任小学教员及幼稚教员共计六年	国常算术团训	850	160	三十二年八月	
二上乙级任	丁静英	女	41	江苏吴江	吴江县立师范毕业，历任小学教员及幼稚教员共十四年	国常算术团训	850	110	三十一年八月	
二上甲级任	徐　尚	女	39	南京市	苏省立一女师毕业，历任小学教员及教师服务团干事共十七年	国常算术团训	850	130	三十一年八月	
一下级任	崔信芬	女	39	安徽芜湖	皖省立二女中师范科毕业，历任小学教员十三年	国常算术团训	850	110	三十年二月	
一下级任	陈祥玉	女	36	南京市	南京美专师范科毕业，历任中小学教员	国常算术团训	850	130	二十九年九月	

续表

职　别	姓　名	性别	年龄	籍贯	（学历及简历）	担任科目	课程分钟	月薪	到时年月	备注
科　任	李继群	女	40	湖北黄冈	鄂省立女师毕业，历任小学校长主任共十八年	社会自然算术	810	100	三十三年二月	
科　任	俞淑琴	女	37	安徽怀宁	安徽省立第一女子高中师范科毕业，曾任安徽省高中实验小学登云坡中心小学各级任共十三年	自然音乐体育	840	110	三十三年十一月	
科任	刘心兰	男	40	山东宁阳	山东省立第二师范毕业曾任山东省第三区保安司令部政治部主任庶务科长等职	劳作图画	810	95	三十四年一月	
科　任	陈子范	男				体育	750	90	三十三年八月	课外活动指导
科　任	朱若仙	女	23	四川酆都	国立重师毕业，历任小学教员等职	体育	750	85	三十三年八月	课外活动指导
科任	赵岫嵫	女	33	黑龙江拜泉	黑省立女师毕业，历任小学及幼稚园等教员共十年	劳作算术图书	840	100	三十三年二月	
	屠咸若	男	32			音乐	900	70	三十三年二月	
	贾寿临	女	57	皖	安徽省立一女师第一届本科，北京国语讲习所第三届毕业，历任安徽省立各中小教职员三十年			95	二十九年十月	

续表

职　别	姓　名	性别	年龄	籍贯	（学历及简历）	担任科目	课程分钟	月薪	到时年月	备注
	叶霭春	女	31	南京市	南京市立一女中师范科毕业，历任南京中央路小学教员	国常劳作团训	430	95	三十一年二月	
	张慧君	女	36	江苏吴江	吴江县立女中毕业，历任小学教员及医院职员共十年	算术劳作	120	70	三十二年二月	

三、教育部附设青木关国民教育实验区第二实验中心国民学校教职员名册

职　别	姓　名	性别	年龄	籍贯	资　历	课程		职　务	月　薪	到校年月	备注
						教学科目	教学分数				
校　长	胡超伦	男	46	江苏青浦	江苏省立二师上海大学毕业，原任教育部视察员教导员等职			校　长		三十三年八月	
教导主任兼科任	李善修	男	31	山东菏泽	山东省立曲阜师范毕业，曾任重师附小复式级级任等职	算术地理及民教班常识	475	职员兼教员	100	三十三年八月	
事务主任兼科任	石代宝	男	25	四川璧山	上海私立惠云高中毕业，曾任璧山蒲元乡中心校教员	民教班国语算术音乐	455	职员兼教员	80	三十三年八月	

续表

职别	姓名	性别	年龄	籍贯	资历	课程		职务	月薪	到校年月	备注
						教学科目	教学分数				
级任教员兼教务员	尹粹贞	女	41	安徽巢县	安徽省立第一女师毕业，曾任安徽巢县女高校长	团训国语地理阅书	750	职员兼教员	120	三十二年八月	
级任教员	方超敏	女	35	福建闽侯	北平崇慈高中毕业，曾任北平笃志高中附小教员	团训国语公民自然阅书	810	教员	95	三十一年二月	
级任教员	章培涵	女	32	浙江绍兴	福建省立师范毕业，曾任国立劳作师范教务干事	团训国语常识图书	840	教员	90	三十二年八月	
级任教员	杨秀慧	女	31	江苏宜兴	国立三中师范部毕业，自贡市保育院教员	团训国语常识图书	840	教员	90	三十三年八月	
级任教员	李保惠	女	35	安徽怀宁	安徽省立第二女中高中部师范科毕业，曾任皖省一女高中附小教员	团训国语常识音乐	870	教员	150	二十八年八月	
级任教员	万秀英	女	34	江苏宝应	上海市立培明女子中学高中师范科毕业，曾任南京简易小学教员	团训国语常识算术	870	教员	95	三十一年八月	
科任教员	章玉书	女	33	湖北枣阳	湖北省立女子师范毕业，曾任湖北省立第七小学教员	体育音乐	870	教员	95	三十三年八月	
科任教员	李国芷	女	33	安徽怀宁	安徽省立女职毕业，曾任白沙中心小学教员	算术图画劳作	870	教员	80	三十一年八月	

续表

职别	姓名	性别	年龄	籍贯	资历	课程		职务	月薪	到校年月	备注
						教学科目	教学分数				
科任教员	潘德	女	34	江苏江宁	安徽省立第一女中高中师范科毕业，曾任安庆市第十小学教员	算术自然图画历史公民	870	教员	90	三十三年九月	
科任教员兼事务员	倪芳惠	女	35	安徽怀宁	安徽省立第一女师范第一届讲习科毕业，曾任安庆市第十小学教员	体育音乐图画劳作	510	职员兼教员	75	三十二年八月	

以上三校教师阵容，以第一实验中心校较为强大。青木关中心校以文昌宫为校址，除招收本地学生外，也招收青木关中心校容纳不下的本地学生，教育部最初拟再设一所中心小学校招收适龄学童，后由于适龄学童人数大增，不得已又在原青木关袁家沟小学基础上增设第二实验中心国民学校，最后还增设教育部附设青木关小学一所。青木关小学于 1944 年 8 月由教育部国民教育司职员陈玉珍受命为该校校长创办，1945 年 3 月 1 日造具有教育部附设青木关小学教职员名册呈教育部备案，现将其列表如下：

教育部附设青木关小学教职员名册

三十四年三月一日造

职别	姓名	号次	性别	年龄	籍贯	资历	经历	教学科目	教学分钟	到校年月	月薪
校长	陈玉珍	1	女	36	安徽蚌埠	南京金陵女子大学学士，主修科学，副修教育学；美国喀利拉多大学硕士，主修中等教育，副修科学教学法。 美国西北大学及温城大学小学教育及学前教育硕士。	广州奂光中学科学教师二年 南京金陵女子大学附属高中实校 校长及附小主任五年 教育部国民司职员三年	团体训练活动指导	120分	三十三年八月	教部派任
教导主任	张子杰	2	男	33	山东昌邑	山东高密乡师毕业 国立第四中学师范部毕业 国立中央大学师范学院教育学系肄业	山东禹城县立城内小学教员一年 山东禹城教育视导员一年 山东观城城内小学教员及民教馆讲演部主任一年半 教部教师服务周中大队长二年 迁建区青小高级级任半年	（六下）算术、历史、地理、活动指导	360分	三十三年八月	160元
六年级级任	汪楚材	3	男	34	安徽休宁	安徽省立徽州师范毕业 江苏省立医学院附设卫生教育学院肄业	休宁县立桃源小学六年级级任二年 汉口三民小学科任教员二年 宪兵子弟学校教导主任兼科任教员一年	（六下）国语、公民团训活动指导	840分	三十三年八月	110元暂支

续表

职别	姓名	号次	性别	年龄	籍贯	资历	经历	教学科目	教学分钟	到校年月	月薪
五年级级任	金士涛	4	男	32	吉林伊通	河北省立保定师范毕业 国立中央大学师范学院教育学系肄业	北平市私立崇实小学教员五年 四川私立广德初级中学专任教员一年	（五下）国语、公民团训活动指导 （六下）英语（选科）	870分	三十四年八月	100元暂支
四年级级任	宋亚清	5	男	32	山东堂邑	山东省立曲阜师范普通科毕业	四川梓潼双峰乡中心小学教员二年 国立梓潼师范附小教员二年	（四下）国常、团训、图画、活动指导	900分	三十三年八月	120元
三年级级任	柳汝峨	6	女	36	安徽凤阳	安徽省立第三女子高中师范科毕业 北平中国大学肄业	安徽省立三女中附小、凤阳师范附小，湖南所里，四川巴县歇马场、白鹤场、宪兵子弟等小学专任教员共十二年	（三下）国常、团训、图画、活动指导（一下）算术	900分	三十三年八月	130元
二年级级任	汤秀章	7	女	31	江苏江都	江苏省立扬州中学高中师范科毕业	江苏扬州实小及遵义实小等教员	（二下）国常、团训、 图画、活动指导	920分	三十四年二月	100元

续表

职别	姓名	号次	性别	年龄	籍贯	资历	经历	教学科目	教学分钟	到校年月	月薪
科任	王景舜	12	男	39	山东高唐	上海美专毕业 上海新华艺专毕业	青岛市立小学、济南市立小学、陕西省立绥德师范，四川省立三台中学、国立华侨中学等劳美教员共十余年	（五下六下）劳美 （四下）劳作 （三下）美术 （三下四下五下六下）音乐活动指导	900分	三十三年八月	120元
科任兼事务	丁桂馨	13	女	39	河南桐柏	河南省立第二女子师范学校毕业	河南省立二女师三女师附小，陕西西乡县实小、迁建区青小等教员十余年	（一下）劳美 （二下）劳美 （三下）劳作	390分	三十三年八月	160元
事务员	陈彼息	14	女	33	广东中山县	广东省立广州女中学高中毕业	广东中山县永宁小学教员三年	（二下）唱游	180分	三十三年八月	90元
事务员	袁广珍	15	男	32	河北滦县	山东省立曲阜师范毕业	北平私立志成中学事务干事三年	时事新闻壁报	240分	三十四年二月	85元

学生方面的情况，以第一实验中心国民学校为例，据该校民国三十三年度第一学期呈报教育部的名册统计，共有学生 686 人，其中男 422 人，女 264 人。各年级人数统计如下：

一上　　男 45 人，女 34 人，共计 79 人

一下　　男 29 人，女 22 人，共计 51 人

二上　甲男 24 人，女 23 人，共计 47 人

二上　乙男 34 人，女 16 人，共计 50 人

二下　　男 29 人，女 18 人，共计 47 人

三上　　男 30 人，女 16 人，共计 46 人

三下　甲男 29 人，女 18 人，共计 47 人

三下　乙男 29 人，女 18 人，共计 47 人

四上级　男 30 人，女 17 人，共计 47 人

四下级　男 24 人，女 20 人，共计 44 人

五上级　男 30 人，女 19 人，共计 49 人

五下级　男 39 人，女 14 人，共计 53 人

六上　　男 28 人，女 18 人，共计 46 人

六下　　男 23 人，女 10 人，共计 33 人

根据民国三十三年八月（1944 年 8 月）上述第一实验小学学生名册统计，在校的 686 名学生中，属于实验区内的本地学生（巴县、璧山）只有 38 人，除四川省外各省市的学生占了 112 人。其余 536 人都是四川籍的外县人。

外省市的学生抗战爆发前的住址是：福建、山西、河南、河北、山东、南京、湖北、湖南、安徽、浙江、徐州、江苏、辽宁、江西、南昌、广东、东北、北平、上海、天津、成都、汉阳（武汉）、贵州等 22 省市或地区。他们都是随在教育部及青木关各学校的教职员家长迁往青木关的。四川籍的外县人，除在教育部及各学校工作的人员外，也有到此地从事经营和社会服务的居民。

就初入学情况看，第一实验小学（最初的青木关袁家沟小学，重点收教育部员工的子女）办学高峰期是 1942 年下期和 1943 年上期，在全国各省市在青木关召开由教育部主持的国民教育会议之后。所以，该校三年级下和二年级上均设有甲、乙两个班。因为是以外来学生居多数，有大量插班生，1944 年上期初入学的儿童中，4 岁入学的有 6 人，他们是：

萧晓星　女　4 岁 11 个月，湖南人

范显伦　男　4 岁 5 个月，四川人

况浩源　男　4 岁 5 个月，四川人

杨怙恃　女　4岁3个月，四川人

沈树华　女　4岁5个月，安徽人

白清明　男　4岁2个月，四川人

在一下级学生中，还有两个4岁的儿童，是：

金　钊　男　4岁8个月　北平（北京）人

余利川　男　4岁4个月　湖北人

这就是说，余利川初入学时候年仅3岁零10个月。现将第一实验小学三十三年度（1944年）第一学期一年级上学生79人名册、二年级上甲班学生47人名册和六年级下学生33人名册分别附录如后。

（一）教育部附设青木关国民教育实验区1944年度第一学期第一实验中心国民学校一年级上学期学生名册（79人）

次序	姓名	性别	实龄		籍贯	年级	入学		备注
			岁	月			年	月	
1	傅乐渝	女	5	2	山东	一上	三十二年	二月	
2	郭　正	男	5	2	四川	一上	三十三年	二月	
3	陈以富	男	5	8	四川	一上	三十二年	二月	
4	张强华	男	5	7	南京	一上	三十三年	八月	
5	萧新生	男	5	4	湖北	一上	三十三年	二月	
6	陈开玉	女	5	5	四川	一上	三十三年	八月	
7	江宗勤	男	6	4	四川	一上	三十二年	八月	
8	汤海洲	男	5	6	湖北	一上	三十三年	二月	
9	胡小毛	女	6	6	湖北	一上	三十三年	二月	
10	胡绍林	男	6	8	四川	一上	三十三年	二月	
11	徐安顺	女	5	7	湖北	一上	三十三年	二月	
12	况克华	女	5	5	四川	一上	三十三年	二月	
13	萧晓星	女	4	11	湖南	一上	三十二年	二月	
14	廖正梅	女	6	3	四川	一上	三十三年	八月	
15	李金梅	女	5	4	湖北	一上	三十三年	八月	
16	王盛荣	女	5	8	四川	一上	三十二年	八月	
17	孙大荣	女	6	4	四川	一上	三十二年	八月	

续表

次序	姓名	性别	实龄		籍贯	年级	入学		备注
			岁	月			年	月	
18	廖傅益	女	5	9	湖北	一上	三十三年	八月	
19	王德成	女	5	4	四川	一上	三十三年	八月	
20	程可勤	女	7	8	四川	一上	三十二年	八月	
21	钟长椿	男	5	8	四川	一上	三十三年	八月	
22	崔正伦	男	5	3	安徽	一上	三十三年	八月	
23	王正刚	男	6	2	浙江	一上	三十三年	八月	
24	况浩义	男	6	3	四川	一上	三十二年	八月	
25	陈厚禄	男	6	5	四川	一上	三十二年	八月	
26	彭维厚	男	6	5	四川	一上	三十二年	八月	
27	江流明	男	5	12	四川	一上	三十二年	八月	
28	况荣明	男	6	4	四川	一上	三十三年	八月	
29	况荣开	男	8	8	四川	一上	三十二年	八月	
30	彭维华	男	6	9	四川	一上	三十二年	八月	
31	周通才	男	6	3	四川	一上	三十二年	八月	
32	杜明生	男	6	11	四川	一上	三十三年	八月	
33	贺耀国	男	6	9	四川	一上	三十二年	八月	
34	刘燕文	女	5	10	南京	一上	三十三年	八月	
35	李计碧	女	7	5	四川	一上	三十二年	八月	
36	周匡生	女	6	8	浙江	一上	三十三年	八月	
37	彭惠娟	女	5	1	四川	一上	三十三年	八月	
38	刘国绪	男	6	4	四川	一上	三十三年	八月	
39	瞿如海	男	10	2	四川	一上	三十三年	八月	
40	张伯林	男	6	5	湖北	一上	三十三年	八月	
41	吴建华	女	4	2	东北	一上	三十三年	八月	
42	张光华	男	4	3	浙江	一上	三十三年	二月	
43	陈盛瑶	女	5	8	徐州	一上	三十三年	八月	
44	钟家模	男	4	11	四川	一上	三十三年	二月	

续表

次序	姓名	性别	实龄		籍贯	年级	入学		备注
			岁	月			年	月	
45	项锡惠	女	4	11	四川	一上	三十三年	八月	
46	施毛香	女	5	1	湖南	一上	三十三年	八月	
47	陈登福	男	4	3	四川	一上	三十三年	二月	
48	韩庆炎	男	5	4	四川	一上	三十三年	二月	
49	汪达生	男	6	5	湖北	一上	三十三年	二月	
50	丁兴禄	男	7	5	四川	一上	三十三年	二月	
51	贺仲荣	女	6	7	四川	一上	三十三年	二月	
52	冯渝祥	女	5	3	湖北	一上	三十三年	八月	
53	叶学渝	女	5	3	湖北	一上	三十三年	二月	
54	张新明	男	6	6	四川	一上	三十三年	二月	
55	丁兴华	女	5	5	四川	一上	三十三年	八月	
56	张映荣	男	6	9	四川	一上	三十三年	二月	
57	张映霞	女	5	5	四川	一上	三十三年	八月	
58	丁兴德	男	5	9	四川	一上	三十三年	八月	
59	荣乐生	女	5	7	四川	一上	三十三年	八月	
60	邬白云	女	7	9	湖北	一上	三十三年	八月	
61	邬芳雄	男	5	3	湖北	一上	三十三年	八月	
62	范显伦	男	4	5	四川	一上	三十三年	八月	
63	况浩源	男	4	5	四川	一上	三十三年	八月	
64	陶　三	女	5	8	湖北	一上	三十三年	八月	
65	王顺学	男	5	6	四川	一上	三十三年	八月	
66	吕更生	男	5	5	湖北	一上	三十三年	八月	
67	彭德志	男	5	9	四川	一上	三十三年	八月	
68	舒长林	男	6	3	四川	一上	三十三年	八月	
69	杨怙恃	女	4	3	四川	一上	三十三年	八月	
70	沈树华	女	4	5	安徽	一上	三十三年	八月	
71	白清明	男	4	2	四川	一上	三十三年	八月	

续表

次序	姓名	性别	实龄		籍贯	年级	入学		备注
			岁	月			年	月	
72	管昌华	男	5	4	四川	一上	三十三年	八月	
73	陈昌玉	女	8	11	四川	一上	三十三年	八月	
74	陈昌芬	女	6	10	四川	一上	三十三年	八月	
75	项锡华	男	5	4	四川	一上	三十三年	八月	
76	杨汉鼎	男	5	6	安徽	一上	三十三年	八月	
77	江文珍	女	7	4	湖北	一上	三十三年	八月	
78	王朝海	男	6	8	四川	一上	三十三年	八月	
79	陈履康	男	6	1	四川	一上	三十三年	八月	
	合　计	男：45 人，女：34 人，一上共计 79 人							

（二）第一实验中心国民学校二年级上学期学生名册（47 人）

次序	姓名	性别	实龄		籍贯	年级	入学		备注
			岁	月			年	月	
1	陈履沅	男	6	2	巴县	二上甲	三十二年	八月	
2	江朝璧	女	7	11	巴县	二上甲	三十一年	八月	
3	张艺芬	女	7	3	湖北	二上甲	三十一年	八月	
4	李　光	男	5	6	湖北	二上甲	三十二年	八月	
5	吕德芬	女	7	2	巴县	二上甲	三十一年	八月	
6	时永嘉	男	7	5	南京	二上甲	三十二年	八月	
7	程益仁	男	8	1	巴县	二上甲	三十二年	八月	
8	陈庆龙	男	7	8	浙江	二上甲	三十二年	八月	
9	陈万里	男	8	3	璧山	二上甲	三十三年	八月	
10	龚渠徽	男	6	7	璧山	二上甲	三十二年	八月	
11	况浩怀	男	6	10	巴县	二上甲	三十二年	八月	
12	乔显亮	男	7	6	巴县	二上甲	三十二年	八月	
13	彭　蔚	女	6	5	巴县	二上甲	三十二年	八月	

续表

次序	姓名	性别	实龄		籍贯	年级	入学		备注
			岁	月			年	月	
14	萧长海	男	6	4	璧山	二上甲	三十二年	八月	
15	郭永忠	男	7	9	璧山	二上甲	三十二年	八月	
16	丁自华	女	7	7	巴县	二上甲	三十一年	八月	
17	陈元珠	女	7	4	安徽	二上甲	三十二年	八月	
18	龙光玉	女	8	4	璧山	二上甲	三十一年	八月	
19	周存富	男	7	4	巴县	二上甲	三十二年	八月	
20	李国钧	女	7	5	璧山	二上甲	三十二年	八月	
21	胡家庆	男	7	5	南京	二上甲	三十一年	八月	
22	刘志洪	女	7	7	安徽	二上甲	三十年	八月	
23	郑光华	男	7		南京	二上甲	三十二年	八月	
24	钟家芬	女	7		璧山	二上甲		八月	
25	钟家云	女	7	1	璧山	二上甲	三十一年	八月	
26	余宁兆	女	6	7	湖北	二上甲	三十二年	八月	
27	桂质灿	男	9	11	湖北	二上甲	三十三年	八月	
28	辜君洁	女	10	9	巴县	二上甲	三十二年	八月	
29	况浩琪	女	7	9	巴县	二上甲	三十二年	八月	
30	王秀清	女	9	4	湖北	二上甲	三十二年	八月	
31	刘成善	女	8	4	璧山	二上甲	三十一年	八月	
32	余美菊	女	7	8	湖北	二上甲	三十二年	八月	
33	况荣忠	男	7	3	巴县	二上甲	三十二年	八月	
34	彭德厚	男	10	6	巴县	二上甲	三十二年	八月	
35	蔡文芳	女	7	5	湖北	二上甲	三十一年	八月	
36	张长勇	男	9	6	浙江	二上甲	三十二年	八月	
37	聂　锵	男	6	6	山东	二上甲	三十二年	八月	
38	熊子沈	男	7	8	江西	二上甲	三十一年	八月	
39	程兴贵	女	8	2	巴县	二上甲	三十三年	八月	
40	邓光照	男	10	6	璧山	二上甲	三十二年	八月	

续表

次序	姓名	性别	实龄		籍贯	年级	入学		备注
			岁	月			年	月	
41	翟于珍	女	10	10	巴县	二上甲	三十二年	八月	
42	黄云兰	女	8	2	璧山	二上甲	三十二年	八月	
43	胡锡光	男	10	4	资中	二上甲	三十二年	八月	
44	钟家德	男	9	11	璧山	二上甲	三十二年	八月	
45	韩永安	女	8	3	安徽	二上甲	三十一年	八月	
46	程　娴	女	8	2	湖北	二上甲	三十一年	八月	
47	况荣德	男	7	8	巴县	二上甲	三十二年	八月	
	合　计	男 24 人，女 23 人，二上甲 47 人							

（三）第一实验中心学校六年级下学期学生名册（33 人）

次序	姓名	性别	实龄		籍贯	年级	入学		备注
			岁	月			年	月	
1	陈履忠	男	14	10	四川	六下	二十八年	八月	
2	王淑芳	女	12	12	福建	六下	二十九年	七月	
3	陈履兰	女	13	8	四川	六下	二十八年	二月	
4	萧天枢	男	13	4	四川	六下	三十一年	二月	
5	靳明富	男	13	5	四川	六下	三十三年	八月	
6	陈萍萍	女	10	2	福建	六下	二十八年	八月	
7	崔浣华	女	11	4	福建	六下	三十三年	二月	
8	殷登伦	男	13	6	安徽	六下	二十九年	八月	
9	李昌吉	男	14	7	四川	六下	二十九年	八月	
10	胡绍英	女	12	6	湖北	六下	二十九年	八月	
11	刘宝华	女	12	5	辽宁	六下	三十二年	八月	
12	徐　宏	男	13	1	江苏	六下	二十九年	八月	
13	彭维成	男	14	2	四川	六下	三十年	二月	
14	管绍珍	女	13	9	四川	六下	三十一年	八月	

续表

次序	姓名	性别	实龄		籍贯	年级	入学		备注
			岁	月			年	月	
15	马文吉	女	12	3	安徽	六下	三十二年	八月	
16	张达聪	男	13	9	湖北	六下	三十二年	八月	
17	谢达盛	男	13	10	四川	六下	三十年	二月	
18	刘淑琴	女	14	2	四川	六下	三十一年	二月	
19	王安碧	女	14	3	四川	六下	二十九年	八月	
20	苏瑞金	男	13	5	四川	六下	三十年	二月	
21	郭祖荣	男	13	6	四川	六下	二十八年	八月	
22	郑健	男	13	12	南京	六下	三十年	二月	
23	钱光旭	男	13	8	四川	六下	三十二年	八月	
24	沈孝才	男	13	12	四川	六下	二十八年	八月	
25	郭祖富	男	14	9	四川	六下	二十八年	八月	
26	张德才	男	14	11	四川	六下	二十九年	二月	
27	童德春	男	13	10	四川	六下	三十年	二月	
28	何治国	男	13	9	四川	六下	三十三年	二月	
29	张　英	男	13	10	湖北	六下	三十年	二月	
30	罗兴君	男	15	2	四川	六下	二十九年	八月	
31	马肇丰	男	14	10	安徽	六下	三十三年	八月	
	合　计	男 23 人　女 10 人 六下级共计 33 人							

上列第二表二上甲班学生名册，男生 24 人，女生 23 人，学生籍贯包括全国各省市及本地巴、璧两县，是教师有意安排，作培养学生正确的性别观念和五湖四海同胞爱国团结观念的实验。第一实验中心校女生实占在校生总数 38.48%。从第一表学生人数与第三表学生人数之比（79∶33）可以看出该校 4 年间初入学儿童人数的增加和儿童的成长，国民教育实验区的小学也随着迅速发展。到 1944 年 9 月 18 日，教育部颁发《国民教育实验区考核要项》时，青木关地区共有中心国民学校及国民学校 13 所，教职员 55 名，儿童部学生 1633 名。

第四节　实验区的教学行政管理与经费收支

1942 年 3 月教育部在青木关召开的各省市国民教育会议，除研究决定如何提高教育人员的责任和地位外，还着重研究决定了办学经费和培养师资力量的问题。就全国来说，抗战时期，经费奇缺，各地方办学无论是靠中央还是地方财政支持，都是非常有限的。当时提出的主要补充办法，一是清理各地公有的学田，以其产出充作办学经费；二是动员地方绅士乐捐助学，其他如庙产，也在动员捐助兴办国民教育的范围内。对师资水平差、力量不足问题，无论是有计划的培训现有师资，还是招致有志教育的知识分子，不但有工资问题，还有教师生活补贴问题，办公经费还在其次。如果这些问题解决不好，招聘的教师，工薪不能养家，也必将大量流失。这是教育部当时面临的最紧迫的现实问题。

在青木关国民教育实验区，巴县、璧山两县财政拨款支付的教育经费，充作保国民学校的费用，如前介绍，只能算零头，巨额资金全由教育部拨充。教师工资、生活补贴、学校建设及办公费用，各学校均呈报自身情形向教育部总务司领取。

抗战中后期，为解决教师生活困难，国家还对教师（与公务人员一起称工教人员，待遇大体相当）实行津贴。1940 年的情况，可以青木乡中心学校教职员 8 月份应领战时生活补助费名册为例：教师工资除校长每月 120 元外，其余每月最高为 60 元，最低 22 元，而尤以每月 60 元者为最多；但生活补助费每人每月一律 15 元。

教育部青木乡中心学校教职员八月份应领战时生活补助费名册[①]

职　别	姓　名	原支薪额	生活补助费	备　注
校　长	郭子通	120	15	
教导主任	李之顺	90	15	
辅导主任	谢剑南	80	15	
教　师	刘岱峰	70	15	

① 中国第二历史档案馆全宗号五教育部第 10689 卷。

续表

职　别	姓　名	原支薪额	生活补助费	备　注
教　师	孙恒卿	65	15	
教　师	孙培英	65	15	
教　师	陈兰荃	60	15	
教　师	张蕙贞	60	15	
教　师	张之英	60	15	
教　师	张之蕃	60	15	
教　师	王香蓉	60	15	
教　师	李雁书	60	15	
教　师	宋鸿淑	60	15	
教　师	刘守仪	60	15	
教　师	吴家翼	60	15	
教　师	吴秀珍	60	15	
教　师	孙素真	60	15	
教　师	刘璧如	60	15	
教　师	王伯成	60	15	
教　师	吴慕惠	60	15	
教　师	裘　珪	60	15	
教　师	任华生	60	15	
教　师	朱重全	60	15	
教　师	陈璞如	60	15	
教　师	李　钧	60	15	
教　师	曹子清	60	15	
教　师	鞠季潜	60	15	
事务员	杨林修	40	15	
事务员	靳仲毅	40	15	
教　师	李育之	45	15	
教　师	李保惠	45	15	
教　师	胡文英	34	15	

续表

职　别	姓　名	原支薪额	生活补助费	备　注
教　师	邓树峦	45	15	
教　师	朱文麒	45	15	
教　师	韩采明	25	15	
教　师	张亚昭	22	15	
教　师	周丽华	22	15	
教　师	蒋心仪	25	15	
教　师	石自渊	30	15	
教　师	白光宇	25	15	

1940 年的物价比 1945 年低许多，此时的工资和补贴数实际购买力不比 1945 年低，应该说还高一些。教育经费花在人头上的远比办公费高，这可以从 1940 年 11 月至 1941 年 1 月青木乡各保国民学校补助费发放清册看出。

青木乡各保国民学校二十九年十一、十二月份三十年一月份补助费用发放清册[①]

校　名	十一月份		十二月份		一月份		单据号次	备　注
	办公费	教员津贴	办公费	教员津贴	办公费	教员津贴		
花朝门中心学校	35 元	45	35	45	35	45	1—3 号	
八庙塘保校		20	10	20	10	20	4—9 号	11 月份办公费已预支
田坝保校	10 元	60	10	60	10	60	10—15 号	
管祠保校（第四保校）		60	10	60	10	60	16—21 号	11 月份办公费已预支
黄家漕保校	5 元	30	5	30	5	30	22—27 号	
碗厂沟保校	5 元	20	5	20	5	20	28—33 号	
袁家沟保校		60		60		60	34—36 号	
三块田保校	15 元	60	15	60	15	60	37—42 号	
青木乡中心小学		30		30		30	43—51 号	

① 中国第二历史档案馆全宗号五教育部第 10689 卷。

续表

校　名	十一月份		十二月份		一月份		单据号次	备　注
合　计	70元	85元	90元	385元	90元	385元		

为了对付通货膨胀，确保教工人员生活稳定，教育部除发放现金补贴，还采取直接发放实物——食米的办法，或者径用平价食米充抵补贴的少量现金。据教育部附设青木关国民教育实验区办事处兼主任费石师呈报的1944年下学期三校一馆生活补助费及食米收支清册（经管人为第一实验校校长施元谟），可以看到当时的收支概况。

本学期经管三校一馆生活补助费及食米收支清册①

（民国三十三年十月三十一日止）

（一）生活补助费：

一、收青木关支库五至七月份调整增加数

计国币130530.00元

二、收青木关支库七月份生活费

计国币53765.00元

三、收青木关支库八月至十月份生活费

计国币161295.00元

四、收青木关支库八九月份调整增加数

计国币87020.00元

共收生活补助费　计国币432610.00元

归垫前青木关小学及儿童教育馆暨袁家沟分校生活费计186580元

五、支第一实校八九月份生活费

计国币115150元

六、支儿童教育馆生活费

计国币16400元

七、支第二实校八九月份生活费

计国币43696元

八、支青木关小学八九月份生活费

计国币48000元

① 中国第二历史档案馆全宗号五教育部第10699卷。

九、支缴还国库剔除儿教馆干事一人二至七月份生活补助费

计国币 8700 元

共支出生活补助费

计国币 418526 元

两比实存壹万肆仟零捌拾肆元

（二）食米：

一、收民食供应处发给八九十月份食米

计玖拾玖石

共收食米玖拾玖石

二、支第一实验八至十月份食米　计 60 石

三、支儿童教育馆八至十月份食米　计 9 石

四、支青木关小学八至十月份　计 30 石

共支玖拾玖石

附注：（1）复写五份，一份呈部，四份由三校一馆各留一纸存查

（2）青木关支库截止十月三十一日结单留一校存查

经管人　第一实验校校长施元谟

中华民国三十三年十月三十一日

表中所收青木关支库生活补助费，即教育部青木关支库所发放的经费。这里所说的三校一馆，指青木关第一、第二两所实验中心学校和青木关小学，均为教育部直接附设，所以经管人为第一实验校校长施元谟。一馆指设在民众教育馆内的儿童教育馆，有关详情后面要专门讲到。

青木关国民教育实验区内各中心校经常费的收支情况，也可以第一实验校为例。从该校 1944 年 8—12 月份收支表可知当时具体的收支项目；从同一年该校经常费收支实况表则可看出当时物价飞涨导致实支超出预算情况。现将该校上述两表胪列如后，以见抗战后期国民教育实验区各中心学校经济收支情况之一斑。

收入（元）	摘　要	支出	单据号数	备　注
收入之部				
11650 7800	奉发添制校具费 奉发袁家沟分校修整费			

续表

收入（元）	摘　要	支出	单据号数	备　注
1340 780	奉发教员陈祥玉产假代理人薪金补助费 奉发教员陈韫玉产假代理人薪金补助费			
33616 6660	奉发改修礼堂寝室费 奉发风琴修理费			
1980 4681	奉发修理防空洞费 奉发修缮费			
1324 1351.5	奉发油漆校门牌费 奉发教员张之英产假代理人补助费			
1533 11000	奉发教员杨竞芳产假代理人补助费 奉发增级添制课桌凳费			
3100 45000	奉发添置单人课凳费 奉发修整校舍费			
5970 1440	奉发修复木桥费 奉发水沟修理费			
41125 3300	奉发修理墙壁费 奉发教员刘绍仪产假代理人补助费			
4436 2400	奉发陈韫玉产假代理补助费 奉发国常实验教学优良教师奖金			
支出之部				
	支付添制教具费 支付袁家沟分校修整费	11650 7800		
	支付教员陈祥玉产假代理人薪金补助费 支付教员陈韫玉产假代理人薪金补助费	1340 780		
	支付改修礼堂寝室费 支付风琴修理费	33616 6660		
	支付修理防空洞费 支付修缮费	1980 4681		
	支付油漆校门牌费 支付教员张之英产假代理人补助费	1324 1351.5		
	支付教员杨竞芳产假代理人补助费 支付增级添制课桌凳费	1533 11000		
	支付添置单人课凳费 支付修整校舍费	3100 45000		

续表

收入（元）	摘　要	支出	单据号数	备　注
	支付修复木桥费 支付水沟修理费	5970 1440		
	支付修理墙壁费 支付教员刘绍仪产假代理人补助费	41125 3300		
	支付陈韫玉产假代理补助费 支付国常实验教学优良教师奖金	4436 2400		
190486.5	总计	190486.5		

校长　　　　　　　　　　事务主任　　　　　　　　　　事务员

教育部附设青木关国民教育实验区
第一实验中心国民学校[①]

三十三年十一月份经常费收支实况表

款	项	目	科　目	预算数	实支数	超支数	备　注
一			本校经费	8372	18570	10198	
	一		俸给费	3655	3685	30	
		一	俸　薪	3385	3415	30	
		二	工　饷	270	270		
	二		办公费	4317	13925	9608	
		一	文　具	1200	614	4940	因出品国教区成绩展览会，故超支如上数
		二	消　耗	2000	4990	2990	
		三	什　支	1117	2795	1678	因出品国教区成绩展览会，故超支如上数
	三		设备费	180	740	560	
		一	器　具	100	380	280	
		二	书　报	80	360	280	
	四		特别费	220	220		
		一	特别办公费	220	220		

① 中国第二历史档案馆全宗号五教育部第10699卷。

续表

款	项	目	科　目	预算数	实支数	超支数	备　注
合　计				8372	18570	10198	

校长　　　　　　　　　　　事务主任　　　　　　　　　　　事务

对教育（包括国民教育）的管理，抗战时期国民政府最高当局提出并由行政院设计颁行的行政三联制和工作竞赛的方法，是科学的，有效的。行政三联制，自然也适用于教育的行政运作和管理，其要点是把行政运作过程分作三个阶段：起始为“设计”，中间为“执行”，末尾为检查执行结果，包括执行中的督导和对最后结果的监察认定。至于竞赛，教育部制订有《教育工作竞赛办法大纲》，其中也包含有设计、执行、检查评比这个三联制的基本原则。为贯彻这些原则，并激励教职员工的工作积极性，提高他们的责任心，对他们工作的具体情况以至学历能力，每学期都有详细的评分记载。教育部附设青木关小学三十三年度（1944 年度）第一学期教职员名册的记载可以见出考评结果。

教育部青木关小学三十三年度第一学期教职员名册①

姓名	职别	到校年月	准时到校	准时上下课	教学合法	教材应用适当	按时令学生习作	按时批改课卷	训导学生合法	参加各种集会	按时记载表簿	执行决议或交办事项	随时研究以进	学力	能力	努力状况	合作精神	请假日数	旷课日数	总评
陈玉珍	校长	三十三年八月一日																		
张子杰	教导主任	三十三年八月一日	甲	甲	甲	甲	甲	甲	甲	甲	甲	甲	甲	甲	甲	甲	甲	0	0	甲
张礼训	六上级任	三十三年八月一日	甲	甲	甲	甲	甲	甲	甲	甲	甲	甲	甲	甲	甲	甲	甲	35	0	甲
朱月陶	五上级任	三十三年八月一日	甲	甲	甲	甲	乙	乙	甲	乙	乙	甲	乙	乙	乙	甲	甲	23	0	乙
宋亚清	四上级任	三十三年八月一日	甲	甲	甲	甲	甲	甲	甲	甲	甲	甲	乙	乙	甲	甲	甲	0	0	甲
柳汝峨	三上级任	三十三年八月一日	甲	甲	甲	甲	甲	甲	甲	甲	甲	甲	乙	乙	甲	甲	乙	0	0	甲
陈　兰	二上级任	三十三年八月一日	丙	丙	乙	乙	丙	乙	乙	丙	丙	丙	丙	乙	乙	丙	乙	7	0	丙
汪金菊	一上级任	三十三年八月一日	甲	甲	甲	甲	甲	甲	甲	甲	甲	甲	甲	乙	甲	甲	甲	0	0	甲

① 中国第二历史档案馆全宗号五教育部第 10493 卷。

续表

姓名	职别	到校年月	准时到校	准时上下误	教学合法	教材应用适当	按时令学生习作	按时批改课卷	训导学生合法	参加各种集会	按时记载表簿	执行决议或交办事项	随时研究以进	学力	能力	努力状况	合作精神	请假日数	旷课日数	总评
汪楚材	科任	三十三年八月一日	甲	甲	甲	甲	甲	甲	甲	甲	乙	甲	甲	甲	甲	甲	甲	10	0	甲
王景舜	科任	三十三年八月一日	乙	乙	甲	甲	甲	甲	乙	乙	甲	甲	甲	甲	甲	乙	甲	0	0	甲
蒋伯轩	科任	三十三年八月一日	乙	甲	甲	甲	乙		甲	乙	乙	甲	乙	乙	乙	甲	甲	7	0	乙
丁桂馨	科任兼事务	三十三年八月一日	甲	甲	乙	乙	甲	甲	甲	甲	甲	甲	甲	乙	乙	甲	甲	0	0	甲
陈彼息	事务员	三十三年八月一日	甲	甲	乙	乙	甲	甲	甲	甲	甲	甲	甲	乙	乙	甲	甲	0	0	甲

当然，人是活的，制度是死的，总有人从一己私利出发，钻制度的空子，或直接歪曲利用以至破坏制度的。对这种情况，仅靠制度的制衡力量也不行，最好的办法只有靠民众的监督检举，在学校便是靠教师和学生对学校领导人（校长）的监督。当时的情况一般是某些教师被校长解聘或自动辞职后把情况告诉自己的学生，由学生越级向教育部长写信控告。1940—1941 年间，迁建区青木乡中心校校长朱文梅的舞弊，就是由该校学生代表孙仁等六人写信给教育部长陈立夫揭发出来，并由教育部以责令其辞职的方式将其解除校长职务的。详情从南京现存教育部档案中有关此事的往来文电中可以看到，其摘要如下：

来文个人：青木关小学学生代表孙仁等[①]

事　由：

青小朱校长文梅不堪校长事实：

一、吞没公款以学校为营利场所

二、有不良嗜好不可为全校模范——吸斗烟

三、玩弄政治手腕欺骗校内教师

四、全校纪律散漫毫无教导方针

五、勾引女教员维持自己名誉

六、出卖平价米，校役腹饥

七、荒废学生学业为学校建操场

八、以学校为私人家庭

九、刷新校舍借作会场，以巩固地位

拟办批示：该校长辞职照准，本件拟存查

部长批示：照准

学生代表的检举信全文如下：

部长大鉴：

学生等抱着真挚天真的心灵来写这封信，希望部长能够分出一点时间来看完这信。生等现在正是受小学教育的时候，希有很好的环境来抚育教导我们，但是可怜得很，我们现在所处的环境简直不像是个教育的场所，生等生活在内非常痛苦，但是生等又非常胆怯不敢（出）声，最近实在已忍耐不住，请部长明白生等苦衷，让我们慢慢写来。

① 中国第二历史档案馆全宗号五教育部第 10371 卷。

生等的学校是在青木关小学，校长是朱文梅，自他为校长后这个环境就变了，每个同学就感到不快乐，因为朱校长有许多地方都不能做一校之主，现在举其重要的几点写在下面。

一、吞没公款以学校为营利场所

教育部对于这个学校的经费是很充足，可是朱校长发财的心太大了，满不以学校为前提，私自吞没。例如，这学期来学校内对于体育用品一样都没有添置，篮排球一个都没有，尤其操场上一样运动器具都没有，学生等生活在内觉得非常枯燥，尤其是低（年）级同学成天坐在教室乱打架，因为外面没有好玩的事。还有生等的教室四周是木格窗，吹起西北风来冻得难受，尤其是下雨天气，屋顶漏水弄得教室内雨水淋漓，简直不好上课，校长从来没有顾到这些地方。对于他自己的孩子倒是非常爱护，他只有自私自利的心，各处（想）省下一些钱放到自己腰包内去。

二、有不良嗜好不可为全校模范

朱校长有个大烟斗，他不论公共场所，礼堂上、教室内、操场上公然的整天抽烟，同学们都希望他少抽些烟，省下一点钱为学校整顿一下。

三、玩弄政治手腕欺骗校内老师

这学期全校差不多变动了二十多位老师，单说高年级四班五上五（下）这学期换了六位级任，六上（六）下换了五位级任，其他中（年）级低（年）级所换之教师不可计算，今天张三明天李四来上课，使生等摸不着头脑，推其缘故，原来是校长玩弄政治手腕，对待老师们非常狡猾，在聘请老师时是非常客气答应有多少待遇及公米，一但进校上课后就设法扣发津贴及公米，并且摆出校长架子看不起人，这许多事都是已经脱离此校的老师们临别时讲给学生等听的。因为如此，所以有几位热心老师都和我们分离了，于是生等的功课因为时常更动级任而没有连接，并且荒废了许多学业，受害不浅。

四、全校纪律散漫毫无教导方针

同学间顽皮不守秩序的占全校三分之二，上课时间可以乱跑乱说，校长及教导主任威严全无，因此同学们亦无怕惧之心，甚至有一次会把高中级门口挂的作息时间表、点名簿、第三办公室内的教授书国旗……等全部偷去，最有趣的就是大门口迁建区青木乡小学的校牌失去了，校长都没有发觉，其实这许多事都是同学们干的把戏，校长和教导主任亦无相当的教导办法。

五、勾引女教员维持自己名誉

某视察员和本校一女老师素有密切关系，来校视察时校长利用此机会请此位女老师从中帮忙，所以视察后批评尚属不恶。

六、出卖平价米，校役腹饥

凡是代课的老师到校，朱校长设法扣发平价米，学校内屯积很多，但校役们差不多每顿不得饱腹，因饥饿而无精神做事。调查此种，朱校长系出卖给亲戚朋友们。

七、荒废学生学业为学校建操场

学校内的操场很不平，校长为楷（揩）油起见，叫学生们搬土填平，甚至连国算课都强迫出外工作，荒废了不少学业。

八、以学校为私人家庭

朱校长的师母大小孩子都住在学校内，并以校役为私人佣工，整天伴送大儿子至幼稚园内读书，小儿子则在学校扰乱上课秩序，甚至在礼堂上、膳厅上公然大便，使在座者作呕，但朱校长反而不允许老师们把孩子带进学校。

九、此次借生等校开会议，所有比没有放寒假时美丽些，校长利用本街大同学几人和校内工友，两昼夜赶办很好，例如校内外墙壁和各教室牌子门口、迁建区校牌等为了部长和各要人借学校开会，不得不（重）新一套，以巩固二期校长不改变，岂不可发大财吗？诸祈部长查明后聘一模范贤能当校长，教育幸甚，生等幸甚

此呈

迁建区青木乡小学学生代表：

孙仁 方增 彭庆宛 张雅强 周能珊 周锦秀

这封信全用毛笔小楷写成，字迹端正，略有错别字，语气稚嫩但态度严肃，确是孩子的语言，加上正规信函的套路，用“生等”自称显得天真可爱。从署名看，是四个男生代表两个女生代表，虽未注明他们所属年级，但可以断定执笔人孙仁是小学五六年级学生，其余五个代表，可能中年级高年级的都有。这封信把朱校长的问题梳理成九个，有条不紊，也可看出当时国民教育对学生进行公民教育所取得的成绩——学生的公民意识在小学高年级便已初步建立，并能用之于实际了。

第四章　教育部附设青木关社教中心——国立民众教育馆

四川省璧山县、巴县参议会、教育会为请勿裁撤青木关民教馆致教育部代电

1946 年 11 月

南京教育部部长朱钧鉴：

顷闻钧部奉行政院令将于本年十月底裁撤四川省立青木关民众教育馆。窃青木关当成渝公路要冲，为川东南北各县中心，自二十八年五月钧部迁驻，二十九年设立青木关实验民众教育馆，担负示范并辅导全国各省（市）县民众教育馆之责。七年以还，社教事业蒸蒸日上，文盲扫除，民智提高，风俗改良，成效之著实为地方人士所共见，教育层峰所明鉴者也。抗战胜利，钧部还都，交由四川省政府续办，正庆社教事业不坠，发展有期，兹闻将予裁撤，舆情傈惧，如失师保。本会等谨代表巴璧两县民意沥陈如次：

（一）青木关当成渝公路及渝北公路交点，为陪都进出口要冲，自钧部设立实验民众教育馆，风俗改良，文化提高，人民生活改进，已奠定社会教育事业基础，允宜再予充实内容，加强工作，扩大事业范围，以资发展而谋造福于地方。

（二）四川省立青木关民众教育馆原为国立实验民众教育馆，担任示范并辅导全国各地民众教育馆钜任，规模宏大，事业繁多，馆舍房屋凡十五幢，图书肆仟余册，杂志刊物伍仟余册，仪器标本完备，为全国各地民众教育馆之冠，历年研究实验成绩深获全国社教人士之称许，亟应依据已著实验成绩继续发展，以资示范，并辅导川东南各县（市）民众教育馆，淬励社会教育事业之改进。

（三）宪政实施在迩，地方自治事业急待完成，增进民智、提高文化

实为当务之急，建国时期教育第一，中央早已昭示，学校教育有学校负责，社会教育其范围更广大，其功效更直接、实赖有健全之社会机关以推进、况摸索抄袭之推进方法往往难收实效，而经研究实验，其事业已著成效之民众教育馆，信誉入人既深，何啻探海明灯朗照高标，航者不虞失途，对其社教推进，奚止事半功倍！本会等承受民意，谨此恳请俯赐鉴核，准予转呈行政院，仍然保留不予裁撤，并转饬四川省政府，依据前实验民众教育馆实验已著成效规模，继续扩展，增进社教效率，促进地方自治，达成宪政实施，不胜屏营，翘企待命之至。

壁山县参议会议长　　何　能

副议长　　傅友仁

巴县参议会议议长　　李灿东

副议长　周鹏凯

壁山教育会理事长　　罗安治

巴县教育会理事长　　沈嘉猷

——重庆市沙坪坝区地方志办公室、重庆市档案馆、中国第二历史档案馆编，张建中 唐润明 李波主编 鄢娓婷副主编《抗战时期重庆沙磁文化区档案史料选编（教育文化）（下）》，第 1007～1008 页。

第一节　青木关民众教育馆的成立及沿革[①]

民众教育馆早在 1927 年即在江苏出现，是平民教育家们创造出来的。南京国民政府成立后，在蔡元培、蒋梦麟主持全国教育工作时受到鼓励。1932 年教育部出台《民众教育馆暂行规程》后，成为政府实施社会教育的中心机关，在全国各地纷纷涌现，大多为县立或市立机构。

重庆自 1933 年四川乡村建设学院在磁器口成立后，也在小龙坎举办了由该院（后改名教育学院）主持，由地方行政部门配合支持的小龙坎民众教育馆，开展了轰轰烈烈的民众教育运动。

① 本节资料来源除另有注释说明者外，未加注释者均采自南京中国第二历史档案馆藏国民政府教育部在青木关期间的原始工作档案材料。

1939年4月，教育部在重庆公布《民众教育馆规程》30条。《规程》规定：民众教育馆遵照教育部宗旨，实施各种社会教育事业，并辅导该地区社会教育的发展。1941年教育部训令规定民众教育馆四项工作。训令指出：民众教育馆以改进人民生活，促进人民生活，促进社会发展为目标。其工作为：一、一般工作：问字代笔、法律顾问、升学指导、社会活动等。二、日常生活工作：办理公共食堂、宿舍、茶园。三、保健工作：举办托儿所，办诊所等。四、战时工作：做好军人家属服务，防空袭服务。

国立青木关民众教育馆是在教育部迁驻青木关之后，与青木关国民教育实验区同步成立的。其与小龙坎民众教育馆的不同之处，在于它是由教育部社会教育司直接组建和领导，是青木关社会教育的中心机关，因系国立性质，其在全国各地的民众教育馆中，则处于“中央”地位，具有向全国示范的意义，因此其名称叫“教育部附设青木关民众教育馆”，其规模和组织机构也十分完善。抗战期间在重庆市区成立的“重庆中央民众教育馆”，也是1943年在青木关实验民众教育馆取得成功经验的基础上组建的。青木关民众教育馆不但是本地区民众教育的中心机关，也是该地区整个社会文化活动、体育、卫生及开展全民抗战建国运动的组织领导中心。而其开展电化教育一项，其业务覆盖面则包括从青木关到北碚和从青木关经歌乐山到小龙坎六七十公里的整个国民政府中央机关迁建区。

以上所述为一般概况。就青木关民众教育馆的组织人事基础而言，还得从它的前身教育部第二社教工作团说起。据1939年2月教育部关于社会教育概况报告[①]记载：“战区中退出之社会教育机关工作人员，前于二十七年（1938年）二月次第由部分饬湘、鄂、赣、豫、陕、粤等省教育厅及重庆市政府办理登记，以资救济。登记人员经审查合格后，由部组织第一、第二社教工作团以为收容，并分发湘、鄂等省办理战时社会教育事业，截至现在止，共登记合格者有一千三百余名。”青木关民众教育馆，即由第二社教工作团，以自身力量为基础组建而成。

1939年夏天教育部迁青木关办公后，即训令第二社会教育工作团组建民众教育馆，训令全文如下：

> 查青木关为本部所在地，对于社会教育，亟宜推进，应由该团在青木

① 原系教育部向国民参政会第三次集会提出的工作报告，见国民政府教育部档案，选入中国第二历史档案馆编《中华民国史资料汇编》第五辑第二编教育（二），江苏古籍出版社，1997年第1版，第62页。

关文昌宫内设立民众教育馆一所，指定该团第二施教队队长谢光迁为馆长，开办费定为2000元，每月经常费500元，均由该团在经常费或绩余费内动支，其组织及工作要项，应遵照本部公布之民众教育馆规程及民众教育馆工作大纲办理，仰迅即拟具实施计划，呈部审核，并克日先行筹备开办。此令。[①]

第二社教工作团即遵令起草《青木关实验民众教育馆办理要点》七条呈教育部。其中一、二、三条，关于馆址，除明确设于青木关外，另提出“馆舍除利用原有房屋外，再添建一部分”；关于管辖，提出“改由本部（教育部）直接管辖，馆长由部任用之”；关于工作区域，以青木乡为基本工作区域，中央迁建区教育为推广工作区域。第四条关于民众教育馆的组织机构，初设总务、教导、生计、艺术四组，以后组改为部，增加健康部、辅导部，同时设置一个设计委员会。第五条讲经费，特别提出建筑中山纪念堂五千元，各工作场所五千元，充实设备五千元，共一万五千元巨款。此外还有人事薪给诸项。教育部大多照上呈报告批准，初准管辖（隶属）一项，未允即直属教育部。教育部政务次长顾毓琇批示：“仍由第二社教工作团办理，但馆长须由团呈部核委，馆长有全权任用馆员。”民国二十九年（1940年）十二月十一日，教育部社会教育司司长陈礼江给部长陈立夫的报告提出：

兹为适应需要及试验新县制施行民众教育馆之工作与实施方法，并为各地民众教育示范辅导起见，拟将现有第二社会教育工作团青木关民众教育馆收归部办，以便直接指导，该馆馆长拟请现任本部视察员王义周担任，兹拟具办理要点一份，是否可行？理合签请，鉴核示遵。

教育部常务次长余井塘批示：“原则可行，但不必部办，改属迁建区教育管理委员会如何？交参事室审议。”审议通过，从此青木关民众教育馆乃改称迁建区教育管理委员会青木关民教馆。

王义周接任一年，到民国三十一年（1942年）十二月卸任，教育部才接办青木关民众教育馆，改称教育部附设青木关实验民众教育馆，馆长由费石师接任，馆内工作人员及机构在王义周任内已调整过的基础上，再次做了调整和充实，直到抗战胜利后教育部还迁南京。

青木关民众教育馆内部机构、人事安排及待遇，在谢光迁、王义周、费石

---

① 重庆市沙坪坝区地方志办公室　重庆市档案馆　中国第二历史档案馆编《抗战时期重庆沙磁文化区档案史料汇编（教育文化）》下册，第897页。

师先后三任馆长期间的情形，可从两个上呈教育部的报表中看出。

一、谢光迁任馆长民教馆开办时的机构人员（1939 年）[①]

姓　名	支配担任职务	拟请支给生活费额	调任或聘任	备　注
成机禅	教导组主任	75 元	调任	原任团部统计室主任
张秀杨	总务组主任	75 元	调任	原任第二施教队公民教育股主任
张仁钧	艺术组干事	60 元	调任	原任第二施教队干事
钱东生	艺术组干事	55 元	调任	原任第二施教队干事
范文涵	教导组干事	45 元	调任	原任第二施教队干事
陈侠刚	艺术组干事	35 元	调任	原任第二施教队干事
黄景洛	生计组主任	75 元	聘请	江苏省立教育学院农事教学系毕业，历任广西镇结、兴安等县县立中学教员，广西省立农场技师
周德炎	会　计	70 元	聘请	上海中华职业学校商科毕业，曾任无锡县立中心小学会计员，江苏省立界首乡师会计员省立徐州民教馆会计员
金知温	教导组干事	55 元	聘请	复旦大学新闻系毕业，曾任上海新闻报中国画报等报编辑，赈济委员会教导干事
谭　澄	教导组干事	30 元	聘请	浙江省立嘉兴女中毕业，曾任嘉兴第二小学教员，余贤镇小学校长，长沙广播电台特约播音员，长沙战斗演剧队队长

① 同上页，下册第 899 页。

二、馆长费石师将民教馆移交地方时的人员机构（见教育部附设青木关民众教育馆职员名册）①

教育部附设青木关民众教育馆职员名册（1946年）

职　别	姓　名	籍　贯	性　别	到职日期	月薪	备　注
总务部主任	曹仁	湖北天门	男	二十九年十二月	280	
教导部主任	张的山	安徽凤阳	男	二十二年七月	280	
生计部主任	黄煦忠	四川富顺	男	三十三年二月	220	
艺术部主任	秦维新	河南汲县	男	三十四年四月	260	
辅导部主任	王本慈	江苏溧水	男	三十四年二月	260	
健康部主任	郑宗濂	江苏武进	男	三十三年二月	260	4月1日去职
会计干事	杨　明	江苏武进	女	三十二年二月	180	
艺术部指导员	王小涵	浙江长兴	男	三十二年五月	180	
艺术部指导员	牟宗仁	湖北宜昌	男	三十四年八月	180	
生计部指导员	孙　卓	江苏丹阳	男	三十四年七月	180	
生计部指导员	高　骏	湖北黄冈	男	三十二年七月	160	
教导部指导员	钱季青	江苏武进	男	三十四年十一月	180	
出纳干事	龚　芳	湖北宜昌	女	三十二年二月	160	
干　事	成笑吾	湖南湘乡	男	三十四年元月	160	
干　事	杨勤援	江苏武进	男	三十三年十月	140	
干　事	陈汉飞	南　京	男	三十四年五月	130	
干　事	魏惜真	安徽凤阳	女	三十三年二月	120	
干　事	李霞卿	浙江绍兴	女	三十三年三月	120	
干　事	张文荣	河北磁县	男	三十三年十二月	120	
干　事	李文义	河北天津	男	三十四年六月	120	
干　事	龙续先	湖北汉阳	男	三十四年十月	120	
干　事	刘艺海	江苏武进	男	三十四年十月	120	
干　事	汪采琳	南　京	女	三十三年四月	110	

① 中国第二历史档案馆全宗号五教育部第11775卷。

续表

职　别	姓　名	籍　贯	性　别	到职日期	月薪	备　注
干　事	李慧莲	湖北襄阳	女	三十四年十二月	120	
干　事	金鹏飞	江苏吴江	男	三十四年十二月	110	
干　事	郑明成	四川富顺	女	三十五年三月	100	
干　事	侯青云	四川合川	男	三十四年三月	100	
干　事	何永厚	江苏镇江	男	三十四年五月	110	
助　干	古子恒	河北天津	男	三十四年十月	90	
助　干	马　良	浙江丽水	男	三十四年七月	90	
助　干	李永芳	湖北宜昌	女	三十四年三月	90	

移交人：费石师

监盘人：黄问歧

接收人：王朝隆

青木关民众教育馆的工作概况，可从1940年7月起至12月止谢光迁任馆长时的《青木关民众教育馆第二期事业实施计划纲要》中得到一个较完整的概念。民教馆在中国近现代教育史上，是一个独有的创举，而这个计划纲要在青木关民教馆仅有七个年头的开办史中，则具有承前启后的地位和作用，颇有研究价值，现将全文录载如后。

青木关民众教育馆第二期事业实施计划纲要

二十九年七月起至十二月止

一、前言

青木关民众教育馆，为适应迁建区之需要而设立，早于去年“五四”大轰炸之际，由教育部第二社教工作团第二施教队来青筹备，旋于九月底奉令改馆。当时事业，以语文教育为中心工作，以公民、生计、健康、家事、娱乐等各项教育活动为辅，至今短短半年，仅稍具头绪而已。惟自中央颁布县各级组织纲要及国民教育实施纲要后，民众教育馆与新县制及国民学校所发生之关系，在职责上颇见分歧，且以实施需要、事业与工作区域，均有扩展之必要。爰特拟订本馆第二期事业实施计划，俾工作进行时有所准绳焉。

二、实施方针之修正

本馆事业实施方针，计分二部，一为目标，二为原则，兹为更适合事业实施之有效与实际计，略加修正如次：

（一）目标

1. 唤起民族意识。

2. 灌输抗战知识。

3. 提高文化水平。

4. 加强民众组训。

5. 指导生产技能。

6. 促进乡村建设。

（二）原则

1. 以抗战建国纲领为各项事业实施之依据。

2. 就民众密集地点开始。

3. 从民众实际需要上着手。

4. 注意民众之自觉与自动之引发。

5. 尽量谋推动之迅速与地域之普遍。

6. 与从事乡村工作各机关团体及当地民众取得密切联系。

三、施教区域之推广

本馆施教区域，原仅以青木关附近四周巴壁两县所属青木乡为限，如以全迁建区为事业目标，自属局处一隅，本期施教区域，亟应加以推广，使事业得趋普遍。惟为顾及本身力量计，仍分为基本与推广两区，按次进行，达于充实，两种区域实施之概状如次：

（甲）基本施教区

1. 以本馆上期施教区域即青木关附近四周，巴壁两县所属青木乡地域，为基本施教区范围。

2. 本区中心地点为青木关，设本馆馆本部。

3. 工作动向，注重于交通较便人口较密地带，及由组训而成立之团体组织。

（乙）推广区

1. 以渝市至北碚公路沿线五公里以内之地域为推广区施教范围。

2. 在渝北公路沿线上各人口稠密地带，择要设置施教处，当地情形较复杂者暂缓。计划设立者有：

（1）青木关民众教育馆新桥施教处

（2）青木关民众教育馆山洞施教处

（3）青木关民众教育馆歌乐山施教处

(4) 青木关民众教育馆陈家桥施教处

(5) 青木关民众教育馆歇马场施教处

(6) 青木关民众教育馆天生桥施教处

本期经费人员之限制，拟就歇马场尽先设立一处。

3. 各施教处，得依其当地需要，酌定其工作区域范围。

4. 工作动向，侧重于一般性、时间性及基点之组成。

四、组织

本期以施教区域之推广，其组织系统，亦略加变更，俾相配合，组织系统：

甲、总体组织

青木关民众教育馆

- 馆长
  - 馆务会议
  - 辅导会议
    - 总务组
    - 艺术组
    - 教导组
    - 生计组
    - 施教处
  - 社教研究会

乙、各组（处）组织

1. 总务

- 主任
  - 文书股——办稿、管档、保管印信
  - 会计股——出纳、计算、保管账册票据
  - 事务股——庶务、交际、保管馆具
  - 视导股——视察、指导、统计

2. 艺术

- 主任
  - 表演股——戏剧、音乐、讲演、休闲指导
  - 电化股——电影、播音
  - 展览股——图画、陈列

3. 教导

- 主任
  - 组训股——农民、工人、自治人员
  - 指导股——阅览、健康、家事、社会活动
  - 研究股——研究、辅导

4. 生计

主任{农事股——农场、表证、特约
推广股——推广、传习、指导
合作股——协助、宣传、农贷}

5. 施教处

主任{文书事务
图书阅览
组训教导
社会活动}

五、中心工作之转向

本馆于去年奉　令改馆时起，即遵照 部定一贯方针，注重扫除文盲工作，并订明以文字教育为中心工作。自去年十月中旬起，动员全体工作人员，分赴全乡，举行文盲调查、识字运动，一面请设第三区直属青木乡战时民教普及区，组织青木乡战时民教普及委员会，一面征选教师，召开保长联席会议。如此分头进行，经一个半月之努力，于十二月中旬陆续开学，计十六校十九班，学生九百余人，迄于本年三月中旬毕业，其办理经过，困难重重，虽毕业学生尚有六百三十余人，然以全乡人口数比例，则殊为渺小，尚须继续办理二、三、四期以竟事功。然国民教育实施纲要公布，国民学校亦将陆续开办，负责已有专人，本馆民校自当移交合并办理，而本馆组设之青木关民众教育普及委员会又奉省教育厅令结束，继续办理，在职责上，均无可能与必要。念抗战达重要关头之今日，时间上亦不容作旷日持久识字教育之迟效性设施，故拟自本期起，暂时放弃扫除文盲之工作，集其全力从事于针对目前需要之教育事业。

六、中心工作之认定

本馆本期中心工作，根据实施方针及目前需要，拟改订如下：

（甲）纲领

1. 以戏剧电影陈列展览等工作，用实物、实形或画面之表现普遍引发民众之自觉与自动。

2. 以图书展览、组训活动等工作，由具体真切之内容与手段，确实把握民众之意识与运动。

3、以农事推广，表证，农贷等工作，新的技术与力量，提高农产之质量，以充实抗战建国之根基。

（乙）事业

1. 戏剧演出——分为巡回公演与街头剧、活报剧演出。

2. 放映教育电影——分为巡回讲映与特殊讲映。

3. 组织剧社、歌咏、音乐等团体，并经常举行指导及定期演奏。

4. 举办展览会——分巡回展览与特种展览。

5. 书报阅览设备——计有阅览室、壁报、巡回书报担，及组织读书会、设立问字代笔处等。

6. 实施各项组训——如防护团、保甲长、新兵、公民等训练，农村少年、青年、妇女、技术工人等团体之组织指导。

7. 参加各种社会活动，如难民伤兵等服务，兵役、拒毒、卫生等宣传，药品寒衣等劝募，车辆夫役之管制及空袭、避灾、地方情形之征询与指导。

8. 开办乡村简易农场——经营稻作、林艺及苗木之试作与繁殖、农产制造之表证与介绍。

9. 举行林事推广——以介绍品种、免除病虫害及提倡副业为重要工作。

10. 举行农村合作贷款——协助赈灾会小额贷款处及巴璧两县合作金库举办。

（丙）办法：上述各项事业实施办法另订之。

七、一般专业之概要

（甲）固定工作

1. 通俗讲演——分为赶场讲座，巡回讲映及特种讲演

2. 每周时事报告

3. 举办播音教育

4. 举办家庭访问及指导

5. 实施休闲娱乐指导

6. 设立民众茶园举行指导活动

7. 协助合作社之组织与指导

8. 其他因需要而举办之事项

（乙）活动工作

1. 推行新生活运动

2. 推行节约运动

3. 举办卫生指导

4. 提倡业余运动

5. 传习手工艺

6. 办理职业介绍

7. 举行各种比赛

8. 其他临时偶发事项

（丙）准备工作

1. 馆务会议——每月一次，集中举行

2. 研究会议——每月一次为原则，巡回举行

3. 辅导会议——以每月举行一次为原则

4. 座谈会——每周一次，分地举行

5. 社会调查——需要时临时订定之

八、经费预算之改订

本馆开办时，仅由团发贰仟元，修葺馆舍，购置用具，即感不敷，以后各月经费亦时捉襟见肘，至今内容空虚，非亟加充实不可，本期骤设推广处，增加工作人员添设施教处达六所，唯事业之展开，用特改订预算如左（下）：

（1）馆本部充实设备费7000元。

（2）施教处开办费（六所）12000元，（每所平均2000元），先设一所，开办费2000元。

（3）馆本部经常事业费月支660元。

（4）施教处（六所）经常事业费月支900元（每所平均150元）先设一所月支150元。

经费预算附后呈核。

九、结语

事业计划，贵重实际，本馆上期事业由于本身力量之不足，由于时间之短促，由于工作人员分子之间有未合理想与调动频繁，致未能全按计划进行，固深遗憾，而有累于地方之机构与人事，有牵于外来之应付与服务，兼之偶发与临时工作太多，舍本逐末，贻误滋甚，本计划呈请核准后，当另行拟订详尽实施进行办法，按步实施，专心致志，共同迈进，幸我同仁一致振奋，共赴事功，以副设办本馆之原意，深盼层峰训示，各方先进赐予指正为幸。

青木关民众教育馆建在青木关盆地原璧山县辖区内，小地名张家湾，在成渝公路南侧，今青木关中学西侧与之紧邻，恰在盆地小平原中心位置。在它的背后是全国滑翔总会，馆前横过成渝公路是两大方宽广的国民体育运动场，直

抵向东流淌的小溪。民教馆就这样坐南向北，隔着马路、体育场、小溪和溪边的老街，而与北山半坡上的教育部温泉寺办公厅遥遥相对。建成后的民教馆建筑，在当时虽然也是简易的，但布局讲究，临马路有宽大的露天会场，靠后有可供演出和作为开会之用的礼堂即中山纪念堂，有供民众学校上课的教室、办公室、图书阅览室、文物陈列馆、动植物标本陈列馆等等，十分齐全。以下，我们将大体按照该馆所设教导部、生计部、艺术部、健康部、辅导部和总务部六个部的工作情况及当时所取得的绩效，进一步分别展开记述。

第二节　民教馆的民众学校及暑期活动

据 1939 年 4 月 17 日教育部公布的《民众教育馆规程》[1] 第五条规定：省市立民众教育馆设总务、教导、生计、艺术、研究辅导五个部分。青木关民众教育馆最初以县市民教馆规格设为“组”，以后改为“部”，提到省市立民教馆规格，又增设健康部共六个部，升到中央民教馆规格。总务部管文书、会计、庶务及其余不属于各部之事项，为记述方便，分散到其余五部相关部分一并记述。教导部负责办理民众学校、补习学校、图书阅览、家事指导及通俗演讲等项工作。前录《青木关民众教育馆第二期事业实施计划纲要》相关内容十分具体。这里，先说民众学校和补习学校情况。

举办民众学校，推行补习教育，是民教馆教导部的首要责任。教导部不但负责在民教馆内办民众学校，并对各保国民学校和青木乡中心国民学校兼办民众补习学校的工作，负有统一督导的责任。青木关民众教育馆的特点是把本实验区民众教育的主要责任全担下来，减轻了国民学校兼办民众补习班的工作压力，民众补习学校的原则是“以生活教育为重心，以扫除文盲为主要任务。其最终目标，则在使一般失学之青年与成人能了解文字与运用文字，俾能获得必要之常识，而为参与社会生活之工具”。这是民教馆对民众学生的基本要求，并与国民教育的总目标一致，突出培植民众爱国的公民意识，使之真正成为抗战建国急需的重要组成部分。教育部对“民众教育”四字的解释，明确说就是贯彻孙中山遗嘱中“唤起民众”的具体措施。《青木关民众教育馆第二期事业

---

① 中国第二历史档案馆编《中华民国史档案资料汇编》第五辑第二编教育（二），江苏古籍出版社，1997 年第 1 版，第 1～6 页

实施计划纲要》中提出的“本馆事业实施方针”，对民众学校和补习学校同样适用。这方针分为目标和原则各 6 项。目标是：1. 唤起民族意识，2. 灌输抗战知识，3. 提高文化水平，4. 加强民众组训，5. 指导生产技能，6. 促进乡村建设。按此目标，民众学校和补习学校举办和教学内容，都须以此目标为准，并与其他各部相关的民众教育事业项密切配合。原则六项，具体是：1. 以抗战建国纲领为各项事业实施之依据，2. 从民众密集地点开始，3. 从民众实际需要上着手，4. 注意民众之自觉与自动之引发，5. 尽量谋推动之迅速与地域之普遍，6. 与从事乡村工作，各机关团体及当地民众取得密切联系。民众学校的另一重要原则是实行公费教育，失学民众入学补习不交学费，甚至课本作业本和笔墨均由民教馆供给，因此学员入学踊跃，关于民众学校和补习学校的具体情况，可以教育部附设青木关民众教育馆三十四年度总报告为例。[①] 该年度已办补习班列表如下：

班　别	学生人数	备　注
中英算补习班	24	五月二十六日始业，七月二十八结业
暑期补习班	52	该班系由本馆与国民教育实验区合办，于七月十八日始业，八月十八日结业，学生以高小毕业者为限，饬授课程有国语、算术、常识、史地、公民等。
妇女补习班	120	分高低级二班，三十三年度下期十一月一日始业，本年二月一日结业，高级学生二十二人，低级二十八人。三十四年度上期，三月十二日开课，八月一日放假，学生高级二十人，低级一十六人，三十四年度下期，九月二十五日开课，学生三十二人，现补习中。
成人补习班	99	分甲乙两组授课，采复式教学，去岁第二届补习班学生三十五人，于本年二月八日结业，本年第一届补习班学生三十二人，三月十二日始业，八月一日结业，第二届于九月三十日开课，学生三十二人，现正补习中。

据总报告说：“据施教经验所得，最感困难者厥为专科师资之不易延聘，与分组采用复式教学，仍感时间不敷应用。”按上表统计推算，民教馆成立七年间在青木关接收的学员在 2000 人左右，更进一步的具体情况，且更具特色而又不失其代表性的，是妇女补习班开办的情况和绩效。现就该馆三十二年度（1943 年）第一届妇女补班为例，详做介绍。

先从妇女补习班的学生说起。民教馆这个班分高级和初级两种，高级班结

① 中国第二历史档案馆全宗号五教育部第 11775 卷。

业学生最大年龄是 22 岁，初级班结业学生最小年龄为 12 岁，当年结业学生有 38 人，有学生名册如下：

教育部附设青木关民众教育馆
本年度第一届妇女补习班结业学生名册[①]

三十二年度九月

姓　名	年　龄	籍　贯	职　业	班　次	备　考
江中华	15	四川璧山	农	高级	
惠素贞	19	江苏吴兴	农	高级	
赵永明	15	四川璧山	农	高级	
况荣富	14	四川巴县	铁匠铺	高级	
王顺文	15	四川璧山	农	高级	
李长碧	15	四川璧山	农	高级	
曹祥芳	16	四川璧山	教　育	高级	
陈秀英	17	四川巴县	工	高级	
罗文桂	13	四川璧山	农	初级	
黄天学	13	四川璧山	力	初级	
江流碧	14	四川璧山	工	初级	
陈心治	15	四川璧山	农	初级	
黄庭树	13	四川铜梁	力	初级	
刘吉明	14	四川璧山	工	初级	
黄天贵	14	四川璧山	农	初级	
丁然桂	14	四川璧山	农	初级	
荣庭素	13	四川璧山	农	初级	
雷润碧	12	四川璧山	农	初级	
甘正高	15	四川璧山	商	高级	
杨君懿	22	江苏无锡	教　育	高级	
王顺碧	13	四川璧山	农	初级	

① 中国第二历史档案馆全宗号五教育部第 11770 卷。

续表

姓　名	年　龄	籍　贯	职　业	班　次	备　考
李致芬	14	四川璧山	商	初级	
李兰芬	13	四川璧山	农	初级	
黄云桂	13	四川巴县	农	初级	
王素芳	18	四川璧山	农	初级	
周惠芳	15	四川巴县	农	初级	
刘朝碧	12	四川璧山	农	初级	
袁国容	12	四川璧山	商	初级	
江中文	13	四川璧山	力	初级	
萧鸿桂	13	四川璧山	农	初级	
丁然碧	15	四川璧山	农	初级	
李长英	13	四川璧山	工	初级	
李彩寿	12	四川璧山	商	初级	
石振桂	15	四川璧山	农	初级	
钟家华	13	四川璧山	农	初级	
王明芳	15	四川璧山	农	初级	
王树操	15	四川璧山	农	初级	
罗文路	13	四川璧山	农	初级	

这个班里，除高级班的杨君懿（22岁）为江苏无锡人，惠素贞（19岁）为江苏吴兴人，基本上都是本地人。

再看这一届妇女补习班的概况。这里包括有学生、教师、课程、教学实施、训导、健康活动、生活联系等多方面。青木关民众教育馆三十二年（1943年）九月十八日呈教育部的报告，连同上列学生名册，有第一届妇女补习班概况一览表，可以概见全体：

教育部附设青木关民众教育馆本年度第一届妇女补习班概况表[①]

开学日期			三十二年二月十五日						结束日期				三十二年八月十五日			
学生	逐月人数	月份	二月		三月		四月		五月		六月		七月		八月	
		级别	高	初	高	初	高	初	高	初	高	初	高	初	高	初
		人数	12	40	14	44	13	42	9	33	9	24	11	28	11	28
		总计	52		58		55		42		33		39		39	
	家庭	职业资料	月份	职　业		农	工		商		苦力		教育		总计	
				人　数		20	6		8		3		2		39	
				百分比		51.3	15.4		20.5		7.7		5.1		100	

课程	科目	担任教师	授课时间	百分比	教　材
	总计	五人	224	100	
	公民训练	费石师	17	7.6	依据部颁“战时民众补习教育实施要点附公民训练教材纲要”为教材
	国语	刘志明	98	43.7	高级：民众学校课本三四册 初级：民众学校课本一种一二册
	算术	谭　澄	53	23.7	民众学校算术课本
	卫生	陈慧亚	17	7.6	依据中宣部颁七项运动宣传摘要中卫生运动宣传摘要为标准另加授普通卫生常识
	家事	陈慧亚	17	7.6	家事管理烹饪缝纫及家庭副业各种图案之绘画等基本常识
	音乐	张　择	22	9.8	有关抗战歌曲及民众必唱歌曲五首

教学实施	编制	教学法	教学时间	课外作业	
	单级复式	1. 自学辅导 2. 直接教学 3. 问答教学	每日 （场期停课） 下午三时至五时	高级	日记应用文阅读习字缝纫歌咏等
				初级	书信习字记账刺绣缝纫等

① 中国第二历史档案馆全宗号五教育部第 11770 卷。

续表

<table>
<tr><td colspan="2">开学日期</td><td colspan="2">三十二年二月十五日</td><td>结束日期</td><td>三十二年八月十五日</td></tr>
<tr><td rowspan="4">训导</td><td colspan="2">项目</td><td>方式</td><td colspan="2">内容</td></tr>
<tr><td colspan="2">团体训练</td><td>团体集合</td><td colspan="2">于国父纪念周国民月会纪念节日之集会中施以团体精神训练</td></tr>
<tr><td colspan="2">个别训练</td><td>个别谈话</td><td colspan="2">就学生之个性随时施以训导并注意个案研究</td></tr>
<tr><td colspan="2">课外活动</td><td>自由活动</td><td colspan="2">自由活动生活检查轮值及协助本馆家庭询问</td></tr>
<tr><td rowspan="3">健康活动</td><td rowspan="3">体育</td><td>基本训练</td><td colspan="3">每间二日课后加授体育一节做各种健身操及集体游戏</td></tr>
<tr><td rowspan="2">远足</td><td>第一次</td><td colspan="2">三月八日纪念妇女节远足至青木关老关口作健身运动</td></tr>
<tr><td>第二次</td><td colspan="2">三月二十日参加本馆远足猎狩运动至天池</td></tr>
<tr><td></td><td>卫生</td><td colspan="4">由本区卫生所赠予各种挂图分发学生家庭张挂，赠给药品指导学生自动治疗沙眼和皮肤病及免费治疗注射预防霍乱伤寒针药</td></tr>
<tr><td rowspan="6">生活联系</td><td colspan="2">项目</td><td colspan="3">说明</td></tr>
<tr><td colspan="2">解决困难</td><td colspan="3">1. 学生继续读书问题
2. 学生家庭中发生疑难事件
3. 学生之兄弟姐妹失学问题
4. 因病因事缺课学生之补习问题</td></tr>
<tr><td colspan="2">疾病访问</td><td colspan="3">遇学生或其家属发生疾病即趋前慰问，告以普通常识并协同卫生站主任及医师予以义务医药</td></tr>
<tr><td colspan="2">辅导升学</td><td colspan="3">指导结业生利用时间及经济升学或受他种之补习训练</td></tr>
<tr><td colspan="2">职业介绍</td><td colspan="3">贫苦学生之介绍职业以维持生活经本班介绍者二人</td></tr>
<tr><td colspan="2">汇兑之代办及邮件代收</td><td colspan="3">学生家庭多散在乡村关于邮递甚感困难
本班学生家庭之信件多由本班代为转递</td></tr>
<tr><td>备注</td><td colspan="5"></td></tr>
</table>

表中所列教学内容，除适合妇女的特殊内容外，一般课程和训导、健康活动等，对其他补习班也适用。

青木关民众教育馆的王义周任馆长期间，该馆附设职业补习班亦成绩显著，颇可一观。对此，在该馆给教育部的年度报告书中有详细记载。兹将该职业补习报告全文照录如下，以供研究。

青木关实验民众教育馆附设职业补习学校报告书①

一、筹备经过

本馆于三十一年十一月一日奉　令继续办理补习学校设置职业学科，当即遵照指示要点开始筹办，并拟具计划大纲招生简章及补助经费分配表，呈报备案，一面张贴招生广告，于十一月二日开始报名，十四日口试，十六日正式上课。谨将筹备经过情形分述如下：

甲、设立旨趣　本校为发展整个社会事业增进民众生产起见，暂就经费可能范围内，特分设为商业簿记班与农事班各一班，俾一般有志职业青年或欲改进其业务者，有就业与改进其业务之机会，从事生产增进社会实业。

乙、招生对象及方法　本校招生对象当为一般有志职业青年或原有是项业务而欲从事研究与改进者为主，是以商业簿记班学生之招收，以本场各商店店员及学徒、各厂商工作人员对于商业簿记有兴趣与研究者为合格，农事班学生之招收以一般有志农村工作之青年或从事农村工作欲改进其业务者为合格，自张贴广告之日起，各依报名手续填写报告单，并分别口试，计合格参与补习者，簿记班四十人，农事班四十一人。

丙、设立科目　本校设立科目系依照　部令批示要点，根据实际情形分为农商两种科目。商业簿记班科目为商业簿记、商业会计、精神讲话、应用算术等四科，农事班科目为农事指导、农村组织、农村副业。

丁、择定教室　本校报名学生均系本场附近之一般有志职业青年，且系晚间教学，非地点适中交通便利不为功，因是暂借本馆成人班、妇女班教室，即便学生就学又省设备经费。

戊、聘定教员　本校各班课程均为职业科目，是项人员颇难物色，尤以晚间上课更难聘人，是项人员之应聘者，非学识经验与热忱具备者不能胜任，兹将聘定教员姓名资历列表于下：

① 原载《青木关实验民众教育馆一年来的实验事业记》，王义周主编，陈立夫题书名，1942 年 1 月出版。

商业簿记班教员

姓　名	籍　贯	资 历	担任学科	备　　注
方一哉	安徽芜湖	会计特种考试合格	商业簿记 商业会计	
夏执中	湖北黄冈	两湖优级师范毕业	精神讲话	
王端阶	湖北云梦	湖北省立高中毕业	应用算术	

农事班教员

姓　名	籍　贯	资 历	担任学科	备　注
李治达	四川华阳	华阳职业学校园艺科毕业	造林法	
黄煦忠	四川富顺	四川第一区农业实验学校毕业	农事指导	
曹　仁	湖北天门	武昌艺专艺术教学系毕业	农村副业	

二、办理情形

甲、行政组织及职务分配

本校设校长一人，由馆长兼任，综理校务，下设教导、事务两组，每组设主任一人，干事二人，分掌教导及事务各事宜，缮写方面因限于经费，则特约书记二人，分任各班缮写事宜。兹将各项职员列表于下：

职　务	姓　名	籍　贯	资　历	原任职务	备　考
校　长	王义周	湖北云梦	国立武昌高等师范学校毕业	馆　长	
教导主任	曹　仁	湖北天门	武昌艺术专科学校毕业	生计部主任	
事务主任	夏轨中	湖北黄冈	两湖优级师范专业毕业	总务部主任	
教导干事	王端阶	湖北云梦	湖北省立高级中学毕业	生计部干事	
教导干事	萧秀镛	湖北汉阳	湖北省立第三中学毕业	总务部干事	
特约书记	张澈东	四川巴县	国民师资训练班毕业	书　记	
特约书记	龙　芳	湖北宜昌	湖北省立第四中学毕业		

乙、开学日期及情形　本校商业簿记班于三十一年十一月十六日晚六时举行开学仪式，农事班于同月三十日晚举行开学仪式，簿记班计到全体学生三十四名，农事班计到学生四十一名，均由校长主席领导开会如仪后，报告筹备经过情形及本校设立主旨，并指示各班学生入校后遵守各事项，两班学生听训后均欢欣奋勉。

丙、上课时间及教学情形　本校上课时间在每日下午六时至八时，自开课之日起至结束时止，晚间不论晴雨，除因特殊事故与疾病假之极少数学生请假未到外，余均按时前来上课，精神颇佳，教员方面对于教学亦极认真，虽在雨夜必按时到校授课，从未间断。

丁、学生勤惰　本校设立原为供给一般有志职业青年进修之机会，此(复印掉一行）缺席者在开学时即予学生一上课证，每日在上课前，由各生持证到教导组报到，凭证领取讲义后到班上课，如有缺席即不补发讲义，自行抄写，一面通知家庭和店主询问缺课原因。试行以来，成绩颇佳，为短期学校学生考勤之一良法，除因工作更调中途废学者外，无一辍学者。

戊、结束日期及情形　本校两班补习情形已如上述，对于课程进度亦颇速，教师均感满意。嗣因三十一年年关将近，各生对于工作恐于三十二年有所更动，对于课业不能赓续有中断之虞，纷纷呈请本校每日加添课程时数提前结束，本校详考各生请求情形确属实在，一面呈部请示，一面增加授课时间，至三十一年十二月二十七日将预定课程完全授毕，二十八日晚六时举行结业式，并请部派员到校赐训，是晚计到社教司张督导员、青木关巴璧两乡公所青木关区社会服务处、青木关公路卫生站与璧山县农业推广所各负责人员到场训话，勉以继续求学与公众服务贡献社会各方，训话达三小时之久，学生情绪极感兴奋。计簿记班毕业学生为二十六人，农事班毕业学生三十九人。

己、结业后之组合 本校对于两班学生训练情形虽属短期性质，对于学生学行与服务社会之努力，不能不有所联系明瞭，当即发动组织两班同学会，俾各生毕业后仍能取得联络发生研究之关系。

三、经费支配

为两班经费，尽量利用本馆原有之器物，员工薪金与办公费用开支均以最经济最妥善之支配，兹将经费支用实况分述如下：

收入之部

部给补助费五千元正

本年暑期补校结余洋伍百四十一元

总计收入五千五百四十一元

支出之部

职教员薪俸　一千柒百六十四元

工友津贴　一百二十元

文具　二百八十八元

印刷　二千六百五十七元八角五分

灯油　四百壹拾五元

杂支　二百六十九元八角

合计支付洋伍仟伍佰壹拾四元六角五分

结余洋二十六元三角五分

四、困难情形及改进意见

本校商业簿记班开课以来学生均能按时到校上课，严守纪律，对课程之进修亦计日而进，唯因学生工作更调关系中途退学者，无法符其初衷，至农事班学生本为附近农村一般农业青年，对于本身工作原无更动，又因家庭琐事与到校之交通困难关系，似觉时间过长，以后办理是项短期训练班宜每日加多课程次数，缩短时限，如同时举办高初二级，俾程度不齐之学生皆得适宜之教导，则收效必更宏。

民众教育馆教导部除举行前述各种民众补习班外，对生计、艺术等部所举行的民众学校专业班，也要参与、配合。还需特别指出的是，民众教育馆的施教对象除主要为普通民众外，同时也兼顾在国民教育实验区内的所有成员，包括教师、教育部员工在内。民教馆的“施教”不是说教，而是通过组织开展各种生动活泼、切合实际需要的政治文化及体育卫生活动，达到其施教目标。这可以从教育部在青木关期间现存档案中的民教馆 1943 年暑期活动一览表里得知其概况：

教育部附设青木关民众教育暑期活动一览（1943 年）[①]

项　目	时　期	工作情形	备　注
鞋袜劳军劝募	七月上半月	组织劝募队六队，每队三人，每日分赴乡间劝募	
七七纪念大会	七月七日全日	上午联合各机关开纪念大会，晚上放映电影	
联合书展	七月七、八、九三天全日	征求本区各界名画家及其珍藏名画在中山堂展览，由本馆职员轮流招待	
卫生营养展览	七月三十一日全天	中央实验卫生院在本馆展览室举行，由本馆教导艺术总务三部人员协助布置宣传	

① 中国第二历史档案馆全宗号五教育部第 11770 卷。

续表

项　目	时　期	工作情形	备　注
卫生委员会募捐话剧公演	七月三十一日至八月一日两晚	上演《世界公敌》三幕剧，由本馆全体人员分任各种布置招待售票与宣传等工作	
组织服务工作队	七月二十六日至八月三十一日	组织暑期中小学生作社会劳动卫生等服务工作，每三日集会一次	
林主席逝世治丧礼	八月二日晚	联合各机关代表在民众会场举行，出席民众二千余人	
公祭林主席	八月七日	联合各机关在中山堂举行	
防空展览	八月十八日	重庆防空司令部供给资料在本馆展览室展览	
考生服务	八月二十五至三十日	为来青投考学生食宿交通休息卫生防护询问等服务	
高级暑期补习班	七月十九日上课	为一般初中学生利用暑假补习国文英文代数几何四科	
初级暑期补习班	七月十九日上课	为一般小学生利用暑假补习国文算术常识三科	
古府结婚礼	七月二十日上午	古××结婚礼借本馆中山堂举行，由本馆总务教导艺术各部人员协助布置司仪招待	
学生升学指导	七月二十八日至八月三十一日	就中小学学生升学问题详为指导，每日来馆询问者颇多	
纳凉会	八月四日至月底	利用本馆前面花园每晚多置长凳听任民众坐息纳凉，利用时机施以教育	
学术讲演	每间一星期日上午八时举行	与中国学术团体联合办事处合办七八两月共举行三次	
通俗讲演	每星期六下午八时或临时举行	七八两月共举行八次	
编　辑	七月一日至八月三十一日	七月八月共编辑壁报六大幅，社教书刊二期，青木画刊八幅	
国术训练班	七月一日至八月三十一日	每日上午六时半至七时教授国术	
游泳训练班	八月二十九日始业	每日下午一时至三时教授游泳基本技术	
球　赛	七月一日至八月三十一日	计主持排球十场，网球二十八场，篮球十三场	

续表

项　目	时　期	工作情形	备　注
图书室	七月一日至八月三十一日	每日全日开放借出图书及阅览	
康乐室	七月一日至八月三十一日	每日全日开放借出娱乐器具	
游泳池	七月一日至八月三十一日	每日全日开放	无假期
车站服务处	七月一日至八月三十一日	每日全日开放并协助教育部招待参与训育会议会员	
乡村建设实验区	七月一日至八月三十一日	计辅导青木乡农会改选会一次，理监事组长联席会议四次，家畜防疫紧急会议一次，组农会二十四次，调解会一次，收回种籽，检查作物、登记防疫、宣传治螟、组织流动教学团等工作	

第三节　民教馆教导部对民众的多项施教工作

青木关民众教育馆教导部的施教工作，具体可分为八项：一、推行补习教育，二、实施机会教育，三、举办通俗讲演，四、实行场期施教，五、召开国民月会，六、办理书报阅览，七、马路学校，八、推行茶园顾客施教工作。除一、项前节已做介绍外，以下就其余七项分别予以介绍。

一、实施教育机会

民众教育以全民为对象，包括儿童、青年与成人，是对社会全体民众所提供的教育。方式有普遍化与浅易化两种。但要使儿童和青年与成年人集中一处，施以各种教育，颇不容易，因此，要分别施教，如何抓住机会予以实施，是一项颇为特别的具体业务。这样，青木关民众教育馆一有机会便推行机会教育。例如，儿童节的儿童故事晚会，青年节的座谈会，耆老会（老年人会）的“养生之道谈”，都是这方面的例子。这样的机会，全年有近二十次之多，据青木关民众教育馆三十四年度（1945 年）总报告记载，当年共实施了 16 次。

二、举办通俗讲演

利用通俗演讲教育民众，较之借文字宣传教育民众更方便有效。这项工作在民教馆里，由教导部主持，艺术部配合，经常选在周末举行。如逢特殊活动，亦按实际需要配合举行。讲演资料以时事消息为主（前线抗日战争作战胜负消息最为民众关注），集会意义，以公民常识教育为主，讲演词力求浅近通俗，使民众易于了解。一般每周一次，1945 年度共作通俗讲演 51 次。

三、实行场期施教

集中受教民众施以各种教育，为推行民众教育的中心工作。青木关民众教育馆每逢农历三六九场期，民众易于集中，利于施教，就派员推行场期施教。内容包括通俗讲演、时事解答、图片展览、代笔问字等多项。由于场期人声嘈杂，听众不易洗耳恭听，是一大难题。1945 年仅施教 19 次。

四、召开国民月会

国民月会举行，初为推行战时国民精神总动员之一环，但也兼有振作国民精神、灌输爱国思想、传播政府政令与改良风俗的作用。青木关镇的国民月会，按政府规定，每月第一周的星期日或星期一与国父纪念周合并举行，按惯例由青木关民众教育馆事前发出通知，请各机关首长轮流担任主席，至实验区各乡保的国民月会，由民教馆派员莅临指导，历届国民月会的讲演资料，均遵照《国民精神总动员纲领》第五章的规定，提要讲解。这项集会每年 12 次，到 1945 年只举行了 8 次，自九月份起，因日本投降，抗战胜利，奉令停止举行。

五、办理书报阅览

青木关民众教育馆设有图书阅览室，图书设备因经费有限，有不少图书靠捐赠，总体上看数量和品类均未达到预期标准，但仍有相当数量的书报可供借阅。据民众教育馆图书阅览室每天开放登记读者人数、新收图书统计，1945 年的情况是：

A. 新收图书

类别	书类	日报	图类	杂志（周刊及月刊）	民众文库	教材	画报	合计
种类	22	15	2	41				80
数量	32	3001	2	124				3157

B. 阅览人数

类别	总类	宗教	自然科学	社会科学	应用科学	文学	史地	民众文库	儿童文库	总计
人数	72	102	205	80	103	96	210	572	1082	3147

附注：上列数字系根据登记簿统计，其阅读报章杂志者则不在统计之列。

从到民众教育馆图书阅览室阅览图书的人数登记情况看，以读儿童文库的小学生为最多，全年计 1082 人次。其次是民众文库，572 人次。再次为史地类、自然科学类。又次为应用科学和宗教类。以读文学、社会科学类书报为最少。

六、“马路学校”（壁报）

为教育民众，宣传民众，青木关民众教育馆编辑各种壁报，悬挂街头。这项工作，初期缺乏系统性，难收施教效果，经提交工作研究会议通过，由教导部会同各部试办“马路学校”，于民众教育馆门首的马路边上，择定适当地点，置一固定木牌（今之宣传橱窗前身），按期以有系统的材料，编辑系列各种简单壁报（简报）共有六种：

（1）时事教育

取材于国内外的时事，以问答式或叙述式的文句编出。遇有特殊事故发生，则随时编出。如美国总统罗斯福逝世消息传出的第二日，即介绍继任总统杜鲁门的生平。

（2）德育教育

于每周星期一的德育日编出，以国民应遵守的道德与法律为资料。

（3）健康教育

以国民体育与卫生教育为经常教材，并随时介绍时疫常识。

（4）生计教育

以生活常识为教材，并按时介绍农作物之栽培及防治病虫害等方法。

(5) 艺术教育

以最近时事或当地之风俗习尚，绘成有系统之连环漫画，按期编绘。

(6) 识字教育

以部颁民众学校课本的生字为教材，用看图识字或连成简单语句，依照计划逐期更迭。

七、推行茶园顾客施教工作

青木关民众教育馆在青木关镇开办民众茶园，招租经营。同时也利用这一种茶园和其他茶园向喝茶的顾客施教。按本地习尚，民众茶园顾客众多，民教馆即以它作为休闲教育事业的中心。民教馆认为，“民众茶园为休闲教育事业之中心，而休闲教育则为实施民众教育之出发点，是故民众教育虽为民众社会教育事业之一，然实际言之，是具有民众教育出发时中心事业之职能”。民众茶园因具有此种意义与价值，所以该馆常派员往各茶园推行施教工作，或讲解各种常识，说书与报告时事或指导民众阅读书报，答复各项问题，或代民众书写应用文书。此项施教工作，因确能左右茶客的兴趣与思想，引起民众接受各种教育的动机，并提高其兴趣，故推行以来，收效至宏。

以上各项，是民教馆 1945 年度施教工作中总报告中突出的颇具实效的几个重点部分。但在我们后来的研究者看来，尚不足以概见全体，进而洞见其内涵。在这里有必要将该馆 1945 年度工作计划中与上述内容相关的部分，即工作计划的序言和“壹、教导部”计划内容照录如下，以方便读者将其与该年度年终总报告对照研究。为了节省篇幅，我们把每一项计划的“过去办理情形——详三十三年度工作报告”一语以及所有序号删去，基本内容如下：

教育部附设青木关民众教育馆教导部[①]
三十四年度（1945 年度）工作计划

民众教育范围广泛，对象无限，方式不定，事业繁复，若不细心擘画，周密实施，则功效难期有成。兹值三十四年度开始，爰根据部颁工作大纲，配合抗建需要，适应地方环境，制定工作计划，以生计教育为基

① 中国第二历史档案馆全宗号五教育部第 11773 卷。

点，艺术健康教育为补助，教导为主干，借外力为主力，化阻力为助力，争取时间、空间，以求民教实施之最大效果。兹将各部工作计划，撮要分别如下：

（壹）、教导部

（一）举办民众补习教育

一、成人补习班

实施限度及方法——成人补习教育，为民众教育之中心工作，本年度经常开班，依据部颁标准，以四月为一期，全年举办三期，其授课时间，将视季节及实际情形决定，以不妨碍其工作时间为原则。

所需经费——课本呈请教育部发给，笔墨纸张费用，在教导部事业费项下开支。

二、妇女补习班

实施限度及方法——成人补习班招收学生，本应不分性别，但一般社会习惯，多不愿男女混杂，且生活上，成年男女，工作闲暇时间不同。本年度拟举办妇女补习班两期，每期六个月。

所需经费——课本呈请教育部发给，笔墨纸张费用，在教导部事业费项下开支。

三、假期补习班

实施限度及方法——本区学校林立，每届寒暑假，学生生活颇形散漫，本年度拟于寒暑假分别举办补习班，以便学生进修，其班次及课程，则视实际需要而定。

所需经费——酌收讲义杂费，不足之数，在教导部事业费项下开支。

四、流动教学团

实施限度及方法——本区为一乡镇，在施教方面，着重推行农民教育。成人补习班，仅能吸收一部分失学成人到馆受教，而对于大部分农村失学民众，不能兼及，本学团即以后者为对象。聘请当地知识分子，在固定时间内教授各所在地之失学民众，本馆派员前往辅导，以收事功。本年度拟增设五团至十团。

所需经费——课本呈请教育部发给，其他费用，在教导部事业费项下开支。

（二）实施机会教育

实施限度及方法——本年度机会教育之实施，拟依据下列二原则进行：

A 定期

场期施教——利用本乡各场场期民众集合时间实施机会教育。

下乡施教——择定适当时间，适中地点，集合当地民众，视其时地需要，实施机会教育。

利用保甲团会，同业公会及国民兵团之定期集合时，实施机会教育。

利用各种纪念节日之集合，实施机会教育。

B 不定期

临时发生之特殊机会，事前无法预知者，如国家特殊大典，伟人行谊，军队过境，胜利消息之传来等，均足以吸收民众，即当把握时机，实施机会教育。

所需经费——在教导部事业费项下开支。

（三）办理家事教育

一、家庭访问

实施限度及方法——就本区居民逐户访问，于谈话中予以环境布置卫生常识以及家事操作等之指导，并为其解决实际困难问题。本年度拟举行两次。

所需经费—在教导部事业费项下开支。

二、家事讲习班

实施限度及方法——本班以不能远离家庭之妇女为对象，就易于集合之地点，召集开班，讲习有关家事之各项科目。本年度拟于农闲时期举办两期。

所需经费—在教导部事业费项下开支。

三、家事训练班

实施限度及方法——本班以粗识文字之一般家庭妇女为对象，讲授有关家事之学识并训练其技术。本年度拟继续与教育部妇女工作队合办一班，并充实之。

所需经费——由教育部妇女工作队与本馆分别负担。

（四）办理电化教育

一、放映幻灯

实施限度及方法——选择适当时间，适中地点，集合民众，放映幻灯，本年度拟每月至少放映五次。

所需经费——电池呈请教育部发给，其他费用在教导部事业费项下开支。

二、开放收音机

实施限度及方法——每日晚间，在中山堂开放收音机，俾使民众了解国家重要法令及时事问题。

所需经费——电池呈请教育部发给，其他费用在教导部事业费项下开支。

三、放映电影

计划——拟自三十四年一月份起筹备电影放映，以加强电化教育。

实施办法——选择适当地点成立放映站巡回放映，每月至少放映三次。

所需经费——放映机及机油汽油等呈请教育部发——其他费用由教导部事业费项下开支。

（五）办理出版编辑

一、壁报专号

实施限度及方法——每届重要纪念日及国家大典，搜集有关材料，编贴大型壁报，以供民众观阅，本年度拟编贴十二至十五次。

所需经费——在教导部事业费项下开支。

二、教材

实施限度及方法——搜集本区有关材料，编辑适宜民众教育程度之教材。本年度拟出版两种。

所需经费——在教导部事业费项下开支。

三、民众读物

实施限度及方法——搜集民众旧有读物，予以改良或重新编制，使适合于一般民众之教育程度，本年度拟出版十种以上。

所需经费——在教导部事业费项下开支。

（六）举办各种讲演

一、通俗讲演

实施限度及方法——每星期六在中山堂举行一次，以一般民众为对象，由本馆同人邀请名人就战时常识及名人故事等讲述之。

所需经费——在教导部事业费项下开支。

二、学术讲演

实施限度及方法——经常邀请名人举行学术讲演，对象为一般知识分子，题材则以具有研究性者。本年度拟每两周举行一次，如遇名人路过，则随时邀请到馆讲演，听众临时召集之。

所需经费——在教导部事业费项下开支。

三、特种讲演

实施限度及方法——因突然来临之时机，举行特种讲演，听众临时召集之。

所需经费—在教导部事业费项下开支。

（七）举行各种集会

一、国民月会

实施限度及方法——联合各界于每月初旬举行，并拟增加游艺节目，以号召民众。

所需经费——在教导部事业费项下开支。

二、扩大国父纪念周

实施限度及方法——联合各界与国民月会合并举行。

所需经费——在教导部事业费项下开支。

三、纪念日集会

实施限度及方法——拟于纪念日前三周，召集各界磋商进行办法。

所需经费——在教导部事业费项下开支。

四、各种座谈会

A 定期

a. 德育日座谈会

实施限度及方法——拟每两周召集本区学生及知识分子举行座谈会一次。

所需经费——在教导部事业费项下开支。

b. 一般座谈会

实施限度及方法——因纪念节日或时令需要随时召集各界举行座谈会。

所需经费——在教导部事业费项下开支。

B 不定期

实施限度及方法——临时发生不可预料之特殊事件，随时召集各界举行座谈会商讨进行。

所需经费——在教导部事业费项下开支。

（八）办理图书阅览

一、图书阅览室

实施限度及方法——拟分期采购各种书报杂志以充实之。兹预定采购标准如下：

A. 适应民众需要者，

B. 有研究参考价值者，

C. 适合时代要求者，

D. 有关抗战文献。

所需经费——在教导部事业费项下开支，不足之数呈请教育部补助。

二、巡回书库

实施限度及方法——俟图书数量增多后，拟实行巡回书库办法，以期深入民间，会同研究辅导部及国教实验区办理之。

所需经费——由本馆与国教区平均分担。

三、儿童阅览室

实施限度及方法——本馆图书阅览室设备，系就成人设计，上年度下半，曾临设儿童阅览室，以供儿童求知，惟设备颇感不足，拟设法充实之。

所需经费——在教导部事业费项下开支，不足之数，呈请教育部补助之。

（九）办理各项展览

一、仪器标本展览室

实施限度及方法——本馆原有标本模型918件，数量颇感不足，且偏重于标准方面，仪器甚少，拟分别采购或征集，以充实之。

所需经费——在教导部事业费项下开支，不足之数，呈请教育部补助之。

二、科学玩具展览室

实施限度及方法——本馆前有儿童科学玩具室，设备简陋，拟尽量采购或自制以充实之。

所需经费——在教导部事业费项下开支，不足之数，呈请教育部补助之。

（十）举办各种学术竞赛

实施限度及方法——拟于四、十一两月分别举行三民主义论文及讲演竞赛，以提高学术研究兴趣。

所需经费——在教导部事业费项下开支。

第四节　民教馆生计部的工作计划与实施情况

据教育部1939年4月17日公布的《民众教育馆规程》第五条规定，生计部的职责范围："职业指导、农业推广、工艺改良及合作组织等属之"，直接贯彻孙中山民生主义，依据可从孙中山《建国方略·实业计划》《建国大纲》和国民党1938年3月武汉临时全国代表大会通过的《抗战建国纲领》中找到。怎样贯彻实行孙中山的民生主义政策？在抗战时期，国民政府教育部附设青木关民众教育馆生计部的做法，是被当作全国的模范来实验和推行的。为恢复被现实遗忘的历史的本来面目，不附加编著者可能带有的某种偏见，在这里我们把当时的工作计划、实施情况依序照录于后。

青木关民众教育馆生计部三十四年度（1945年）工作计划①

（一）办理青木关乡乡村建设实验区

该区系与重庆市党部青木关区社会服务处及璧山农业推广所合办，本年度拟加强机构，并预定举办下列事业：

一、辅导农会

经常召开农会，并拟加强会务，扩大征求会员。

所需经费与社会服务处及农业推广所平均负担。

二、双季稻风土试验

采用金大一三六八早稻种及湖南芦晚籼晚稻种于巴璧两县青木关乡农会，选择优良会员各五户，作双季稻风土试验，如有成效，则推广之。

所需经费与社会服务处及农业推广所平均负担。

三、保育再生稻示范

在农户早稻收割后，选择水源充足土质优良之处，举办保育再生稻之示范田，由本馆派员指导之。

所需经费与社会服务处及农业推广所平均负担。

① 中国第二历史档案馆全宗号五教育部第11773卷。

四、治螟示范

选定公路两侧田亩作治螟示范，划分治螟田与不治螟田，做一比较，以提高农友治螟兴趣，重视治螟效能，并发动治螟运动，鼓励各保国民学校学生推行之。

所需经费与社会服务处及农业推广所平均负担。

五、大小麦及高粱之火烟包防治

在播种大小麦及高粱时，派员前往指导农友用温汤、盐水、炭灰水浸种，及用碳酸铜拌种，以防止火烟包病害。

所需经费在生计部事业费项下开支。

六、造林筑路

按照季节，利用农闲，发动农民，普植树木及修筑道路。

所需经费与社会服务处及农业推广所平均负担。

七、改良渔牧

灌输农民渔牧常识，研究改良方法，并推广羊牛种优良鱼苗。

所需经费与社会服务处及农业推广所平均负担。

八、兴办水利

灌输农民水利常识，宣传兴办水利利益，并发动农民修塘堰、筑水坝。

所需经费与社会服务处及农业推广所平均负担。

九、防止病虫害

办理家畜、防疫、注射血清及巡回实施农作物病虫害治疗工作。

所需经费与社会服务处及农业推广所平均负担。

十、示范农家农场

选择优良农家若干户，特约种植棉花洋芋等，予以示范农家之名誉奖励，并选择良田地若干亩，作为示范农场，以供一般农民之比较与实验。

所需经费与社会服务处及农业推广所平均负担。

十一、生产贷款

向中国农民银行商请水利生产及牲畜贷款，其数额视申请贷款人数而定。

所需经费由生计部事业费项下开支。

十二、调查访问

派员调查农民生活、教育、经济等状况，及本乡田地亩数耕种方法，以为工作指南。并随时作农民家庭访问，以联络感情。

所需经费在生计部事业费项下开支。

十三、农民教育

联合各保国民学校，利用农闲，举办农民识字班，农事讲习会等，以普及农民教育。其教材则视实际需要编订之。

所需经费在生计部事业费项下开支。

（二）办理车站服务处

充实原有设备，以谋业务之发展。并继续办理上年度工作，其项目如下：

a. 书报阅览，

b. 旅客咨询，

c. 信件转留，

d. 零物寄存，

e. 民众代笔，

f. 康乐指导，

g. 佣工介绍，

h. 旅客服务。

所需经费——该处系与社会服务处合办，所需经费由双方平均负担。

（三）办理公共理发室

实行限价，力求清洁卫生，以为一般理发店示范。

所需经费，该室系与社会服务处合办，所需要经费由双方平均负担。

（四）办理公共食堂

供应旅客及公教人员之饭食，力求清洁卫生，实行限价，以提倡节约，推行新生活运动。

所需经费，该堂系与社会服务处合办，所需要经费由双方平均负担。

（五）办理职业指导及介绍

先从辅导各同业公（工）会着手，使各会员均能乐业。其有工作能力而无适当工作者，则设法介绍工作，使人尽其才，社会得以安定。

所需经费在生计部事业费项下开支。

（六）举办职工训练班

分期举办劳工训练班、商业训练班、饮食训练班等以提高职工之服务精神，增进其工作技能。

所需经费在生计部事业费项下开支，不足之数呈请补助。

（七）生活指导

推行战时节约运动，工作竞赛运动，劳动服务运动，并切实指导一般民众，实行新生活。

所需经费在生计部事业费项下开支。

（八）提倡副业

指导民众从事手工业、养鱼、养蚕、养猪、养鸡等方法，介绍优良品种，并指导民众开垦荒地，播种适宜作物。

所需经费在生计部事业费项下开支。

（九）合作指导

辅导青木乡消费合作社推进业务，开办合作人员讲习会，筹设青木乡妇女生产合作社（与教育部妇女工作队合办）。

所需经费除妇女合作社经费由妇女工作队与本馆分筹外，其余均在生计部事业费项下开支。

（十）举办生产产品展览

于本年社教活动周，征求本乡生产品及副产品，举行展览会，以灌输生产知识，改良生产方法。

所需经费在生计部事业费项下开支。

在这份计划中，每一项目我们都删去的有“过去办理情形”一条，这里写的是“详三十三年度工作报告”，实际上，民教馆除了开始办理时没有这类措辞外，每年的计划都是这样写的。这就是说，他们的工作基本内容不但是一贯的，而且是承前启后，不断向前推进的。这是民众教育馆之所以能取得实绩的重要原因之一。

现在再来看实行结果，即《青木关民众教育馆生计部三十四年度（1945年）工作总报告》中生计部的实绩：[①]

（1）生活指导：本馆对于生活指导，注重实地推进公共利益。计本年已举办之事业，计有公共理发室，公共缝纫服务室，公共食堂，民众茶园等各一所，各该场所内，因系由本馆规定种种卫生设备技术标准，托商承办，故其技术较优，设备较全，而其定价亦较一般市价为廉，自开办以来，颇受社会人士之欢迎与赞评。

（2）推广优良农林种苗：为发展青木乡农林起见，曾推广优良农林种籽苗木于本乡各农民，计有黑稻一石二斗，双季稻二石四斗，鱼苗二万五千尾，马铃薯一百五十斤，各种花卉、蔬菜种籽等共一百六十五包，各种

① 中国第二历史档案馆全宗号五教育部第11775卷。

树苗二万余株。以上各项，虽为数不多，然以此而引起一般农民对推广优良苗木种子之兴趣，因而展开改良风气，则对农村社会之影响颇大也。

(3) 防治农林畜牧病虫害：病虫害为农林业上一大障碍。影响农民生计颇重，农民之积年辛苦，可以此而倾于一旦，从事农林业者，首需注意及之，本馆为提倡农民防治病虫害起见，本年度曾代农民防治蔬菜害虫（白菜）四十余家，白菜约四万余棵，代注射牛瘟病血清五头，猪丹毒病血清三百七十五头。惜本馆经费有限，而各种防治药料来源又甚困难，至未能普遍防治，深引以为憾。

(4) 举办农业生产贷款：本年度曾辅导农会会员向中国农民银行贷款者，计有七十二名，贷款数为国币二十五万三千元。是项贷款，农民多用于购买肥料，牲畜及农林种籽等事业者。农民得此母金，以经营农事，则收益倍增，惟银行贷款，手续过繁，数目甚少，一般知识较高之农民，对贷款事每望而生畏，尚望金融当局有以改善，而便农民。

(5) 辅导并组训各人民团体：农民无组织，则不易团结，有组织而无训练，亦不能收团结之实效。故组训当为一事之二段，本年度经由本馆辅导组织之团体为理发业公会及蔬菜业公会。另将农会七公团加以改组，使之渐上轨道。语言训练，其方式分团体训练，个别训练，集合训练三种。本年度本馆每月平均召开各公团小组会议一次，每次出席者平均约四十余人，理监事会二次，每次约七八十人，又每逢场期，与各农民个别谈话者，每月平均约五十余人，集合训练者，本年度举行二次，计农会会员一千八百人，工会会员六百人。又举办茶旅业训练班，为时二周，计三十人，农事训练班，为时二周，计五十人。总计训练人数，共为五千余人。惜本馆因限于人力与财力，未能将施教区内各人民一体加以训练，不无遗憾，兹后当益加努力也。

(6) 举办生产展览会：为利用实物展览，并使人民有所切磋与借镜起见，特于本年二月八日农民节举办生产展览会。展览物品，农产品方面，计有稻麦蔬菜等种苗五百余种，手工业品方面，计有土造布、土造瓷碗等百余种，矿产品方面，计有石灰、煤等十余种，参观展览者约五千余人。

(7) 实地指导工作：本年度除举办上列各项工作外，并不时派员赴本镇各处实地指导人民改进环境卫生，饮食卫生及推行新生活运动等工作。

(8) 调解农友纠纷：各农民为债务、田亩、水利及佃夫与田主等关系，不时发生纠纷，又以见闻较陋，智识较浅，难免因纠纷而受土劣之愚弄。本馆为调解其纠纷起见，特由农会呈准县府设立调解委员会，由本馆辅导该会调解农事上之纠纷。本年度经由本馆辅导调解之案件，达一百二十三件之多。各案一经调解，双方咸感满意，此种息事宁人之组织，各乡拟有普遍设立之必要。

(9) 农友更换契约：为维护佃农计，曾向璧山农业推广所领有印就之租佃契约若干张，藉便辅导农田更换新契，以杜纠纷，本年度换约之农友计三十六户。

(10) 辅导农友组织合作社：合作事业在青木乡尚少，然各乡农友甚感需要。本馆为提倡计，曾于巴县凤凰乡第六保辅助该保农友，设立合作站一所，以经办油盐及日用品为主要业务。揭幕以来，业务尚称发达，其他各保农友皆有闻风兴起之意，预计明年该乡之合作社，必相继组设，日臻繁荣也。

(11) 社会服务：本馆与重庆市党部青木关社会服务处合组之车站服务处，本年度经办之事业述附如次。

①书报阅览：阅览人数计16，352人。

②旅客咨询：指引旅客往旅社浴室餐馆以及学校机关者达6，751人。

③信件留转：代旅客转寄挂号信540件，平信2，250件。

④零件存放：寄存行李箱7，471件。

⑤民众代笔：代写书信、各小贩之发票收据、申请书等，计1，108件。

⑥卫生指导：指导车站劳工逐日扫除环境清洁，每日二次，小食摊贩之食物卫生每日检验二次。

⑦劳工指导：该处设有劳工登记处，每日清查在车站停留之劳工工作情形。每旬召集劳工谈话一次，并辅导组织力行业公会。

⑧佣工介绍：本年度介绍男役四十二人，人佣二十一人。

⑨旅客服务：该处代旅客雇请力夫2，715次，代购车票至渝碚歌蓉永（指重庆、北碚、歌乐山、成都、永川）等地计2，434张。

⑩救济事业：受救济者计有战区学生、义民、贫苦旅客、荣誉军人，在本处住宿者540人，介绍便车至渝、蓉、永（永川）等地者752人。

⑪公共食堂：该处招商承办之公共食堂，特备经济客饭供应旅客，每日平均前往就食者约六十余人。

⑫民众茶园：为便于旅客休息、候车之需，在该处左侧设有民众茶园一所，供应旅客饮茶，并于暑期特设纳凉会，备有各种图书，藉供旅客浏览。

从总报告所列工作实绩，可以看出青木关民众教育馆生计部及其工作人员热心公益、为民服务的真实情况及感人的精神和事迹。许多具体做法，至今仍不失借鉴意义。

第五节　青木关民众卫生教育与国民体育

民众教育馆健康部的业务工作包括卫生教育和国民体育两部分，目的在提高民众身体健康水平，防治疾病传染。这项工作在县级民众教育馆中，纳入教导组，青木关民众教育馆初为县级，随后提升为国立中央级实验民众教育馆，健康部便独立出来，其所负责的卫生教育和国民体育也随之扩大成相对独立的两大工作要项。1943 年，卫生教育虽仍由青木关民众教育馆健康部具体承办，但其规模之大，已发展为“教育部特设卫生教育（实验区)”，并列入民国三十二年度（1943 年度）教育部施政计划卫生教育要项中，由该部社会教育司拟订《教育部特设卫生教育实验区办法草案》呈部长、次长审批。这项办法草案共计十三条，全文如下：

教育部特设卫生教育实验区办法草案[①]

一、要旨（原稿为“缘起”，经领导批改为“要旨”，正文方括号内文字是删去的部分）

查我国人民体质日弱，死亡率高，实为民族前途大患，［国父于民族主义中，曾剀切言之。卫生所以预防疾病，增进健康，较诸医药之治疗疾病，实居曲突徙薪之效，顾人情往往忽于未著，故卫生教育素不为社会所注意。值兹强敌压境，国难严重之际，所恃抗战御侮者，尤在国民具有铜筋铁骨之身体，及百折不挠之精神］（方括号中文字为社教司原稿文字，但部长审批时将其删去，说明当时一些领导较为务实，反对说套话），本部为适应客观需要，爰于本年工作计划中规定创设卫生教育实验区，以资倡导，并为研究与推广依据。

① 中国第二历史档案馆全宗号五教育部第 11770 卷。

二、名称

定名为教育部特设卫生教育实验区。

三、区址

暂定巴璧两县之青木关乡为实验区址。

四、经费

就本部卫生教育经费项下，拨给开办费壹万元，每月拨给经常费五千元。

五、主持及协作机关

由本部令饬青木关实验民众教育馆负责主办，并分别邀派左列各机关团体，合组卫生教育实验区事业推进委员会，负设计及督促责任：

1. 青木关卫生站
2. 区内各级国立学校
3. 区内各乡公所
4. 青木关社会服务处
5. 青木关警察队
6. 青木关宪兵队

前项委员会之组织章程另定之。

六、进行步骤

先就本部及青木关实验民众教育馆职员中，委派筹备主任一人，筹备员二人，组织筹备处，负责编造预算及工作计划，并觅定办公处所，筹备期间，以两个月为限。

七、组织

筹备期满后，成立卫生教育实验区办事处，内设主任及总干事各一人，干事二人，及助理干事二人，分掌各项职务，其组织规程及办事细则，由筹备处呈由本部核定之。本部并就医学教育委员会、体育委员会及社会教司职员中，各指派一人，负经常辅导及考察责任。

八、工作人员

所有筹备期间及正式成立后工作人员，均以调用或兼任为原则，惟负责较重者得酌给津贴。

九、工作范围

本实验区以联合卫生行政、社会行政、卫生教育、学校及社教机关与学术团体，群策群力，共同研求卫生教育实施方法，编订卫生教育应用教材，并树立保健制度为原则，务求简而易行，实际有效。[避免空幻理想

与虚伪铺张〕

十、工作程序

本实验区依据上述原则及当地客观需要，拟订合理计划与进度，逐步实施，并分期考查成绩，编订实验报告，以符合实验意义，而便利各地之观摩仿效。

十一、工作要项

本实验区以提倡国民保健运动，举办卫生宣传，指导民众预防疾病，培养民众卫生习惯，改善地方环境卫生，辅导学校卫生训练，及协助自治机关树立保健制度，倡导健康比赛及心理卫生，举办合理营养指导等为主要工作，并为示范及争取民众信仰计，必要时得举办简易诊疗卫生训练。

十二、附则

本法自签奉　部长校定后施行。

教育部常务次长余井塘和政务次长顾毓琇批示："不必拟名实验，径可由部制订计划要点，责令青民教馆负责推行，并酌发经费。"准此，教育部乃拟定计划要点共五条，训令青木关民教馆执行，全文如下：

字第　号

令青木关民众教育馆

查我国人民体质弱，死亡率高，实为民族前途大患，本部为适应客观需要，决定先于青木关附近推行民众卫生教育，以资倡导，兼作研究与推广依据。兹指定该馆负责办理，并提示要项如次：

一、区域

暂定巴璧两县之青木乡为推行区域。

二、经费

就本部卫生教育经费项下，拨给事业费壹万元为办理本年度民众卫生教育之用。

三、人员

由该馆健康部职员负责兼办。

四、工作要项

以提倡国民保健运动，举办卫生宣传，指导民众预防疾病，培养民众卫生习惯，改善地方环境卫生，辅导学校卫生训练，倡导健康比赛及心理卫生，举办合理营养指导等为主要工作。

五、工作方式

依据当地客观需要，联合各有关机关团体等组织青木关民众卫生教育促进会，共同研求民众卫生简而易行具体有效之实施方法，以利推行，并应依照预定计划及进度，按月报核，以凭查考。

仰即遵照以上各节，拟具实施计划，连同经费预算先行呈核为要。

此令

国民教育体育事业的发展，在青木关国民教育实验区内所受最大限制是体育场地设施不足。至 1943 年 4 月青木关民众教育馆向教育部呈报请款扩建场地，添置设备，乃使此项事业得以扩展。①

青木关民众教育馆健康部直接承担了卫生教育和国民体育两项工作。卫生教育工作除有青木关民众教育馆健康部自身的计划外，还有以该部为核心的青木关卫生教育促进会在更多层面上的配合。现将青木关卫生教育促进会 1945 年度工作计划大纲及概算书和 1945 年度健康部工作总报告先后照录如下：

甲、青木关卫生教育促进会三十四年（1945 年）度工作计划大纲及概算书

青木关卫生教育促进会三十四年度工作计划大纲②

一、设立卫生教育施教站：由本会会同教育部附设青木关国民教育实验区协助区内各中心国民学校设立卫生教育施教站推进卫生教育。

二、组织青木关母亲会：由本会会同教育部附设青木关民众教育馆附设儿童教育馆办理之，再由母亲会发动筹备托儿所及成立特约模范家庭。

三、编印卫生教育壁报民众卫生读物及书刊标语。

1. 卫生教育壁报——由本会编撰之内容分卫生教育消息、卫生医药常识、卫生故事等，拟每半月出版一期，印刷分发各地施教站张贴或作（讲）述之用。

2. 民众卫生读物——由本会编撰或翻印之。

3. 书报及标语——由本会与民教馆艺术部及社会服务处合作办理。

4. 卫生教育标语——由本会根据季令制定卫生教育标语。

四、整顿市容：由本会会同青木关警中队及巴壁两县青木乡乡公所办

① 中国第二历史档案馆全宗号五教育部第 11770 卷。

② 中国第二历史档案馆全宗号五教育部第 11773 卷。

理之。

1. 限期完成者：设置垃圾箱、垃圾坑，栽植行道树，疏通沟渠。

2. 经常检查者：如街道沟渠、公共厕所、菜市场之整洁。

五、整顿乡容——以各施教站为整顿乡容之出发点，各校师生组织整洁队作民众模范，整顿乡村道路，清洁沟渠，改良厕所等。

六、为病人服务：由本会会同民教馆健康部社会服务处办理之。

1. 介绍医生介绍特效药。

2. 特约医师减费或免费为贫病民众诊治。

3. 充实本会药箱，专备医治过境伤病官兵及义民之用（并与卫生站及青木关医药业取得合作充分施济之）。

七、定期举行各种活动：

1. 端午节消毒运动。

2. 儿童节健康比赛（合同国教区办理）。

3. 妇女节家庭卫生运动。

4. 三月十二日植树运动（配合民教馆生计部工作）。

5. 清洁检查（客栈、浴室、理发、饮食）每月一次（会同警中队乡公所办理）。

6. 布种牛痘（合同卫生站办理）。

7. 注射防疫针药（合同卫生站办理）。

8. 捕杀蝇鼠运动。

八、举行卫生教育通俗讲演及放映幻灯，每星期一次，地点在民教馆及各施教站。

九、举办卫生展览。

十、举办讲习班。

1. 餐茶旅馆及理发业店员训练。

2. 产娘（即接生婆）训练。

3. 暑期国教人员讲习会，讲授卫生教育知识。

十一、调查统计。

1. 青木关区中西医生调查。

2. 青木关区产娘调查。

3. 青木关区中西药业调查。

4. 青木关区人口出生死亡及死亡原因调查。

5. 青木关区疾病调查。

十二、搜集编纂卫生教育资料。

1. 营养食物。

2. 医药常识。

3. 卫生教材。

4. 其他。

附言：本会三十四年行事历及各项工作办法章则实施步骤另订之。

教育部附设青木关民众教育馆三十四年度
卫生教育经费概算书①

款项目节	科　目	概算数	备　注
	卫生教育经费	95200	
	施教站补助费	14000	共有卫生施教站十四处，分设于巴璧两县青木乡各级国民学校
	补助费	7000	各站经费由各站自筹，本会每站补助五百元，合计如上数
	奖励费	7000	备成绩优良作奖励之用
二	青木关母亲会补助费	10000	
	补助费	10000	补助该会事业费如托儿所讲习会，妇女班之开办等
三	医药设备费	10000	置备药箱及各种急救药品，以备贫病民众及过境伤病兵临时救济之用
四	卫生展览费	9000	
	设备费	5000	绘制卫生挂图及模型之用
	布置费	2000	展览室之布置用
	旅运费	2000	与有关机关商借模型及搬运之用
五	卫生读物编纂费	44200	
	卫生教育半月刊	35000	每次印二百五十份寄发各施教站及辅导区各民教馆之用
	纸张费	25000	每份纸张以五元计算，一期二百五十份，全年二十期，合计如上数

① 中国第二历史档案馆全宗号五教育部第11773卷。

续表

款项目节	科　目	概算数	备　注
	印刷费	10000	每份印刷费约二元，一期二百五十份，全年二十期，合计如上数
	卫生教育挂图	4200	普及卫生教育挂图及标语共三套每套六十张
	纸张费	3000	每套纸本十元计，一次印一百份，共三套三百份，合计如上数
	印刷费	1200	每套印工四元计，一次印一百份，共三套三份，合计如上数
	其他纸张印刷费	5000	编印卫生教材定期活动标语等
六	卫生教育活动费	8000	集会费招待费奖品费等合计如上数
七	预备费	10000	系本会举办讲习会及公差川旅费等开支之预备金

乙、三十四年度（1945 年）健康部工作总报告（节选）[①]

（三）健康部

（1）举办体育游戏：本年元旦日举办体育游戏，其游戏方式如次：

A. 打敌人：在网球场悬铜锣二面，上涂日阀丑相。击者立于距离二十公尺之处，以皮球击之，锣鸣即告中的。参加此项游戏者约一千五百人，兴趣极形浓厚。

B. 捉汉奸：于篮球场中画以约直径八公尺之圆圈，内竖傀儡十具，上书各汉奸姓名，捕者立于圈外，以竹圈掷之，圈套头部，即告被捕。参与此项游戏者约二千五百人。

（2）庆祝童子军创始节：二月二十五日乃我国童子军创始节，为表庆祝并促使社会人士明了创始童子军之意义，特于是日分别举行童子军文物展览，童子军聚餐，及童子军教育促进会会议，午后七时并举行营火晚会，与会者一千五百人。

（3）纪念青年节：三月二十九日为革命先烈纪念日，我政府为使青年效法先烈革命之奋斗精神，特定是日为青年节。本馆于是日曾分别举行纪念会及座谈会，并邀请国立劳作师范假国民体育场举行童子军表演。其表演节目有晨操、宿营、炊事、旗语、泥木工、侦察、搭架、游戏等，参加

① 中国第二历史档案馆全宗号五教育部第 11775 卷。

表演者一百二十人，观众约二千余人。

(4) 主办儿童节体育表演：历届儿童节均有体育表演。本届体育表演，因适逢天雨，改于四月八日举行。参加单位有体训所、宪光学校、青小一二实验校等校。各项表演节目中，体训所之垒上运动，宪小之坦克操及青小之草裙舞，最为精彩，颇得观众之好评。

(5) 提倡各项比赛：本年度由本馆倡导之各项比赛如次：

A. 越野赛跑比赛：此项比赛划分男女二组，于元月十九日上午九时举行，其越野路线，男组自本馆门首往东至车站，再折向西至老关口，全程约五千公尺，女子组则仅至劳作师范为止，全程约二千公尺。兹将参加比赛之人数、结果、成绩列表如后：

组别	参加人数	比赛结果	成绩	附注
男子组	42	李约伯、王凤章 中大附中	十九分七秒	观众约二千五百人
女子组	24	杨忠敏、郭琳琳 中大附中	十六分五十妙	

B. 排球比赛：自五月八日开始报名，五月十五日举行，采单循环比赛制。参加者有教部、中大附中、劳作师范、滑翔总会、社联等单位。比赛结果，教部获得冠军，惠赠锦旗一面。自此次比赛后，本镇排球比赛之风气盛行一时。

C. 垒球比赛：垒球为夏时健身运动之一。参与此项比赛者，有教部、中大附中、黑人、狮、教职、音乐院六队共赛八场，冠军为中大附中队，亚军为教部队。每场比赛时，并有啦啦队助兴。

D. 篮球比赛：本馆为提倡周末之健身运动，与正当之休闲活动起见，特定于每星期六日下午举行篮球联谊比赛。与赛者有海关、农民银行、滑翔总会、教部等队，自六月一日开赛以来，共赛五十场。

E. 游泳比赛：于九九体育节分甲乙丙丁四组举行，参加者四十人，比赛结果，以侨教会之接力赛及甲组五十公尺为最优异，各组冠军均赠奖品，藉资鼓励。

F. 儿童健康比赛：儿童为民族之元气，国家之菁英，未来之主人翁，其体魄之健康关系于国家之盛衰，民族之存亡，至大且钜。本馆为促使社会人士重视此义，以养成健康之儿童起见，爰藉庆祝儿童节机会举办儿童健康比赛，于四月一日开始报名，检查体格，八日下午二时举行评判，与赛者七十二名，共分三组，经比赛结果，录取六名，计胡春生，徐良谟，文健，易鹏，张易利，王嘉。

(6) 调查统计体育场运动人数：本馆兼办之国民体育场，因场地适中，设备齐全，并派有指导员经常莅场义务指导，故一般民众多乐于来场练习各项运动。兹将本年度各项运动人数（人次）调查统计如后：

项　目	男	女	儿　童	合　计
篮　球	45345	12120	18111	75576
排　球	28250	11250		39500
网　球	7988	12110	314	11412
垒　球	28577			28577
障　碍	15199			15199
游　泳	18922	3785	15138	38745
国　术	18000			18000
儿童器械		7560	17640	25200
体　操		37788	88172	125960
其　他	13425	37550	18775	187750
总　计				565919

(7) 实施免费种痘：本镇中医多良莠不齐，每至春季，各庸医之流，佥援用不合医学原理之方法为民众种痘，藉图牟利，其于民众之健康为害至大。本馆有鉴于此，特商得卫生站同意，每逢本镇农历三六九场期，假本馆设立种痘处，为民众免费施种牛痘，自设办以来，总计二十四场，来馆种痘者，达四千五百八十四人。

(8) 设立场期诊疗所：每届场期庸医多沿街设档为乡民诊病。本馆为取缔此类庸医，除曾约集当地较有名望之中医商讨制止办法外，复会同卫生站合组场期诊疗所，每逢场期设所免费诊病。此项工作因系免费，故自本年五月四日施诊以来，每场应诊者，平均约二百余人。

(9) 修葺公厕与处理垃圾：本镇之厕所失修，垃圾四散，对于公共卫生及环境卫生妨碍甚大，本镇限于经费困难，无力修整，特会同卫生委员会分向各界募捐。二月间募集蒇事，三月即将公厕修葺一新，六月定购胶轮垃圾车一辆，并雇清道夫一名，于每晨分向市街各户倒取垃圾，附近各保则掘垃圾坑一处，每周焚烧一次。惟此项工作，因居民散居各处，致垃圾多不能集中一处焚烧。且因经费筹措不易，清道夫不能多予雇用，以故此项工作，尚待设法推广也。

(10) 出版卫生教育半月刊：本馆为灌输一般民众卫生常识，除经常举办清洁检查，卫生讲座，健康壁报，期使民众能深切明瞭卫生与健康之重要外，复编印卫生教育半月刊。该刊每期均定有中心题材，除编列一般民众必须具有之普通卫生常识外，并配合时令刊载适当卫生资料。该刊自出版以来，以内容丰富，印刷精美，阅者甚众，惟经费困难，印刷纸张等费过昂，颇有不易维持之势。

(11) 举办理发业训练班：该班系于八月一日开始训练，八月十四日训练结束，为时两周。参加受训者三十五人，所授课程，有新生活运动精神讲话，卫生常识，公民训练，生活周会及违警法摘要。本镇之理发业原无甚组织，惟经此次设班集训后，理发业职工会乃迅告成立，此亦不可谓非集训之功也。

(12) 推行夏令卫生运动：本馆鉴于夏令卫生之重要，特于五月八日召开夏令卫生会议，商讨工作进行办法。兹将本年度经办之夏令卫生工作，分述如下：

A. 井水消毒：由本馆会同卫生站于五月十一日开始逐日消毒，其消毒之水井有建青路王家湾及本馆三处。不良之水井，则予封闭。

B. 清洁检查：检查清洁原属本馆之经常工作。在推行夏令卫生工作时，则每周检查一次，每月总检查一次。其检查对象，则偏重于餐茶旅各业之卫生设备。

C. 取缔摊贩：五月二十日召集本镇各处小贩谈话，授以夏令卫生常识，并指导摊贩二人负责督导，当本镇发现霍乱时，小贩即自动停售各种水果，藉防霍乱之蔓延。其有不合卫生规定之食物，则由本馆会同警局查察取缔。

D. 预防时疫：本年夏季因鉴于重庆霍乱猖獗，有蔓延之势，为防患未然计，特会同本镇各界组织紧急防疫会，采取下列紧急措置：①禁售生冷水果，②强迫注射防疫针，③扩大宣传，④成立时疫医院。兹将时疫医院筹备经过简述如次：该院成立系由紧急防疫会决议设立，由公路卫生站，社会服务处，巴璧两县公所，及本馆合组筹备委员会，负筹划设立之责，院址原拟假卫生站侧兴建，嗣以需款庞大，无法筹措，遂借定滑翔总会模型制造厂为院址。所需经费，半由卫生署补助，半由本镇各界捐募，凡住院者医药费用全免。该院系于七月一日成立，九月三十一日结束，住院者仅有三人。(两人瘉，一人死亡)。

(13) 成立卫生教育施教站：该站为本馆与青木关国民教育实验区合组成立，总站设本馆。其施教办法系本镇每一保国民学校设一卫生教育施教分站，校长任总干事，教师任干事。各施教站均由本馆经常供给教材与医药用品，每月并另由本馆拟定中心工作，派员前往各站轮流辅导。

第六节　青木关民教馆对本地区民众教育事业的研究与辅导

教育部公布民众教育馆规程规定，省市民众教育馆的研究辅导部，负责调查、统计、研究、实验、视察、辅导及民教工作人员的进修与训练等项工作。教育部附设青木关民众教育馆，则更上一层，对上列各项工作，不但要用之于对本地区（省、市或特设实验区）的研究辅导，还要面向全国作为学习推广的样板。本节只介绍对本地区（包括青木关国民教育实验区及周边广大区域）的研究辅导。

青木关民众教育馆的具体业务工作有十八项。其调查辅导范围很广，主要包括（1）辅导区内各民教馆概况，（2）学校兼办社教情况，（3）各补习学员之家庭状况，（4）失学民众情况。对于青木关民众教育馆本身，其业务工作具有综合督导的性质，相当于行政三联制“设计、执行、检查”中的第三个环节。其具体工作内容和实行情况，该馆 1945 年度总报告中记载甚详。现列全文如下：

青木关民众教育馆三十四年度（1945 年）研究辅导部工作总报告[①]

(1) 调查辅导区各民教馆概况：本馆为求实际研究与辅导之准备起见，对于辅导区内——四川省第三行政督察专员区所辖十县区——各级民众教育馆之实况，亟待调查周知，因于本年三月编印“各级民教馆概况调查表”一种，分寄辅导区各馆，请翔实填复，以便通讯辅导，兹将调查结

① 中国第二历史档案馆全宗号五教育部第 11775 卷。

果列表如后：

馆　名	馆　址	馆　长	馆内组成	备　注
綦江县立民教馆	綦江交通路	冉仲山	分总务教导艺术生计四部	
江北县立民教馆	江北大石乡	王寒槐	分总务艺术二部	
璧山县立民教馆	璧山北门外钟来寺	冯文彬	分总务教导艺术生计四部	
璧山县来凤驿民教馆	璧山县来凤驿	傅伯侯	分总务教导两组	
巴县县立民教馆	巴县屏都镇正街	李道权	分总务教导艺术生计四部	
北碚公立民教馆	北碚公园路28号	冯璃琛	分总务教导艺术三部	该馆系由北碚三峡实验区民教馆改组成立
永川县立民教馆	永川文庙	郑宗祜	分生计教导二组	
铜梁县立民教馆	铜梁中心街钟楼内	周焕文	分总务教导生计艺术四部	
大足县立民教馆	大足城内中山东街南华宫	潘兴让	分总务教导艺术生计四部	
合川县立民教馆	合川瑞山公园	李庭桂	分总务教导艺术三部	
荣昌县吴家镇民教馆	荣昌吴家镇南华宫	陈益戊	分总务教导生计三部	

(2) 调查学校兼办社教情况：民国二十七年五月，教部为谋学校与社会之沟通，使学校成为社会之中心起见，曾通令各级学校兼办社会教育，并厘订兼办社教办法，良以学校与社会之藩篱，为学校社会化之起点。自社会教育方面言，乃失学民众获得教育之机会，为社会教育之扩大也。本馆为欲明暸各级学校兼办社教之情况，藉利研究辅导计，本年八月曾寄发"学校兼办社教概况调查表"分请本镇各级学校填复，兹将各校兼办社教情况列表如次：

校　名	兼办社教情况	附　注
中大附中	除遇各种纪念日编贴民教壁报外，曾假本馆民众剧场公演话剧《郁雷》《家》	

续表

校　名	兼办社教情况	附　注
社教附中	除遇各种纪念日编贴民教壁报外，曾假本馆民众剧场公演话剧《少年游》	
劳作师范	1. 经常编绘各种壁报 2. “三、二九”青年节曾假国民体育场作童军表演	
音乐院	曾假本馆民众剧场公演话剧《万世师表》，并举行各种音乐晚会	
宪兵学校	除经常编绘各种壁报外，本年国庆日曾假本馆民众剧场公演话剧《飞》及各种游艺	该校各种纪念壁报多假本馆门首悬挂
童军师范	1. 经常编绘壁报 2. “二、二五”童军节曾假国民体育场举行营火晚会	
计政班	曾假本馆民众剧场公演话剧《北京人》	
社教附小第一分校	1. 曾协助本馆实施音乐教育，举行歌咏晚会 2. 举办民教班实施补习教育	1. 第一分校即前第一实验小学； 2. 民教班系由本馆与国教区协助兼办
社教附小第二分校	1. 曾协助本馆实施音乐教育，举行歌咏晚会 2. 举办民教班实施补习教育	1. 第二分校即前第二实小； 2. 民教班系由本馆与国教区协助兼办

（3）调查各补习学员之家庭状况：本年度业已举办之各种补习班，计有中英算补习班，暑期补习班，妇女补习班，成人补习班及理发业训练班，为保持本馆与各学员之联系，并明瞭其家庭状况起见，每当各班始业时，或结业后，仍循例派员调查各学员之家庭状况，藉资联系而利辅导。

（4）调查失学民众：我国文盲之众多，民智之落后，实为复兴民族之至大障碍。年来教育界人士，对于识字教育之推进，虽曾多方努力，皆因缺乏周密之计划，与齐一之步骤，其成效仍未见有何彰著。本馆有鉴于此，除会同国民教育实验区辅导该区所辖本镇第一、二实校兼办民教班外，复于馆内举办各种补习班。各班于始业前，首由本馆派员往附近各乡普遍作失学民众调查劝其入学。本年度经由本馆授以补习教育之失学民众计有二百一十九人。

（5）召开研究会议：欲求工作进展，事业扩大，事前须有周详之设计，而后始能循序渐进，逐一执行，再后乃能严密考核。而此种设计、执行与考核之行政三联制，就本馆言之，则有赖于研究会议之召集。良以本会议之召集，旨在集思广益，一经研究商讨，议成定案，即须依案执行也。本会议之召集，先后计有二次。首次会议之研讨中心，偏重于既往工作之检讨与未来工作之研商。二次会议则着重于推行，补习教育之研究，事业之改进，与交换战后社教复员计划之意见，所有研究各案，均经纪录专册，存备查考执行。

(6) 举行各种座谈会：本年度举行之座谈会，计有：

A. 青年节座谈会：本座谈会系于“三·二九”革命先烈纪念日举行，由本镇中等以上学校学生参加，座谈会主题为“科学与国防”，经研讨之结果，佥认为无科学即无国防，无国防即无国家。而欲求国家安全，须先巩固国防，欲巩固国防，则须提倡科学国防化运动，并经拟订推行科学运动办法，存备实行。

B. 国民教育座谈会：本会于本年三月三日召集，与会者有巴璧两县青木乡各保国民学校长教师二十余人，由本馆馆长主席，并敦请教部国辅会朱秘书莅会指导。本会召集之目的，首在聆取各校长教师之施教报告(包括心得与困难)，次乃根据报告逐加检讨。

C. 教师节座谈会：该座谈会于八月二十七日教师节假本馆中山堂举行，出席区内各校长教师三十余人。会中讨论资料偏重于国民教育师资之培养、待遇之提高、制度之重订及经费之宽筹等问题。

D. 地方自治座谈会：抗战结束后一年内召开国民大会，实施宪政，还政于民，此为今日国民之一致要求，惟欲实施宪政，还政于民，其基本条件，首须健全地方自治，以故健全地方自治之工作，实为实施宪政，厉行民主政治当务之急。本馆为使巴璧两乡人士明瞭地方自治之要义，并促进该乡地方自治及早完成计，爰于本年二月二十八日召开地方自治座谈会，敦请章微颖先生莅会，讲解自治之要义。本座谈会计出席两乡乡民及地方士绅五百余人，历时两小时始毕。

(7) 辅导第一二实校兼办民教班：欲复兴民族，须普及教育，欲普及教育，则又须扫除文盲。惟教育之普及，文盲之扫除，决非少数社教专业者所可胜任，尚有赖于各级学校依照规定，一体兼办社会教育，而后始能迅收扫除文盲、普及教育之效。本馆为达成上述目的，并为各校兼办社会教育者之示范起见，本年五月特会同国民教育实验区辅导该区所辖之第一二实校兼办民教班，招致失学民众入学，实施补习教育。两班计有学生五十七人，一校三十人，二校二十七人，教学两月后，并举行结业考试，发给专业证书。区内其他各保校，亦正依照计划，分别策划附设民教班，惟因限于各种困难，成效固待继续收取也。

(8) 解答有关社教实施之困难问题：为明瞭辅导区内所辖各馆之概况，本年三月曾寄发“概况调查表”内有“心得与困难”一栏，四月以降，各馆之据实填注陆续寄还者，本馆均根据调查所得，与经办社教实施之经验，分别专函答复。(各馆类多因经费困难，深感事业不易开展)

(9) 搜集社教资料：三十三年中本馆为便于研究辅导起见，曾筹设社教资料室。二、八月间并分函各有关机关，征赠有关社教之图书。自征集以来，承各机关惠赠者，为数尚多，本年内仍在赓续征集中，并予以分类编号，编作索引，以便研考。

(10) 赓续举办巡回书库：巡回书库旨在利用图书携往各处实施巡回教育，因自三十三年推行以来，颇得各教师学生及民众之好评，本年度仍赓续举办，效果尚佳。

(11) 编辑壁报：本馆经常编出各种壁报，其词句力求通俗，谋合大众阅读，其内容则包括时事消息、时事评述、生活常识及各种插图等。此外，并根据事实需要，随时利用机会编辑专号（如新生活运动专号，妇女节专号，七七专号，胜利专号，国庆纪念专号等）如收音有重要新闻，尤随时以“快报”方式编出。本年度计编纪念壁报十期，普通壁报十四期，新闻快报五十八期。

(12) 编辑纪念书刊：本馆于民国二十八年成立，迄今已六易寒暑。兹以抗战胜利，战事结束，本年即须依照既定计划，移交地方继续办理。为使六年来之工作情况公诸社会，工作经验与心得能垂诸久远起见，特组织编辑委员会，着手编辑专刊，现此项工作，正在积极办理中，一俟脱稿，即可付梓。

(13) 拟订各项章则：为促使组织健全，并求事业之进展，有所依循，本年度曾为本镇之儿童课余学团，儿童读书会，抗属儿童联谊社，儿童康乐园，母亲会，地方自治协进会，及学校社会式教育学团，分别拟订组织章程及办事细则。此外，并拟订本馆职员值星办法、员工奖惩章则及工友训练办法等。

(14) 编本馆三十四年度工作报告：本年度之工作报告，为求整齐划一计，先于九月二十五日小组会议时，商讨各部编辑之内容及方式，其后各部即根据所议定者，自行编拟，次乃送交研究辅导部汇编。

（15）编拟各部经常工作纲目表：本表系就各部经常工作，择要编订，在时间方面，则分每月、场期、每周、旬日、半月、一月各栏。各部之经常工作，即依据表列各项纲目，配合实施。

（16）编辑本馆大事记：本大事记，系于各部之工作日记中，就其较有意义与价值者，酌予提要编出，目的在易于比较，调查与考核。

（17）拟告关上人士书：本馆以本年终即将结束，移交地方，同人亦多籍隶外省，离川在即，为示惜别，特拟《告关上人士书》。全文要点分：①抗战八年青木关在迁建区中地位之日臻重要，②关中人士对于内迁之学校机关赞襄极多，至可感佩，③战事胜利结束，各机关学校又将准备复员，甚望在留青之短期内，加速协助地方从事建设事业，藉以答报地方历年协助之盛谊，④文化教育之建设，地方自治之完成，俱关中急务，甚望关中贤达，珍视时机奋勉修图，继抗战之坚毅，成建国之殊勋。

（18）剪辑报章杂志：逐日将报章杂志所载各项新闻、论著，视其性质，分别剪辑（分国内外）为军事、政治、经济、交通、文化、教育、外交、农村、社会、内政、财政等类。专供撰拟各项文稿之参考暨作各种专题研究。

第五章　学府林立的抗战教育基地

在我国国立的音乐学校，是从民国十六年冬国民政府定都南京后在上海设立的上海国立音乐专科学校开始。该校创办了将十年，成绩斐然，很不幸的民国二十六年“八一三”淞沪会战发生，该校新校舍在江湾市中心区沦为战场，全部校舍毁于炮火，在万分混乱中，一部分设备搬到租界上复课。随后战事扩大，上海沦为孤岛，教育部曾令其内迁，但该校因困难太多，无法移动，不得已仍留沪维持办学；以致抗战的后方，没有一所专门的音乐学校，无数想研究音乐的青年，没有进修的机会。因此，当局于民国二十八年冬在战时的首都——重庆设立国立音乐院，以整理我国音乐文化，介绍西洋音乐艺术，培养音乐专门人才及师资为宗旨。二十九年二月，筹备委员会成立，同年三月成立实验管弦乐团，八月教育部将青木关和各省民众教育馆馆长训练班房屋作为该院院址，所有设备拨归该院应用；九月招生，十月筹备委员会结束，十一月一日该院正式成立，开始授课。

——静仙《在抗战中长成的国立音乐院》，载重庆《青年音乐》第一卷第4期（1942年6月号）

【一九四一年】八月十一日上午，在警报声中，承音乐师资训练班班主任杨仲子和教务主任李抱忱的委托，让我到彭家院子去讲演一次。那天我讲的题目是“声韵和声乐的关系”，大意想说明国乐的四声阴阳对于谱曲的重要性，四声阴阳虽然随地异其调值，但是谱曲子的时候总得依照一个标准，时下的抗战歌曲把“九一八”唱成“揪尾巴”，那就是念倒了字音的实例，末了儿又附带着说了一点戏曲音韵的源流，当我正在高谈阔论的时候，有一阵，敌机隆隆恰好从头上飞过，因为听众仍然很镇静地坐着不动，我也就不好意思“见机而作，入土为安”了。

——罗常培《蜀道难》

第一节　青木关抗战教育基地与中国乡村建设育才院

青木关不愧为学府林立的抗战教育基地，除前述国民政府教育部温泉寺办公厅、青木关民众教育馆和国民教育实验区 13 所国民学校以及教育部附设实验中心小学一、二两校和青木关小学等学校之外，还有大中学校多所。抗战时期在陪都文化区内，除沙坪坝、歌乐山之外，青木关是知识分子第三处最集中的地方，其密集度居全市第一位，其绝对数两三千人，差可与沙坪坝、歌乐山齐平。据统计，截止到 1944 年，青木关地区共有大中小学生 5522 人，其中专科以上学校学生 303 人，中等学校学生 3406 人，国民教育实验区 13 所小学及教育部附设青木关小学 1913 人；全地区学校教职员工 1142 人，其中教员 238 人；战地失学青年招致委员会青木关本会从 1940 年至 1944 年共招致失学青年 30808 人，平均每月 500 人左右。这里只着重介绍大学和中等学校及相关的重要教育机关。①

重庆时期青木关大、中学校一览表

校　名	校　址	校　长	时　间	备　注
国立音乐院	关　口	吴伯超	1940—1946	附设少年班
教育部附设体育师资训练所	彭家院	郝更生	1941—1946	
劳作师范	钟家大石堡	何　源	1942—1946	
童军师范	黑塘坎	严家麟	1942—1946	
成达师范	彭家院	蒋文波	1945—1946	
计政班	王家坪 童家院子	刘海鸥	1946 年撤销	
进修班	八庙塘	徐则骧 高锡福	1940—1946	

① 以上数据根据中国第二历史档案馆藏档教育部在青木关相关原始档案及《中华民国史档案资料汇编》第五辑第二编教育（一），江苏古籍出版社，1997 年第 1 版，761～767 页相关统计资料统计结果。

续表

校　名	校　址	校　长	时　间	备　注
宪兵学校	福里树		1946 年迁走	培训宪兵下级军官
中大附中	袁家沟 石家沟	周明颐 魏绍舜	1941—1946	
社教附中	张家湾	王义周 蓝国农	1942—1946	
宪光学校	福里树	龙履冰	1946 年撤销	
青木关中学	张家湾	钟芳铭	1946 年组建	实为社教附中之延续

这个表所列高校只有国立音乐院和体育师资训练所两所。另外还有三所值得一提：一是私立朝阳学院，院长孙晓楼，为法科高校，原在北平，抗战时先迁成都，后迁巴县兴隆场，即在梁滩坝西侧，距青木关近 10 公里；二是国立社会教育学院，在璧山县城，但其附属中学设在青木关（属璧山县）；三是歇马乡状元碑的私立中国乡村建设育才院，晏阳初创办，是为教育部十分重视且对青木关国民教育实验区有重要影响的高校，距青木关近 10 公里。

国立社会教育学院 1943 年有学生 538 人，教员 83 人。职员 79 人，军训员 4 人，特种工役 41 人，普通工役 41 人。内设社会教育系、社会事业行政学系、图书博物馆学系。1943 年春季起附设礼俗行政组一班，另有社会艺术教育、电化教育专修科。学院院长由教育部社教司司长陈礼江兼任。

中国乡村建设育才院名义上由晏阳初出面创办，实际上是中华平民教育促进会所兴办的一项重大事业，是抗战前乡村建设运动在重庆的继续和发展。这个学院最初拟定的名称为中国乡村建设学院，其办学宗旨和计划有平民教育促进会所拟《中国乡村建设学院学术纲领》述其大端。“纲领”序言说：“中华平民教育促进会以其致力乡村工作之经验，深信中国今日欲完成抗战建国之神圣任务，必须确认：农民大众为中国民族力量的源泉，乡村社会为中国社会结构之基础，而欲发动农民的伟大力量，必须注重民众组训，欲促进社会改造，必先致力建设乡村。而此种艰巨事业之完成，必赖乎科学的实际研究与夫朴实人才之培养。爰联合二十年热心从事乡村建设同志，创办乡村建设学院，期对此民族复兴大业，竭效贡献之诚，特制定学术纲领。”纲领分为三部分：

一是“根据认识”，有两条，即认定“农民教育是引发民众自力的基本工作”；“基层建设是改造中国社会的基本工作”。二是“教育精神”，有三条，即

“建树诚朴仁通之学风，以转移社会动向，为新中国确立重心”；“发扬光大本国固有之讲学精神，致勉于师生人格的感应”；“置重实习力行，使学术与行动融合为一”。至于工作要领，则以体现教育精神为目标，共有六条：进行现实研究，致力社会证验，达成研训合一，实现任务训练，推进连锁教学，发展集体服务。

青木关国民教育实验区的民众教育，主要即针对农民的启蒙和社会教育，前面提到，青木关国民教育实验区的相关政策和实验方案的制定，有中国乡村建设育才院（相当于专科学校，无独立学院之完备系科师资和设置）的专家参与。这既是该校办学宗旨所要求，也是抗战时期建国的需要，反映的是抗战建国和中国现代化进程的同步发展。为便研究，兹将《中国乡村建设学院五年研究计划大纲草案》和《中华平民教育促进会负责人名单》附录于后。

中国乡村建设学院五年研究计划大纲草案

（一）原则

1. 适应抗战建国的要求；

2. 注重基层建设与民众力量之引发；

3. 以农民实际生活为研究对象，应用科学方法，注重客观事实，以改进农民生活为目的；

4. 以研究结果为训练方法内容，达成研训合一；

5. 以国家社会建设计划为训练内容，注重各种实际任务与活动间之连锁关系；

6. 训练注重实习，以期理论与实际扣合。

（二）分系研究及课程

1. 各系中心工作之规定。

a. 地方政治系注重县及县以下之行政机构与自治机构及其运用；

b. 农村经济系注重改进农民经济生活之条件及组织；

c. 乡村教育系注重改进乡村生活的教育与农民组织及基层政育干部之训练；

d. 农事系注重教民实际问题之研究、推广材料之准备与应用技能之训练；

e. 公共卫生系注重公医人才训练，妇婴卫生工作，各级卫生机关应用材料之制造，卫生基本问题之研究；

2. 制定各系分年课程与实习指导说明书。

3. 制定各系分年研究设计进度表，包含：a、问题；b、方法；c、期限；d、预期结果；e、人员；f、经费；g、材料及设备。

4. 编行学术刊物。

（三）教学准备

1. 拟定物理化学生物心理各实验室分年设置计划。

a. 物理实验室——普通教学实验，设备一年完成；

b. 化学实验室——注重土壤化肥之研究设备两年完成；

c. 生物实验室——二年完成；

d. 心理实验室——注重学习心理、社会心理研究设备，一年完成。

2. 拟定卫生设备五年计划。

3. 拟定农场五年设备计划。

4. 拟定图书馆五年设置计划（包括共同科目图书），并根据活动间之连锁关系。

5. 拟定军训及体育设备计划。

以上各项设置计划，均须依照项目、年度、设备、经费各项，制成表格。

（四）师资准备

根据研究计划，需要拟具教师及专门研究人员准备计划：

1. 所任课程及研究问题。

2. 资格。

3. 研究考查地点。

4. 研究方式。

5. 研究期限。

6. 研究前后。

（五）学生

1. 自办中学或与其他机关合办中学，或与适当之中学取得联络。

2. 拟定分年招生数额。

3. 拟定学费征收与奖学金办法（免学费 1/3，学生可与贷金）。

4. 拟定优良学生深造办法。

5. 规定结业学生之出路与任务。

6. 拟定学生（包含女生管训办法、包含人员准备）。

（六）实习与推广

1. 规定实习种类：

a. 考察；

b. 参观各机关工作；

c. 参观改革现行机构工作。

2. 划定区域：

a. 直属区域；

b. 县专员区省立推广工作；

3. 拟定三种区域内三种实习工作，分年推广实习工作计划，并制成表格。

经费收支概况

一、来源：美国洛氏基金会（Rockfidblfoundation）捐助合法币六万元。

二、支出：

1. 职员薪金　四一，四〇〇元

2. 办公费　八，五五〇元

3. 出版垫款　六，〇〇〇元

4. 各通讯处办公费　三，〇五〇元

5. 预备费　一，〇〇〇元

三、学院筹备处经费概算

1. 来源

甲、本会历年节余　一二五，〇〇〇元

乙、董事认捐　　　二〇〇，〇〇〇元

丙、党政领袖捐助　二〇〇，〇〇〇元

丁、美国文化基金机关捐助三五〇，〇〇〇元

2. 支出概算

甲 基金　五〇〇，〇〇〇元

乙 院舍购置　一五〇，〇〇〇元

丙 设备费（图书购置在内）二〇〇，〇〇〇元

丁 筹备处经费　二五，〇〇〇元

中华平民教育促进会负责人员名单

职　务	姓　名	性别	年龄	籍贯	出身	略　历	附　注
专门干事	晏阳初	男	46	四川	留美	河北省县政建设研究院院长，最高国防参议会参议	现任国民参政会参政员
专门干事	瞿菊农	男	41	江苏	留美	清华大学教授，湖南大学文学院长	现任行政院县政计划委员会委员
专门干事	姚石庵	男	42	山西	留美	北平大学教授，湖南行政学校技术辅导员班主任	现任全国农产促进会委员
专门干事	黎锦纾	男	42	湖南	留德	国民革命军总司令部教育股长，国立中山大学教授	现任中国乡村建设学院筹备委员
专门干事	孙伏园	男	46	浙江	留法	国立中山大学教授	本会秘书主任
专门干事	汪德亮	男	41	广东	留美	国立武汉大学教授	中国乡村建设学院筹备委员
专门干事	陈志潜	男	42	四川	留美	北平协和医院教授，定番乡政学院院长	现任四川省卫生实验处处长
专门干事	彭一湖	男	43	湖南	留日	衡山实验县县长	四川衡山师范学校校长
专门干事	陈筑山	男	52	贵州	留美	中国公学校长，四川省政府秘书长	现任四川省建设厅厅长
专门干事	孙思三	男	41	山东	留美	江西省政治讲习院编辑委员会主任委员	中国乡村建设学院筹备委员
专门干事	谢扶雅	男	46	浙江	留日美	岭南大学教授	中国乡村建设学院筹备委员
专门干事	熊佛西	男	41	江西	留美	北平艺术学院教授	现任四川省立音乐戏剧专科学校校长
专门干事	霍俪白	男	48	广东	留日美	四川省设计委员会秘书长	现任江西省立中正大学筹备委员
专门干事	孙廉泉	男	41	山东	留日	湖南第五区专员	现任四川第十区专员
专门干事	马博庵	男	42	江苏	留美	华西大学教授	现任江西省立中正大学筹备委员
专门干事	张鸿钧	男	41	北平	留美	燕京大学教授	中国乡村建设学院筹备委员

第二节　全国最高音乐学府国立音乐院

国民政府教育行政主管部门自 1927 年 11 月至 1940 年 2 月，先后创办过两所国立音乐院。第一所是由国民政府大学院院长蔡元培于 1927 年 11 月在上海创办，由蔡元培兼任院长，萧友梅任教务主任，至 1929 年 7 月改组为国立音乐专科学校，萧友梅任校长。第二所便是本章要专门介绍的青木关国立音乐院，该院抗战胜利后迁回南京。至 1949 年国民党政权败退台湾后，南京国立音乐院即迁去北京，成为今中央音乐学院的主要前身。国立音乐院在抗战期间，在青木关另设有分院，分院院长为戴粹伦。

青木关国立音乐院于 1940 年在教育部长陈立夫的倡议下，于当年 2 月在青木关老关口附近征地建成。首任院长为谢寿康，当时，他尚在国外而未到任，由教育部政务次长顾毓琇代理。此后出任该院院长的，先后是：1941 年 8 月至 1942 年 10 月的杨仲子；杨调去教育部任音乐委员会主任之后，1942 年 11 月至 1943 年 3 月由教育部长陈立夫兼任；1943 年 4 月至 1949 年 1 月，则由吴伯超担任。教务主任一职，先后由应尚能、李抱忱、陈田鹤等担任。

国立音乐院组织大纲

教育部乐拾壹第三四八七四号指令核准（二九，十，九〇）

第一条　本院定名为国立音乐院。

第二条　本院以发扬我国音乐文化，研究音乐艺术，实施社会教育，培养专门人才为宗旨。

第三条　本院设院长一人，综理院务，由教育部聘任之。

第四条　本院设教务处，训导处，及总务处。

第五条　教务处设教务主任一人，秉承院长主持本院教务事宜，由院长就专任教员中聘任之。分设注册出版两组及图书馆，各设主任一人，组员及馆员若干人，均由院长任用之。

第六条　训导处设主任一人，秉承院长主持本院训导事宜，由院长就专科以上学校，训导人员资格审查委员会，审查会务人员中聘任之，分设生活指导，军事管理，体育卫生三组，各组各设主任一人，并分别设训导员，军事训练教官，医士，护士及体育指导员若干人。

第七条　总务处设总务主任一人，秉承院长主持本院总务事宜，由院长就专任教员中聘任之，分设文书，出纳，事务三组，各组各设主任一人及组员若干人，均由院长任用之。

第八条　本院设专任教员及兼任教员若干人，均由院长聘任之。

第九条　本院设会计室会计主任一人，佐理员及雇员若干人，均由教育部会计处依法呈请任用，办理本院税计会计等事宜。

第十条　本院院长室设秘书一人，秉承院长办理院长室事务，由院长任用之。

第十一条　本院为研究音乐学术，设研究室，置主任一人，由院长就专任教员中聘任之，设研究员及助理员若干人，由院长任用之，均不给于学位。

第十二条　本院得附设实验管弦乐团及实验歌咏团，其章程另定之。

第十三条　本院设院务会议，以院长，教务主任，训导主任，总务主任，会计主任及全国教导员所选出之代表组织之，院长为主席，讨论全院一切重要事项。

第十四条　本院设教务会议，以教务主任及教务处各组主任组织之，教务主任为主席，讨论一切教务事项。

第十五条　本院设训导会议，以院长，训导主任，主任导师，全体导师及训导处各组主任组织之，院长为主席，讨论一切训导事项。

第十六条　本院设总务会议，以总务主任及总务处各组主任组织之，总务主任为主席，讨论一切总务事项。

第十七条　本院设图书出版及其他各种委员会，其章程另定之。

第十八条　本院设初级部，中级部，专门部，及五年制专科；初级部招收高小毕业或同等学力者，修业年限三年，中级部招收初中毕业或同等学力者，修业年限三年，专门部招收高中毕业或同等学力者，修业年限三年，五年制专科招收初中毕业或同等学力者，修业年限五年。

第十九条　本大纲如有未尽事宜，得由院务会议议决呈准教育部修正之。

第二十条　本大纲经呈教育部核准后试行。

——《教育通讯》第四卷第一期 新年号 1941 年 1 月 4 日出版

国立音乐院为五年制专科，分设的专业有理论作曲、国乐、键盘乐器、管弦乐器、声乐组等科，同时组建有管弦乐团。教师阵容强大，都是我国各专业的老一辈专家、教授。各专业组主任均为全国知名专家，如国乐组主任储师竹，声乐组主任黄友葵，管弦乐器组主任陈洪，理论作曲组主任江定仙，键盘乐器组主任易开基，研究室主任杨荫浏等。各组的专业教师是全国知名的歌唱家、演奏家、作曲家、理论教育家。具体情况如下表：

国立音乐院各专业组师资阵容

专业组	主　任	师　资
理论作曲组	江定仙	熊乐忱、陈田鹤、林声翕、张文纲、丁善德、江定仙、刘雪庵
国乐组	储师竹	曹安和、卜晃华（琵琶）、储师竹、陈振铎、刘北茂、陆修棠、朱芳谷（二胡）、杨荫浏（国乐概论）、夏一峰、程午嘉（国乐）
国乐组	储师竹	曹正（筝）
键盘组	易开基	马思奎、王云所、巫一舟、李翠贞
声乐组	黄友葵	伍正谦、张权、胡然、茅爰立、莫桂新、蔡绍序、魏启贤、李抱忱（合唱、欣赏）
管弦乐组	陈　洪	张洪岛、戴粹伦、章彦、梁定佳（小提琴）、黄源洛、马思琚（大提琴）、夏之秋（铜管）、韩中杰（长笛）

国立音乐院还聘请外籍教师7人，其中钢琴三人，大提琴、小提琴、声乐和理论作曲各一人。音乐院建院之初，原属教育部的实验管弦乐团划归为音乐院附属乐团，由金律声任团长，吴伯超、张洪岛任副团长，正副团长兼任乐团指挥。原中央广播电台音乐组长陈济略兼任该团设计委员。[①]

国立音乐院中的每一个教师，都是国内音乐界出类拔萃的知名人物，都可以立传。在这方面，到目前为止，已有《吴伯超的音乐生涯》（中央音乐出版社）、《中国近现代音乐家传》一、二集（春风文艺出版社）、《春雨集·悠悠往事堪自慰》（江定仙自传）（人民音乐出版社）、《中国音乐名家与金陵鼓楼》（江苏美术出版社）等书籍出版。这里只举国乐组刘北茂为例略做介绍，刘北茂原是国立西北大学英文教授，同时又擅长国乐二胡。他是二十世纪二三十年代闻名的文坛刘氏三杰之一。“三杰”是长兄刘半农、二弟刘天华、三弟刘北茂。刘半农是我国知名的新文学家、语言学家和翻译家，与钱玄同等人同为“五四”新文学运动的发起人和猛将。刘天华毕生从事音乐事业，主要是对二胡、琵琶的研究和对二胡乐曲的创作和教学，创立了“国乐改进社”，倡议改进国乐，是我国著名的国乐艺术大师。国立音乐院的二胡教席储师竹、陈振铎

① 以上见郑体思《国立音乐院历史追忆》《巴县文史资料》第十辑。

等人都是他的嫡传弟子。刘北茂是燕京大学英文系的高才生，任大学英文教授，但他的二胡造诣也很深，一方面得力于其兄刘天华的指点，一方面也有他自己的天分。刘北茂在教授英语课的同时，也兼作国立音乐院的二胡教席。据郑体思回忆：

> 1944 年春，我应邀去巴县兴隆场朝阳学院国立社辅导排练节目，筹办国乐演奏会，又再度幸会北茂先生（当时他在该院兼任英文教授）并同台演出。北茂的二胡独奏《薰风曲》《小花鼓》《前进操》均受欢迎。后两曲是北茂先生的创作乐曲，轻快活泼，催人奋进。
>
> 北茂多年从事二胡曲的创作，1957 年由音乐出版社出版了《二胡创作曲集》，该集包括小品 11 首，独奏曲 13 首，并有乐曲介绍，曲文并茂，真乃是青出于蓝了。
>
> 近年来，中央人民广播电台和中央电视台多次举办刘氏三杰纪念音乐会，引起海内外广大听众的强烈反响。①

国立音乐院于 1940 年暑假正式招收一二年级新生，11 月开学行课。接受了国立音专八位同学来院借读，同时将小龙坎的“音乐教导员训练班”全体学生转来就读。1941 年曾举办过“音乐教员讲习班”，学员编制 40 人，当年结业。后又接受选修生约 40 人来院进修。据 1943 年教育部档案资料，国立音乐院师生员工人数统计表②如下：

校名	所在地	学生人数	教职员人数					工役人数			备考
			教员	职员	技术人员	军训人员	计	特种工役	普通工役	计	
音乐院	青木关	145	40	28	42	1	111	12	23	35	管弦乐团在内
音乐分院	青木关	83	24	20		1	45	16	9	25	

据《第二次中国教育年鉴》记载，国立音乐院作为 5 年制专科学校，招收初中毕业或具有同等学力的学生。按 1988 年 1 月编印的《国立音乐院校友录》提供的资料，在重庆时期先后入学的学生有 422 名；南京时期入学的有 149

① 郑体思《探访夏荪楚，幸会刘北茂》《巴县文史资料》第十辑。

② 中国第二历史档案馆编《中华民国史档案资料汇编》第五辑第二编教育（一），江苏古籍出版社，1997 年第 1 版，第 765 页。

名，为培养交响乐队后备人才于1945年创办的附设10年制幼年班，招生入学后每年都要甄别淘汰，收入同学录的有112人。

学校的行政组织，院长下设教务、训导、总务主任各一人。院长室设秘书一人。教务处设注册、出版两组及图书室。训导处设生活管理、课外活动、体育卫生三组。总务处设文书、出纳、事务三组。每组（室）设主任一人，组员若干人。此外还有会计室主任一人，助理员及雇员各若干人。[①] 国立音乐院的校舍十分简陋，除大的公共场所如礼堂较宽敞外，一般都是小间式的建筑，而且是竹篾夹壁加草顶，特别是琴房，仅容一架钢琴和弹奏者的座位及其他必要设备的空间，分布在老关口一侧的半坡上，一栋接一栋，看上去一大片，因为琴少人多，人人都要练，实行人停琴不停，以致从早到深夜漫山琴声不断，似乎仙乐飘飘处处闻，加上声乐演唱训练的或激越或优雅的歌声，引得附近的中学生课余时间攀到山岩顶上去倾听，如痴如醉，更生出“此曲应是天上有，人间能得几回闻”的感慨来。

国立音乐院从1940年建院，经过两三年艰辛创业，到1943年吴伯超出任院长后，走上正常的稳定发展之路。吴原系教育部音乐教育委员会负责人，代表教育部主持校务。他在校期间，学校的主要任务是教学，辅以创作研究和对外演出的艺术实践。吴伯超的音乐教育思想，是学习、借鉴西方音乐的有益经验，来发展中国的民族音乐。他在《中国乐艺界概况》[②] 中说：“既受西乐洗礼，又得国乐素养”的“莘莘学生”应该“起来完成中国的国民乐派，与世界各国相提并荣”。在他领导下的音乐院，其课程设置除专业主科外，分为三大类：一是专业基础课，如作曲专业的和声、复调、管弦乐法，作曲组学生都以钢琴为副科，开设有键盘和声课程。二是音乐共同课，有视唱练习、音乐欣赏和声学基础知识、合唱课、音乐史等。三是文化共同课，如国文、外文（英、德、法语）、艺术概论等。此外设有选修课程，如杨荫浏开设的音乐物理。

国立音乐院贯彻教育部发展中国民族本位的音乐文化的方针，十分重视民族音乐的教育和发展工作。为加强国乐组的教学力量，音乐院聘请了刘天华的嫡传弟子担任二胡、琵琶、昆曲的教学，这些教师除已经提到的刘北茂、储师竹外，还有曹安和、陈振铎等。杨荫浏负责教国乐概论和三弦。对其他专业组的教学，也有相应规定。规定国乐概论为所有学生的共同必修课，而且必须同

---

① 见《第二次中国教育年鉴》，商务印书馆，1948年12月出版，第745页。

② 萧友梅音乐教育促进会编《吴伯超的音乐生涯》，中央音乐学院出版社出版，2004年3月第1版，第339页。

时选修一门国乐课程，有不少学生选修二胡，声乐组学生大多选昆曲。在学术研究和创作上，音乐院也担负有教育部规定的收集整理民歌，并加以提高的责任。[①] 校内理论作曲组学生组织的“山歌社”应运而生。著名的《康定情歌》就是这样在国立音乐院师生的共同努力下被推出来的，这首歌原系三十年代流传于康定的一首民歌，于四十年代逐渐外传，到四十年代中期，就读于音乐学院的福建籍学生吴文季从一位藏族军人那里听到之后，请这位康定人一句句教唱收集起来，交声乐老师伍正谦审定，再转请作曲系江定仙老师加工提高，并在音乐学院内的音乐演唱会上演唱，大获成功，再经当时走红的歌唱家喻宜萱从重庆唱到南京而红遍全国，走向世界。

康定情歌

1=F 2/4

稍慢 饱满的

35 6 65 | 6・3 2 | 35 6 65 | 63・ | 35 6 65 | 63 2 |

跑马溜溜的山 上 一朵溜溜的云哟，端端溜溜的照在

李家溜溜的大 姐 人才溜溜的好哟，张家溜溜的大哥

一来溜溜的看 上 人才溜溜的好哟，二来溜溜的看上

世间溜溜的女 子 任我溜溜的爱哟，世间溜溜的男子

53 2321 | 26・ | 6 2・ | 53・ | 216・ | 53 2321 | 2・6 | |

康定溜溜的城哟 月亮 弯 弯 康定溜溜的城哟

看上溜溜的她哟 月亮 弯 弯 看上溜溜的她哟

会当溜溜的家哟 月亮 弯 弯 会当溜溜的家哟

任你溜溜的求哟 月亮 弯 弯 任你溜溜的求哟

国立音乐院纪念亭碑文

严良堃

国立音乐院于1940年成立于重庆青木关，为抗战时期大后方最高音乐学府，1945年增设幼年班。抗战期间，该校师生住茅草屋，点桐油灯，以音乐为武器，积极宣传抗战，为中国音乐事业作出了重大贡献，并为新中国输送了大量高水平的音乐人才。该院于抗战胜利

① 《20世纪40年代中国最高音乐学府》，见《中国音乐名家与金陵鼓楼》，江苏美术出版社，2004年12月第1版。

后迁南京，中华人民共和国成立后，北迁天津，与北平艺专音乐系等单位合并，成立中央音乐学院。

为纪念国立音乐院抗战时期所做的贡献，1995 年，重庆市文物管理部门，在原校址修建了国音台纪念雕塑，由三个半边竖琴碑组成，寓意“国破山河在”。同时三个竖琴碑分而紧合，凝聚成一个整体，具有顽强挺拔的巨大张力，给人激奋昂扬的特殊感染力，从而再现了国立音乐院在重庆的光辉历程。后因渝遂高速公路修建，经专家审定后，2007 年 6 月，将该组雕塑异地迁建至青木关老关口岩顶上，并改建为国立音乐院纪念亭。纪念亭素面筒瓦，寓意抗战岁月之苦，亭顶延续原纪念雕塑造型，蕴含山河破碎之坚。纪念亭虽小，志趣乃大，闻风感怀，如闻民族之声在耳，如见一代音乐人豪气如江河山岳，浩荡如斯，巍然如斯。谨记。

第三节　青木关中大附中、社教附中及青木关中学

青木关的普通中学先后有国立中央大学附中、国立社会教育学院附中及国立青木关中学三所。

中大附中全名为国立中央大学师范学院附属实验中学。该校奉教育部令从南京迁贵阳，附中更名为国立十四中；到 1940 年，中大又在重庆青木关另创建中大附中，校址设在袁家沟顶端的岚垭上，小地名四楞碑，由中山学校中学班、国立十二、十五、十六中部分师生合并而成。1944 年中大附中女生部从本部分出迁到石家沟西南面滑翔总会处。鉴于当时的中大附中在重庆有两所，在青木关这所简称中大附中青校，中央大学本部在沙坪坝增办的附属实验中学，简称中大附中分校。社教附中为国立社教学院成立时新建，生源主要来自儿童保育院的保育生①。它和中大附中青校及分校 1943 年所设班级情况如下表②：

① 参见郭思福《重庆文化教育高地——青木关》，青木关中学编《铸秀育英话当年》（续集），内部本。

② 中国第二历史档案馆编《中华民国史档案资料汇编》第五辑第二编教育（一），江苏古籍出版社，1997 年第 1 版，第 674 页。

校　名	所设班级	备考
中央大学附属中学	高中 9 班，初中 11 班，六年制 3 班	
中央大学附属中学分校	高中 1 班，初中 4 班，师范 3 班，附小 4 班	
社会教育学院附属中学	高中 7 班，师范 2 班	

表中青木关中央大学附中当年共有学生 1150 人，教员 49 人，职员 41 人，军训员 4 人，工役人员 100 人（其中特种工役 77 人）①。

社教附中 1941 年成立，校址在青木关镇南侧张家湾，是国立社会教育学院的实习基地，先招初中，1943 年开始开设高中班，到 1945 年全校学生近千人。

国立青木关中学成立最晚，是在抗战胜利之后的 1946 年成立，但就学校校址的沿用，学生人数所占比例又为原校之半，以及其他相关条件的完备程度来看，都应视该校为国立社教附中的延续，延续的理由是社教学院及其附中系在璧山青木关创建，不存在复员南京的问题，按当时教育部有关复员的训令，这样的学校应继续留在原地兴办；迁去南京的部分师生，另觅校址新设的学校自然也只能是独立的普通中学，不是社教附中。与此相关 1946 年国民政府还都南京时，从外地迁来的学校（如中央大学）随之复员东下，中大附中青校和沙坪坝分校自然也跟着中大本部复员东下；留下一批在青木关的四川籍学生和由保育院升入中大附中等中学校的保育生，还有由战区来的无家可归的学生，遵教育部令便都合并到社教附中，以后社教学院停办，该校从此不再附属社教学院，经教育部批准重新命名为国立青木关中学。内设高中部、初中部和女生部，均受校本部领导。

各国立中学在青木关乃至整个陪都均享有很高的声望，原因是：校长大都为知名人士，特别是抗战时期的中大附中和社教附中，一个以中央大学为背景，一个以教育部社教司和战时儿童保育会为背景，更重要的是师资队伍强，教学质量高，学校的经费待遇也较非国立中学好，学生享受公费待遇的也多。教职员工多来自战区，其中不乏名牌大学教授、讲师，因躲避战乱而栖身中学的。

各国立中学的基本课程有：公民、国文、历史、地理、英语和自然科学数学包括物理、化学、生物等科。此外有美术、音乐、体育课。按照教育部

① 中国第二历史档案馆编《中华民国史档案资料汇编》第五辑第二编教育（一），江苏古籍出版社，1997 年第 1 版，第 761 页。

1938年所订战时各级教育实施方案①规定：公民、国文、历史、地理教科书，由国家编辑，颁发应用。数理化教材与教科书，以选择国外数理化教材加以编译应用。教育部认为，当时采行的中小学教学科目和课程标准虽经数次修订，仍觉过于繁重，学生不易负担，要求酌量减少或合并一些科目，“加授关于生产之训练及军事之知识”。对史地两科则要求加重分量，目的在强化爱国主义和民族意识的教育。据中大附中青校初中部学生张善生当年的《青木关日记》记载，1943年1月18日，星期一第三课考试历史，共六题选作五题，1. 略述周代的田制；2. 试举春秋五霸，战国五雄；3. 试述秦始皇的愚民政策；4. 汉初为何要与匈奴和亲；5. 汉代经书为何有古今之别；6. 道教创始人是何人？其教旨为何？可见当时历史课的教学对基础知识的记忆和重要问题的思考是同时并重的。

各国立中学对训育课尤为重视。按教育部颁布的战时教育实施方案规定：各级教育的实施应以德、智、体三育并重为施教原则，而尤应特别重视德育，以培养国民的健全人格，务使将来成为宪政时期的善良公民，为一切教育的基础训练。内容要点主要有：一、以实现三民主义为一切训练的最高原则，使青年皆有正确观念及救国决心；二，遵从先哲遗教，以“诚”为训练人生中心目标，并确定忠孝仁爱信义和平为对自己、对家庭、对社会、对国家、对世界的基本伦理观念；三、在实施训练时实行导师制；四，指导学生自治组织，以培养组织能力，养成遵守纪律及共同生活的习惯；五、小学毕业必须具备公民常识与道德，对民权初步②的练习，尤应能运用自如；六、中学对公民道德的训练与知识的培养，更应力求充实，使其将来在社会上成为各种事业的中坚分子，并能养成其为县地方自治的干部人才。

体育方面，实施方案规定其目标“平时乃为自强，战时乃为卫国”，当作复兴民族的基本工作，体育教材要与童子军训练、军事训练的教材连为一体，提倡劳动服务，实行强迫课外运动。并注意学生食物的营养，各校均有统一的体格测量及最低限度运动及格标准，凡不及格的不得升级或毕业。

以上所记都是三所国立中学的由来和发展以及德、智、体三育共进的宏观概况。概况体现了战时教育的特点：大体不变平时教育的教学秩序和内容，加入并强化战时所需的内容。体现的是一面抗战，一面建国，学校则以建国必须

① 中国第二历史档案馆编《中华民国史档案资料汇编》第五辑第二编教育（一），江苏古籍出版社，1997年第1版，第16～38页。

② 孙中山《建国方略》第三部分“社会建设”讲召开各种民主会议的程序规则，又称议学。第二、三部分分别为“心理建设”“实业计划”“心理建设”讲知难行易和民生史观等。

承担的各项任务为主要内容，一则为前线抗战的后援，二则为提供战后和平建国的人才做准备。由此可见，抗日战争既是一场伟大的民族革命战争，同时也是中国由半殖民地半封建社会向独立自由民主的现代化国家迈进的伟大历程。这种现代化，包括政治、经济、文化各个方面，而这一切，又大都在青木关中大附中和社教附中以及全国各中学的教学内容中反映出来。为了充分显现抗战教育在这方面的特点和特色并深入了解当时中学教育的历史经验，以下再选载四个重要历史资料，以供研究。

资料之一

教育部订定之中等学校训育标准[1]（1944年9月9日）

甲　总则

一、要旨

中等学校训育之实施根据部颁训育纲要及其他训育法令之规定，策励学生实践共同校训——礼义廉耻，以陶融忠孝仁爱信义和平之美德，及养成诚智仁勇俱备之品格，俾能成为建设三民主义新中国之优秀国民。

二、训导总目标及要目

子、训导总目标

（一）高尚坚定的志愿与纯一不移的共信——自信信道。

（二）礼义廉耻的信守与组织管理的技能——自治治事。

（三）刻苦俭约的习性与创造服务的精神——自育育人。

（四）耐劳健美的体魄与保国卫民的智能——自卫卫国。

丑、训导要目——青年守则

（一）忠勇为爱国之本

（二）孝顺为齐家之本

（三）仁爱为接物之本

（四）信义为立业之本

（五）和平为处世之本

（六）礼节为治事之本

（七）服从为负责之本

（八）勤俭为服务之本

（九）整洁为强身之本

① 中国第二历史档案馆编《中华民国史档案资料汇编》第五辑第二编教育（一），江苏古籍出版社，1997年第1版，第202～212页。

（十）助人为快乐之本

（十一）学问为济世之本

（十二）有恒为成功之本

三、训导原则

（一）训导实施与各科教学应密切联系

（二）个别训导与团体训导应兼顾并重

（三）直接训导与间接训导应相辅而行

（四）学校训导与社会教育应密切配合

（五）教师身教与教师言教应表里为一

（六）初级中等学校或中心学校训导应互谋衔接

（七）消极训导与积极训导应循序以进

（1）由服从规律到服从理性

（2）由教师管理到团体制裁

（3）由消极禁止到积极启迪

（4）由道德责任到道德情操或兴趣

四、训练要项

要　目	细目要例	训练主旨
忠　勇	1. 敬爱党国旗，参加升降旗典礼 2. 闻唱国歌起立致敬 3. 参加国父纪念周及各种法定集会 4. 奉行三民主义，服膺总裁训示 5. 认识国难国耻事实 6. 努力参加战时服务 7. 临难无惧，知耻图强	爱　国
孝　顺	1. 敬爱父母，恭敬尊长 2. 发扬祖先事功 3. 友好兄弟姐妹 4. 和睦亲族邻里 5. 注意身心摄卫 6. 努力德业进修 7. 居家躬亲洒扫，出外常写家信	齐　家
仁　爱	1. 克己利群，劝善规过 2. 扶持疾病，周济穷困 3. 珍惜公物，爱护生灵 4. 不泄一己之忿，不夺他人之好 5. 不做昧心之事，不嫉他人之能	接　物

续表

要　目	细目要例	训练主旨
信　义	1. 对人对事诚信不欺 2. 认清是非，辨别义利 3. 砥砺廉隅，决不营私舞弊 4. 重视诺守时间 5. 不矜己长，不议人短 6. 不阿所好，不私所亲	立　业
和　平	1. 言语态度谦恭和蔼 2. 喜怒哀乐合乎节度 3. 尊重他人人格 4. 不意气用事 5. 不欺侮弱小	处　世
礼　节	1. 对人对事敬而有礼 2. 在校遵守学生礼节 3. 出校实践社会礼节 4. 集会议事谦和有礼 5. 对人失礼立致歉意 6. 他人失礼不予计较	治　事
服　从	1. 维持法律尊严，遵守社会秩序 2. 遵守学校规章，接受师长指导 3. 尊重合法团体正当决议 4. 不阳奉阴违，不诿卸责任	负　责
勤　俭	1. 早起早眠，严守作息程序 2. 努力劳动服务 3. 爱惜物力，利用废物 4. 力行节约，服用国货 5. 摒绝不良嗜好 6. 革除苟且偷安习惯	服　务
整　洁	1. 保持环境清洁 2. 注重仪容整齐 3. 出入公共场所循序而行 4. 站队集合迅速整齐 5. 行坐起立姿态端正 6. 定时锻炼身体，注意饮食清洁	强　身
助　人	1. 尽力协助新到同学 2. 尽心扶持他人危困 3. 助人为善，劝人改过 4. 助人不问亲疏，施予不求报答 5. 热心公益事业 6. 努力社会服务	快　乐

续表

要　目	细目要例	训练主旨
学　问	1. 立定求学计划，切实检讨，虚心请益 2. 研究本国文化优点 3. 致力国防科学研究 4. 参加学术集会，发表研究心得 5. 体认力行哲学，努力贡献专长	济　世
有　恒	1. 读书能终篇 2. 习字不潦草 3. 日记不间断 4. 不见异思迁，不半途而废 5. 不屈不挠，愈挫愈奋 6. 常读中外名人传记 7. 随时检讨身心进修	成　功

乙 实施方法

一、程序

（一）校训导处或教导处，应于每学期开始，依据训导总目标及要目，参酌学校性质及学生性能，因时因地详订分目、分月，将训导计划及具体实施方法，经训导会议通过，由校公布施行，并呈报主管教育行政机关备查。

（二）各校训导处或教导处每次召开训导会议或教导会议，除讨论一般训导问题外，应对训导计划实施情形，提出检讨，并求完善。

（三）各校训导处或教导处，应于每学期结束后，缮具翔实训导工作报告，呈主管教育行政机关备核。

二、方法

子、团体训导

（一）训导与各科教学

（1）关于语文学科者：如讲述先贤励志言行与近代世界新知诱掖青年欣赏固有文化之兴趣及创造未来社会之理想，并使青年养成治事合于条理，待人准乎仁恕之美德。

（2）关于史地学科者：如叙述我国文化之悠久，山河之壮丽及祖先之丰功伟业，以激发青年爱护国族情绪，承继文化大志及开拓自然宏愿。

（3）关于社会学科者：如阐述群己关系及社会建设基本法则，以养成青年奉公守法习惯，敬业乐群精神。

（4）关于自然学科者：如解释自然现象及法则，以养成青年观察分析之习惯，准备合理之行动，并鼓励青年探求事物本来及发展国计民生之志趣。

（5）关于艺术学科者：如藉练习雄伟乐曲临摹自然美景，使青年性情和乐调畅，欣赏能力提高，并使其行动活泼而能中乎规矩，态度积极而不涉于浮躁。

（6）关于师范学科者：如解释教育之宗旨与功能，使青年具崇高之理想，并讲述乐育英才之意义，以增强其服务之信念。

（7）关于职业学科者：如讲述从业之意义与功用，以启发青年建立利用厚生志向，养成其刻苦耐劳习惯，提高其合作互助精神。

（二）课外活动

（1）集团训练：利用国父纪念周升旗、国民月会及其他集会时间，作有关诚智仁勇及忠勇孝信等十二守则之精神讲话。

（2）中心训练：因时因地举行各项中心训练，着重于某一要目之具体实施。

（3）自治训练：辅导学生自治会及其他经学校允许之学会活动以养成学生有自治之习惯，并培育社会制裁之风尚，以养成学生自律之精神。

（4）集体讨论：如举行读书方法座谈会，国际问题座谈会，三民主义座谈会，时事座谈会及定期之小组讨论，藉以培养学生研究之风气。

（5）专题讲演：分学术讲演，时事报告，生活指导等，用以策励学生德业之进修。

（6）参观旅行；分学术参观，普通参观，修学旅行，郊游会等，用以加强学生观察能力。

（7）德行竞赛：分整洁竞赛，储蓄竞赛，秩序竞赛，服务竞赛等，用以加强各项德育训练之效果。

（8）体育活动：如举行体格检查，强迫运动，级标比赛，姿势比赛，爬山比赛，国术比赛，游泳比赛运动会，滑翔机或汽车驾驶练习等，用以强身益德。

（9）游艺表演：如举行音乐会，同乐会，戏剧表演等，用以培养学生优美情操。

（10）生活展览：如举行学生新生活展览，卫生展览等，用以培养学生优美情操。

（11）社会服务：如组织消费合作社、清洁服务团、防疫服务队、民众代笔问事处、抗属慰问队、荣誉军人慰劳团等，用以训练服务助人之美德。

（12）劳动生产：如努力农事生产、小工业生产、家事练习等，用以养成勤俭劳作之习惯。

（13）其他。

丑、个别训练

（一）个人及家庭状况调查：凡学校制定个人及家庭状况调查表，于每学期开学之始调查一次，以作个别训练之参考，必要时得举行家庭访问或通讯，俾使学校与家庭联为一片。

（二）个别谈话：各校导师应于每周规定个别谈话时间，与各该级学生轮流个别谈话，藉以体察学生之个性及其进修状况，以便指示其精进之途径。

（三）个性考查：各校导师除由日常生活中随时体察学生个性外，应用后列方法，搜集有关学生方面之材料，以为实施个别训练之参考。

（1）初级中等学校或中心学校训导纪录之利用——调查学生在下级学生肄业之思想性行。

（2）各级导师及教师意见之交换——随时征询其他各级导师及任课各教师对于各该级学生之意见。

（3）校内与学生生活有关各方面意见之征询——随时征询军训教官、童子军教练员、教务处、事务处及其他有关方面对于各该级某一学生之意见。

（4）同学互相意见之征询。

（四）个案研究：对某一学生之思想行为或某一方面发生较严重之问题，应用科学方法详加研究，以明真相而谋根本救治之方法。

寅、环境设备

（1）各校应选择适当地点，悬挂有关训练德目之各项挂图及格言，以资观摩。

（2）各校应注意全部环境之整洁，尤应注意疟蚊臭虫跳蚤及其他流行性疾疫之防治，以维持学生健康。

（3）各校应尽可能充实运动场地设备，生产劳作工具及其他团体所必须之环境设备，以便实施各项团体训练。

（4）各校应注意校外环境之改善，并设法侦察及取缔足以影响学生行为思想之设施。

三、操行成绩考查

（一）操行成绩考查

（1）测验——如时事测验，道德判断测验，假选举等。

（2）调查——如学生志愿及兴趣调查、生活调查等。

（3）观察——随时随地留心观察学生行为，并相机予以指导。

（4）谈话——如定期谈话，相机谈话、个别谈话、分组谈话。

（二）操行成绩评定标准：

根据前列训练要项，切实考查评定优劣。兹附中等学校学生操行等级表于左：

等第 德目	100—90	89.9—80	79.9—70	69.9—60	59.9—
	优	良	中	可	劣
忠勇	优	良	中	可	劣
孝顺	优	良	中	可	劣
仁爱	优	良	中	可	劣
信义	优	良	中	可	劣
和平	优	良	中	可	劣
礼节	优	良	中	可	劣
服从	优	良	中	可	劣
勤俭	优	良	中	可	劣
整洁	优	良	中	可	劣
助人	优	良	中	可	劣
学问	优	良	中	可	劣
有恒	优	良	中	可	劣

说明：操行总成绩列可等以上者为及格，列劣等者为不及格。

（国民政府教育部档案）

资料之二

教育部制定之学生军事训练实施方案（1940 年 5 月 12 日）

第一章　总则

第一条　学校军事训练，由军事委员会政治部（以下简称政治部）与教育部订定本方案实施之。

第二条　学校军训之目的

一、在造成体魄坚强、人格高尚、学识丰富与行动积极、能为民族牺牲、为国家奋斗的中国国民。

二、在造成态度庄严，操作勤敏，负责任、守纪律、明礼义、知廉耻的现代国民。

三、在造成思想统一、精诚团结、爱国爱群、共同奋斗、以复兴中华民族、完成国民革命为自任的忠勇国民，

第三条　学校军训之要旨

一、以精神教育，确定学生爱国爱群，服从总裁之信念，坚定其牺牲小我，以成大我之决心。

二、以学术训练，灌输学生现代必备之军事学术与技能。

三、以军事管理，养成学生确实迅速、静肃秘密之习惯，使其生活方式与战斗方式形同一致。

四、以野营演习，启发学生接近自然、艰险不避之志趣，达到征服自然，利用万物之目的。

五、以诸般勤务，锻炼学生劳动服务互助之德性，以及处理修理整理之能力。

第四条　凡大学、独立学院、专科学校、高级中学及其同等学校，除女生依另章规定外，均以军事训练为必修科，学生军训成绩不及格者不得毕业。

学生军训成绩之核算方法，如附件一。（略）

如因残废痼疾，经教育部会同政治部核准长期半休者，得以学科成绩为军训成绩。

第五条　实施军训之各校，应参照陆军军队内务规则，不分年级，均实行军事管理，其办法如附件二。（略）

第六条　学校军训教官之任免办法如附件三。（略）

第七条　学校军训教官，按照学生人数配派，以百五十人至二百人，分派教官一员为原则。同校有教官二员以上时，应指定一员兼主任教官。

第八条　为使学生军训与训育工作密切联系起见，军训教官应兼训育职务，出席训育或训导会议，主任教官（教官）并应出席教务会议，遇与军训有关事项时，列席校务会议。

第九条　专科以上学校（院）暨国立高中及其同等学校军训教官，受政治部与教育部之管辖，其他公私立高中及其同等学校军训教官，受省市军训主管机关及省市教育行政机关之管辖，并应受各该校（院）长之指挥

监督。其服务规则如附件四。(略)

第十条　关于军训设备，非学校所能置办者，由政治部筹发，其余学校应按照最低标准，规定数量，分期购置齐全。其设备最低标准如附件五。(略)

第十一条　平时训练与集中训练之实施，政治部与教育部应随时会同或分别派员督察。并按其成绩予以奖惩。其奖惩规则如附件六。(略)

政治部与教育部如分别派员督察，其结果得咨商办理。

第十二条　军训期满，成绩及格之学生，由政治部、教育部会呈军事委员会以军事训练期满证书，其证书式样如附件七。(略)

第十三条　军政部得依其需要，会同教育部、政治部召集志愿学生，举办备役候补军官佐考试，其考试办法由军政部另订之。

第二章　平时训练

第十四条　平时训练之教育计划及教材，由政治部会同教育部订定之。其教育计划表如附件八。(略)高中及高级职业学校（包括五年制专科学校前三年）各学年平时训练，每周三小时，计学科一小时，术科二小时，每年野外演习至少四次，每次二小时以上。实弹射击二次，师范学校第一、二学年平时训练每周四小时，第一学年学科一小时，术科三小时，第二学年学术科各二小时，每年野外演习至少四次，每次二小时以上。实弹射击二次。

初级职业及简易师范学校，其修业年限在四年以上者，第四学年平时训练每周四小时，计学科一小时，术科三小时。每年野外演习至少四次，每次二小时以上，实弹射击二次。

专科以上学校其修业年限在三年以上者，第一、二、三学年均实施平时训练，每周二小时，学术科各一小时，其修业年限仅二年者（包括五年制专科学校二年）各学生平时训练，每周三小时，第一学年学科一小时，术科二小时，第二学年学科二小时，术科一小时，每年野外演习至少四次，每次二小时以上，实弹射击三次。

第十五条　专科以上学校应就其性质，酌设与军事有关之专门学科，予学生以特别训练。

第三章　集中训练

第十六条　集中训练在高中及高级职业学校第三学年学科结束后（高级职校并须在假期实习完毕后）举行。教育计划及教材，由政治部会同教育部另订之。

集中训练时期三个月，自八月一日至十月三十一日，但因地域气候得酌量变更。

师范学校集中训练，在第三学年第一学期上项规定时间内举行。

五年制专科学校集中训练，在第四学年第一学期上项规定时间内举行。

初级职业及简易师范学校之修业年限，在四年以内者，暂免集中训练。

第十七条　集中训练，由省市军训主管机关与省市教育行政机关组织总队实施之，称某年某省市学生集中训练总队，总队编制及人事任免办法另订之。

第十八条　学生参加集训往返舟车费，由省市政府支给，公私交通机关并应分别减免。

第十九条　集中训练，所需枪弹、器材、服装、装具、药品、书籍、膳费及其他办公等费用，由中央支给。

第二十条　集中训练地点及营房，由省市政府指定，如须修理或添造，其费用由省市政府支付之，木器用具并由省市政府筹措。

第四章　女生训练

第二十一条　高中及其同等学校女生，以军事救护及卫生技术训练，代军事训练。其平时训练时间，如高级中学、高级职业学校、师范学校及五年制专科第一、二学年，每周二小时。

简易师范学校之第四年，每周二小时。

教育计划及教材，由政治部会同教育部另定之。

第二十二条　专科以上学校女生，免受军训，但应以战时妇女勤务为必修学科。（其施行时期另以命令定之）

第五章　附则

第二十三条　本方案呈奉军事委员会、行政院核准公布施行。

资料之三

青木关中央大学附中学生张善生的日记（1943 年—1946 年）[①]

张善生（1930—）于 1946 年 5 月毕业于青木关中大附中初中部。中华人民共和国成立后曾任南充市人大常委会副主任，现任陈寿《三国志》研究会副

① 青木关中学编《铸秀育英话当年》（内部本），2003 年 10 月印刷，第 13～26 页。

会长。这里选的日记。只是1943—1946年这几年中的很少一部分，以见当时学生生活之一斑。

自序：我于1942年秋考入中大附中青校初一年级，中途因眼病休学一年，1946年初中毕业，故历时四年。入青校后，我开始学写日记，从未间断，共成七本。虽然它思路不高，笔触不华，琐琐碎碎，稚气十分，但所涉及的人和事，无论是时间、地点、细节都是真实的。可以说“真实”便是它的身价。五十年后的今天，我才能坐下来，从日记中寻找少年级友的身影。除去已散失的部分日记，将全部刊登在中大附中青校初六级级友通讯《同岑级》上，让它最后一次实现它的身价，和级友们一道共享昨天、今天与明天吧！

——张善生 1995.7.15 于南充

青木关中学编者按：张善生先生少年时代的日记真实地再现了抗战时期中大附中青校学子们的校园生活。六十年后的今天读来也受益匪浅。让我们抚今追昔，发扬前辈的刻苦精神，为振兴中华而努力学习吧！

1943年

1943年2月　星期三　晴

午时是放风筝最高兴的时候，但乐中有忧。青木关对面山岗的高竿上挂起了一个警报球，刹时又上了两个球。校中凄惨的紧急集合的钟声与号声一齐响了起来。全体集合，听候疏散。一个小时后方得解除。

为庆祝3月5日童子军节，学校举办跳绳、踢毽、放风筝、灯谜、歌咏比赛及营火会。跳绳的绳子已发下。（注：三月份日记中记载，三甲班获踢毽第一名；我猜中一个谜语得柑橘3个。）

1943年3月6日　星期六　阴

今晚开营火会与音乐会。每组有柴一堆，并由个人准备火把一捆。全组围着烧火，非常高兴。但主任禁止把火烧得太大，童军教官又叫烧大点。我们不知怎么办，同学们还是越烧越大。

1943年3月8日　星期一　晴

今天三八妇女节，本校女生停课一天，男生照常上课。晚上本校高中部在民教馆公演《柳暗花明》。票价为四等：50元、20元、10元、5元。本校同学打九折。我也去看过。

1943年3月15日　星期一　阴

训育课主任今天报告；1. 今起不再供应热水洗脸、洗脚，2. 不再供应豆浆，3. 食米每天只有9斗4升，而每天实际要1石1斗6升。从今起晚餐改为稀饭，4. 今后非隔半个月不得打牙祭。还宣布：1. 本周举行秩序比赛，2. 两天内举行夜间紧急集合。关于礼貌：1. 进教室内须脱帽，2. 见到老师须隔 3 至 6 步远便行礼，3. 每晨与师友见面时须说一声“早安”。

今日劳作课，我与昭哥、陈兴耀、张治伦共四人种了两块地，一块种扁豆，一块种苞谷。

1943 年 3 月 16 日　星期二　晴

中午阳光猛烈，庞大的操场上一片强光，墙壁也是热烘烘的。我一晒太阳便觉头晕。偏在这时，警报临头，我便与三哥、张治伦等跑去后山逃避。一个小时后才解除空袭，这时，我头晕得不能去上课了，晚自习也无法去上。晚饭是三哥替我打回来的。

1943 年 3 月 17 日　星期三　晴

第一节课刚上课时，便来了空袭警报。第二节课开始一阵后才解除。

1943 年 3 月 20 日　星期六　晴

为纪念黄花岗 72 烈士，民教馆请了教育电影团在该处放电影《巴黎之花》《海战》《滑冰》。最有趣的是动画卡通片《荷兰的老鼠》。

1944 年

1944 年 11 月 11 日　星期六　雨

明天是国父孙中山诞辰纪念日，青木关各界准备热烈庆祝。本班现正在赶办级刊——壁报。

上午在民众教育馆参观展览，内容很多，有民教馆成立五周年工作展览、博物标本展览、小学成绩展览、兵器展览、联合照片展览与总理实业计划模型展览等。

下午在体育场看篮球比赛，音乐院胜了我校的女子篮球队，音乐院又败于财班女子队。

今天还有大批青年学生远征军由重庆路经青木关开往前线。本地民教馆门前搭起了台子，挂起了欢送的大幅横联。足 30 辆满载青年学生远征军的军车从我们面前驶过，据说其中还有本校的 20 名同学。

1944 年 11 月 13 日　星期一　雨

纪念周上，由校长向大家介绍师范学院的院长来见面，然后院长发表讲话。他对我们说：“人有三部曲，一是要效法骆驼的刻苦精神，二是要像狮子般的勇敢，三是要像小孩般的天真活泼。”他要求大家记住这几句话。并希望将这几颗种子去种在泥土上，让它发芽开花结果，而不要把这几颗种子抛在木头上，使它被遗弃，更不要抛在石头上，让它死亡。最后，他去宿舍参观了同学们的内务。这一段时间，经过检查评比，内务相当好，每间床上铺盖都叠成了四棱线的豆腐方块。

晚上在民教馆看话剧。入场顺序是：一、青木小学，二、社教附中，三、中大附中。最精彩的一个节目是《正式结婚》。但顽皮的社教附中同学就在那里发出嘲笑之声，后被主管当局刮了一顿胡子。

1944 年 11 月 14 日　星期二　阴

初中二年级分班了。我被分到初二丙，年龄较大者分到初二乙，女同学则分到初二甲，二丙人数不算多，但仍在礼堂（兼饭堂）里上课。教室里的座位，我由右边迁移到左边，与杜嘉芳同座。寝室的榻位我也由上铺迁往下铺。一下很新鲜，也觉得好多了。生活似乎变了样。

晚上国民体育场放电影，很精彩，但校方不准同学出校门。我们二丙的全体同学还是冒险去了。

1944 年 11 月 15 日　星期三　晴

初二班课程全部重新安排，生活焕然一新。

今天知道我们的级任先生是一位女性，她叫宋玉英。她对地理很有研究，原教我们地理，因二丙缺英、数先生，现在她又教我们的英、数课。这样，几乎每节课都是她，有点像演“独脚戏”。国文先生由周先生换了一位新先生，他讲得很风趣，每句话都使人发笑。化学也是新先生，她教得不错。

晚自习时，一同学收到贵阳家人来信，说：“侵华日军战事已近贵阳，现在贵阳吃紧。”这一突然消息，使同学们很惊异，大家不知又将怎样度此年华。

1944 年 11 月 17 日　星期五　阴

今晚校内突然出现一只豹子，引起轰动。豹子闻枪后逃往劳作师范那边，然后经堵击窜入山里。一时大家惊异不已，好像减了七分胆量。寝室开始实行锁门，同时寝室还添置了洗脸架和晒衣器具等。

1944 年 11 月 18 日　星期六　晴

天气晴和难得，午饭后与池泓澄等去青街一游，见有周循篮球赛，故在体育场一留。此时正是本校对体训所，非常精彩。一个个的险球随着夕阳西下而一幕幕地过去了，记分牌上两边的得分也随着双方的啦啦队声不断增多和变化。

最后终因本部同学年轻力小而败小两球。

1944 年 11 月 19 日　星期日　晴

午饭后去新建设成功的青木关小学参观一番，见到这个学校虽系初建，但各项设备都比我们中大附中好，心里很不是滋味。

天气渐冷，我的床位就在宿舍门口，冷不可挡，双脚的冻疮更难受，所以只好去找同学搭铺。今晚我是与杨允铮搭铺。

1944 年 11 月 20 日　星期一　阴

纪念周上王主任训示了纪律秩序与请假规定后，又宣布每位同学要向家长写一封信，内容包括自己各科的考试成绩与在校的功与过。写好后一律交给训导处，由训导处发寄给家长。

还宣布了体育情况。王主任说，校内经济困难，无法买球。现篮球每个要 5000 元，前次全校共买了 4 个篮球，校本部与分部各分得两个，但这太少了，远不够用。他要求每个学生出洋 20 元，这样全部同学 657 人，共可得 13000 多元，可再买两个篮球，余钱还可买点乒乓球与板羽球，望大家办到。

晚自习刚上不久，又得到日机空袭警报，全校同学都在各寝室内聚集……（原文不清楚）

近闻中日战争打得非常吃紧，有一支日军从长沙进去，已进入广西，现宜山已失守，日军已抵龙胜。又见报载：有七部部长更换人选，教育部长由陈立夫改为朱家骅。军政部长由何应钦改为陈诚。

1944 年 12 月 14 日　星期四　阴

日寇深侵贵州，很令人愤慨不安。近日我军反攻，才带来一串喜讯，前日攻克六合，独山，昨日攻克上司，又克下司，再克六寨和南丹。

1944 年 12 月 18 日　星期一　阴

纪念周上，训育缪主任讲演，他说青年要培养青年正气，这就是要像太阳似的光亮，流水样的活跃，泉水似的澄清。

会上还宣布：正式成立校内的公利互助社、辅食部等组织，开始销售馒头，红烧牛肉，椒子酱等。花纱布管制局供布已拿来样品，颜色有蓝、白、灰三色，任凭选购一段。

1944 年 12 月 28 日　星期四　阴

近日又大批青年远征军路过青木关，据说共一万人，这几天有一、二两个中队在本校驻扎，以至我们吃饭由食堂迁至操场，本班同学叶文生也去从军了。

1944 年 12 月 31 日　星期日　阴

今日是本年大除夕，许多同学都回家，留校的只有一百余人。

晚饭校里大聚餐，四个菜：炒肉，卤肉，酥肉，红烧肉，是本期最好的一次会餐。

晚上本校在民教馆公演话剧《郁雷》，这是《红楼梦》里的一段，是四幕悲剧，剧情很感人。本拟售票的，后因青年远征军三大队来青木关，只好停止售票改为公演。

1945 年

1945 年元旦　星期一阴

今天正是元旦假期，许多同学都回家了，晚上我与华毅然，张勇等去民教馆看话剧《郁雷》，票价一百元，五十元，我们是偷进去的，因为太拥挤，第一幕刚完，我便与张勇返校睡觉。

1945 年 1 月 2 日　星期二　阴

今天是最后一天假期，上午自己结束了历史问题，又做了几题代数，这时喻昶返校了，我们又到东站去等候杨允铮，杜嘉芳等，但白等了两小时，晚饭时允铮方返校。

晚至中山堂看戏，是计专班演的《北京人》，票价二百元，一百元，无钱买票的人一拥而进，把管理员也冲倒了，我们也跟着进去，这剧是悲剧，演的一个家庭破产，晚十二时才剧终返校。

1945 年 1 月 22 日　星期一　阴

大考定于 25、26、27 三天举行。第一天考国文、化学、次日上午考本地公民、下午考英文，再次日考代数、历史。我被编入本教室 9 号座位(与第二次月考相同)。

校长在纪念周上说，奉教育部令寒假延至 2 月 5 日放假，故大考后要继续上课一周，下期开学是 2 月 18 日，在寒假中，凡要留校者要经学校批准，条件是住家地点要在一百公里以上者，经批准留校的可得到一张桌子，在寝室里看书。校长还说：凡降级生、留级生都取消公费。

学校徽应今日发，不知何故延迟。

1945 年 1 月 28 日　星期日　阴

下午在民教馆看联合国照片展览。

晚自习时，到级任先生看大考的各科分数，只能在先生的窗外窥视，但无法看见，结果又转向门口，要求进屋，同行者有喻昶、杨允铮、杜嘉芳等四人，在外以英语对话，且互相为应，很有趣，终于得到入室内的权利，得知我甲等只有 6 项，如英文 94 分，代数 100 分，化学 91 分，但地理考得差，体育更差只有 60 分，童军 70 分，公民 63 分。

1945 年 2 月 1 日　星期四　阴

假期回家的同学已过半数，升旗，早操人数更少了，班友张勇前日起耳朵冻疮，且耳膜内注脓，病势甚猛，令人看了难过。下午偕翁中军、张勇、黄广勋到东面的煤矿游玩，并且在关口看了“血书”，这“血书”是清朝某将军战死前留下的，字迹已不明显了，只有“余”“师”“败”等字较明显，后方参观瓦厂，再转入制碗厂，这厂规模大，看做碗的工序很有趣，这时日已偏西欲坠，方急步赶回，幸好还未降旗。

1945 年 2 月 23 日　星期二　阴

晚上，上街看龙灯，共有四条龙，于老街中段尽情玩耍，还有放铁火花者数处，光芒照耀，火花乱飞，龙灯在其中舞动，成了不可言及的美景。然后我们转至中山堂背后的广场，听音乐会，由音乐学院表演合唱、齐奏等，9 点半回校就寝。

1945 年 3 月 8 日　星期四　晴

今天是三八妇女节，校里的女性先生要到中山堂开会，所以今日停课，又因学校经费减少，部分劳工由学生服务而代工友，所以上午召集男生齐到关口以外的碗场沟运沙返校，往返约五公里，以筑跳高用的沙坑，因为挑沙，两肩两臂都压痛了，疲倦非常，幸好中午打牙祭，方较安逸。

1945 年 3 月 17 日　星期六　阴

晚饭后与孙馥初同赴教育部山上看有声电影，共有七个节目，很好看，我们坐在后面的坟上，恰似戏剧院里的二楼包厢。约 10 点钟结束，便快步返校，我们为第一批抵校者。

1945 年 3 月 22 日　星期四　阴

今日本班举行滑翔机比赛，竞赛热情一时风起，滑翔机模型多达 20 余架，滑翔机模型最大者有一尺余长。飘然飞翔，约有数米，我参加的一个是五寸的滑翔机，一直飞渡过小溪河，十分有趣，其翩翩英姿，十分美丽。

1945 年 3 月 24 日　星期六　晴

明日是“美术节”。午饭后与馥初到中山堂看本校高中部的画展，有四个陈列室，分别是：炭画，铅笔画，钢笔画与国画，画展非常好看。

资料之四

《在青木关演戏的点点滴滴》

作者孟金弟（女），青木关中大附中学生，抗战胜利后转入青木关中学（高387级），原系战时儿童保育院保育生毕业考入青木关中大附中的，五十年代以后走上艺术表演道路。为上海人民艺术剧院演员，已退休。她在青木关艺术表演的经历，决定了她终生的职业，她的回忆表明了抗战时期中学对艺术教育高度重视，既出戏又出人才的历史事实。

在青木关演戏的点点滴滴

青木关附中高387级　孟金弟

作华叫我写一篇有关青木关中学的戏剧活动的文章，这题目太大了，时间跨度又超过了半个世纪，实难落笔。我只能从尚存的记忆中去搜索，写些点点滴滴。

回想起来，青木关的戏剧演出是很频繁的，好像每年都有大戏在民众教育馆演出。诸如我校的《抓壮丁》《雷雨》《家》《棠棣之花》《夜店》，还有音乐院的《万世师表》及小歌剧等。我们这些人哪，真是初生牛犊不怕虎。一群中学生，对戏剧而言，真是门外汉中的门外汉！我到现在也没搞清楚，是谁组织了这一次次的演出。我记得我在高中这三年，每年演一个大戏，高一时参加演出了《母爱与妻爱》，郑昌嵩演母我演妻，其他什么父呀夫呀的是谁扮演的，我一点印象也没有了。谁发起的？谁组织的？谁是导演？谁来找我和郑昌嵩的？一片空白，实在抱歉。高二时演出曹禺的名著《家》，这次演出印象较深，不记得是谁发起的，但记得导演是一位老师，叫毕庶增，北方人，戴眼镜，典型的知识分子，颇具儒雅风度，给人的印象极好，同学们都很敬他，而他的艺术才华也是很值得一提的。你想想，当年我们这一群连“茅庐”都未出的业余分子，居然要上演这么大的名著，谈何容易！而毕老师却能通过为时不多的排练把我们捏在了一起，捏出了一个大戏，在几千上万个观众面前上演了，还博得了掌声与好评，了不起呀！

翻看了当年的日记，才记起是我们年级的学生会组织《家》的演出的。杨运华是负责人之一，我是什么游乐股长，也帮着聘请演员，好像还有聘书似的，真有趣。我记得高老太爷是由李景坤扮演的，冯乐山好像是刘焕文演的。冯明伦演大少爷，桂中生演二少爷，三少爷是谁演的，不记得了；克明由姜传文扮演，克安、克定谁演的，也记不清。女角的扮演者：李素贤演瑞迁，黄丽英演陈姨太，熊本涣演钱大姨妈，郑昌嵩演四婶，我演五婶，邵秀坤演琴表妹，梅表妹是谁演的呢？想不起来了；鸣凤是比我们低一班的胡宗莹演的，淑贞是初中部王明慧演的。其实那时我们只有十几岁，对表演一窍不通，排练时也很业余作风，因为害羞，排练时常常放不开，不肯“做戏”，心想演出时到台上后再说。拿我们搞专业的行话来说就是“台上见”！这是专业演员最最忌讳、最令人厌恶的“招势”，是被视为缺乏职业道德的一种行为。可我们当时哪里懂得这些！我记得五婶有一场戏，是她的丈夫趁乱军过境骚扰之际偷了她的首饰，她拿着空首饰盒哭闹着来找高老太爷告状，排练时我始终放不开。开演后，我硬着头皮上。反正豁出去了，我稍微酝酿了一下情绪，便放开嗓门，哭叫着跑上台去，“扑通”跪在高老太爷脚下。因为排练时未能很好交流，李景坤肯定是吓了一跳，他本能地往后退了两步，我也本能地跪着爬了过去。忽然台下一片掌声，还有吼叫声，我吓了一跳，以为出了什么问题，但已顾不了许多，便按剧情演下去。戏结束后，何正（是我们班的吗?）跑来说，太好了，掌声鼓了一分钟（他看表了吗?）我们大家都高兴极了。

在《家》剧活动的这段日子，我是很快活的，因为我懂得，我们演出这些名著，并不是为了游戏。当年的时局使青年们都感到无比地压抑。“山那边哟有好地方……”，我们开始对民主、对自由有了向往与追求，并意识到要做点什么，于是便选择了戏剧。用演出名著作为手段，来向当局抗争，要民主、争自由，讨个做人的尊严。因为在这些作品中，批判了人类丑恶的东西，颂扬了人性中的真、善、美，它告诉大家，人应该怎样活着。生活是严酷的，它逼着我们早熟，像《天字第一号》《蓝蝴蝶》这样一些为国民党特务涂脂抹粉的剧目，我们是决不会去演它的。我们很清楚，什么是进步的，什么是堕落的。

我感到欣慰的是，当时我们同学之间很团结，也很努力，虽然我说我们是些门外汉，业余分子，但这并非说我们就缺乏艺术才能。我到现在还常说，当年的我们是极具艺术才能的一群。在《家》剧中，以及后来的《夜店》中的众多人物形象，我们这些十几岁的娃娃，居然也能像模像样地在舞台上表现出来，这不足以说明我们的才华吗？桂中生的舞美设计（兼制作），颜谦等的灯具创造，还有那么多的服装、道具，一应俱全，多不容易，多么了不起！我对这些幕后英雄，简直佩服得五体投地，因为我搞了专业后，才知道那有多难，多烦，桂中生后来成了专业舞美设计，这是顺理成章的事，因为他当年在这方面就很突出。我记得黄作华也很有艺术细胞，他的美术字就很好（也能画），他给我抄和画的歌本至今仍保留着，而他在《夜店》中的小斗子也演得不错，小瘪三的形象很鲜明的呢？但他却去学了理工科。我能走上搞戏的这条路，也得益于当年在学校的无数次演出，它培育了我这方面的才智。但我记得很清楚，当时郑昌嵩、黄丽英都是很会演戏的。《母爱与妻爱》一剧，郑昌嵩演得比我好，后来《家》中的四婶、《夜店》中的馒头张都演得好，很有创意功力；黄丽英不仅扮演了很难演的陈姨太，还在《夜店》中反串了金不换，这在青校的戏剧活动中堪称一绝；姜传文的克明也演得极有分量，记得他在《棠棣之花》中演了一个盲人，给人印象很深，而且二胡月琴都演奏得不错，是个很有才华的人。记忆犹新的还有：熊家婆的钱大姨妈，冯明伦的大少爷，素贤的瑞珏，邵秀坤的琴表妹，李景坤的高老太爷……都非常出色。

有这么一批朋友，我引以为荣。

《棠棣之花》是二中校友会演出的，《雷雨》是怎么回事，不清楚。只记得繁漪是黄桔英扮演的，而鲁大海是由当年的帅哥王子暇扮演的，其他的都记不清了。所以杨运华来信问我这两个戏的事，我答不出。因我没参加。

还有值得一提的是在我们女生部开月光晚会那件事。校方大概感到同学们的团结对他们的统治不利，便下令严禁男女同学自由交往。这下可激怒了我们，我们立刻想出个对策，举行一个月光晚会，男女同学联欢演出。结果原定开会那天下起了小雨，但我们仍不顾一切地如期开了“月光晚会”，拉呀，唱呀，节目还不少！男女同学轮番上阵真是你方唱罢我登场……热闹异常。校方未加干涉，大约也担心众怒难犯吧。这在我们与校方还用了点斗争技巧。校方安排一些唱靡靡之音流行歌曲的人来参加演出，想冲淡我们的影响。我们便私下商量好，当一部分人在台上演唱时，台下的另部分人不断地喊“安叩！”（Encore！再来一遍），接着我们就把当时的进步歌曲：“山那边哟好地方……”“茶馆小调”“古怪歌”“你是灯塔”、新疆民歌……唱了个遍，占住舞台不下来。我们那时很明确，那些靡靡之音是不唱的，那些坏书也是不看的。能自觉地抵制这一切，这证明我们有着良好的素质与情操，这对一群十几岁的青年来说多是难能可贵的。

排《夜店》剧，这时的气氛已不如排演《家》剧时那么兴奋了。时局恶化，“毕业即失业”，前途茫茫，苦闷，彷徨，不知走向何方？桂中生等好几个同学被默退了，压力愈来愈大，每个人心中都感到沉甸甸的，青木关的上空一片灰色。我记得萧登都曾对我说：“孟儿，实在不行，我们一起回我老家开县去，去那儿打游击！”但谁也没料到，就在《夜店》即将开幕时，萧登都和杨运华被国民党抓去了，萧登都当时好像连鞋也没穿。这该是当局给我们的下马威吧？这时的气氛已有些悲壮了。演？还是不演？最后大家一致决定：开演！这也算是我们对当局的一声呐喊吧！我们手无寸铁，能做到的也就是这一点点了。

终于到了分手的时候，几分忧伤，几分迷茫，更带着无限的依恋离开了这块留下了我们最美好的青春年华的土地——青木关，命运无情地将我们这无助的一群抛向了四面八方。

如今，当我坐在灯下回首往事时，那真是一段叫人心痛而又令人心醉的日子啊！哦，我魂牵梦绕的青木关，我无法、无法忘怀的青木关！！

第四节　青木关的师范教育概况

青木关国民教育实验区内有师范学校多所。其中高校一所，即教育部特设体育师资训练所，所长郝更生，设一年制、二年制各一班，1943 年度第一学期有学生 75 人，教职员 31 人（教员 10 人、职员 20 人、军训员 1 人），工役 21 人，到 1945 年 4 月该所有教授 1 人，讲师 4 人，助教 10 人。[①]

中等师范学校有三所，国立童子军师范学校、国立劳作师范学校和成达师范学校。国立童子军师范学校校长为严家麟（1942 年 2 月到任）。该校 1943 年设师范 2 个班，有学生 100 人，教员 6 人，职员 6 人，军训员 1 人，特种工役 6 人，普通工役 5 人。国立劳作师范学校校长为徐康民（1944 年 10 月到任），1942 年设劳作师范训练班，师范本科，小工艺训练班等三部，并附设实习工厂，1943 年设师范 9 个班，学生 206 人，教员 20 人，职员 44 人，军训员 1 人，工役 63 人，这两所师范学校原为一所，后经行政院核准分设为两所各自独立的学校。成达师范学校系于 1945 年始从外地迁来青木关，校长蒋文波。

在青木关如此狭小地域内有这么多师范学校，反映出的问题是全国各地各级各类学校教师奇缺，成为国民教育发展的瓶颈，引起教育部高度重视。因此，除设独立的师范学校外，在高校和普通中学内也设师范班。教师奇缺的原

① 中国第二历史档案馆编《中华民国史档案资料汇编》第五辑第二编教育（一），江苏古籍出版社，1997 年第 1 版，第 767 页。

因有多种，一是国民教育的发展需要猛增，这是抗战建国及准备战后和平建国，实现国家现代化的需要所致；二是教师待遇微薄，一般学子不愿读师范；三是师范毕业生素质高，工作认真负责，安于清贫者多，地方机关乐于使用，常将他们引进机关做干部工作，学校教师更加奇缺；四是因待遇太低不能养家，教师流失严重。

为此，教育部采取了积极的应对办法。1940 年 2 月教育部制定并颁发了特别师范科及简易师范科暂行办法，1942 年 3 月又颁布师范学校毕业生服务规程，并于当年 4 月 1 日在教育部召开师范教育座谈会，教育部政务次长顾毓琇作了报告。1944 年 12 月教育部又颁布了师范生公费待遇实施办法，为方便研究和借鉴，现将这四个文件附在后面。

文件一

教育部政务次长顾毓琇在师范教育座谈会上关于增加师范生来源与改进训练办法等问题的报告（1942 年 4 月 1 日）

教育部鉴于师范教育的重要，特根据八中全会决议之旨，规定每年三月二十九日起至四月四日止，举行师范教育运动周，发动各省市教育行政机关及师范学校同时举行，藉以唤起社会人士的注意。今天柬请诸位专家来参加开会，目的是想借此得到多方面的意见，承诸位远道而来，足见对于师范教育的热心与同情。相信今天必有一番精彩的议论，师范教育能得到各方面的重视与扶持，前途一定是很乐观的。师范教育的重要，我们已充分认识，因为师范教育为国民教育之母，国民教育是民族文化的柱石，又是地方自治的基础，师范教育就是培养民族文化的基本干部与推进地方自治的基层人才。总裁在国民精神总动员三周年纪念日广播讲演曾经昭示我们说："三民主义文化的建设特别要注意在教化方面入手，来树立爱国的道德和建国的信心。"教育的重要性更于此可见。

目前师范教育的推进困难甚多，而亟待解决的则有下面四个问题：

（1）社会人士不愿送子弟入师范学校；

（2）一般青年不愿升学师范学校；

（3）师范生毕业数量不能配合推行国民教育之需要；

（4）应如何坚定师范生"服务教育，献身国家民族之信念"。

不愿送子弟入师范学校与不愿升学师范学校这种心理的形成，包括许多因素，成为师范教育推进途中之一大障碍，结果造成师范生的总数字不易增加。我们自然需要设法去解决这个问题，希望很多的青年，都高兴地升进师范学校，可是即使师范生总数字不向后退减，其距离实际的需要量仍属很远，本部推行国民教育五年计划，估计设成六十万校，每校平均有老师三人，即需一百八十万人，除原有老师七十余万人及短期师资训练可有六十万人外，尚少师资四十余万人，似此情形，每年至少需有十万人毕业，方足敷用，照这样估计，每年如需十万人毕业，即应有三十万人在校，就目前情况论，能达到此数三分之一，即已满意，然而根据统计，二十九年七月在校师范生数只有六万多人，三十年七月约增至八万人，本年内可望增至九万余人，每年仍只有两万多人毕业，尚未达到三分之一的数字，而且毕业出来的两万多人以及原有服务的教师还不能如数保持。主要的自然是因为教师本身待遇微薄，发生流动倾向，这种流动倾向，一半也因为各机关爱用师范生的缘故，因为师范生素来刻苦耐劳，安贫乐道，充任机关职员，做事既负责，又守规矩，对于待遇的要求也不高，这自使人乐于任用。目前小学教师改业的人数已很多，就是尚未改业的而心理已在动摇的人恐怕也不少，所以如何挽留及如何增加师范生的数量，是必须从速求得一个根本解决的办法。我以为除尊师重道，予以精神上的安慰外，根本还是要从提升教师物质待遇着手，教育经费原是民族繁荣的保险费，扩充师范教育，优待师范生及保障教师生活，更是民族保险中一个重要的度支，如不能扩充师范教育，不能优待师范生，不能保障教师生活，就无异废弃民族文化，轻视国家基本建设，所以现在不能着力于此，民族就没有将来，国家就没有前途。

所以，如何改进师范生待遇，增加师范生人数，保障教师生活，是大家一致主张需要解决的问题。说到这里，我想起湖南教师一件事，即湖南有五万个合格教师，年来已经走了一半，这种事实足够我们警惕的。

中央对此已加注意，八中全会曾在筹拨专款改善师范生待遇，增设师范学校以及提倡师范教育运动作出了决议，政府根据是项决议，积极提高师范生待遇，以前有几省不照公费待遇的办法，只有少数的津贴，现在大多数省份都能供给师范生膳食及其他各种优待，师范学校也已逐渐增加，至于小学教师待遇，除规定改善提高薪额外，并另有供给食米的办法，但师范教育的问题尚不止此，而且上面所说的亦并未得到彻底尽善的解决，所以希望在座诸位先生，多多指教。今天所要商谈的归纳起来有下面三个中心问题：

1. 如何增加师范生来源；

2. 如何改进师范生训练；

3. 如何确立计划的师范教育。

各位远道而来，除代表教育部致谢外，并请趁此机会，多多发表意见。

（国民政府教育部档案）

文件二

特别师范科及简易师范科暂行办法（1940年2月29日）

第一条　为各省市大量造就国民教育师资起见，特订定本办法。

第二条　特别师范科及简易师范科以附设于师范学校为原则，但公立中学及公立高级中学内得附设特别师范科，公立中学及公立初级中学内得附设简易师范科。

第三条　特别师范科及简易师范科修业年限均为一年。

第四条　特别师范科入学资格为高级中学或同等学校毕业或具有同等学力者，均须经入学试验。

简易师范科入学资格为初级中学或同等学校毕业，或具有同等学力者，均须经入学试验。

上项同等学力录取名额，不得超过录取总数百分之二十。

第五条　特别师范科及简易师范科入学试验科目如下：

公民、国文、史地、算学、算学（理化生物），口试及体格检查。

第六条　各省市开设特别师范科，以办理普通组为原则，必要时得设体育、艺术、劳作等组。

第七条　特别师范科普通组教学科目如下：

三民主义、伦理、体育、军事训练、军事救护（女生）、卫生、国语及注音符号、应用文、农工艺及实习、家事及实习（生）、音乐、数学原理及方法、学校行政、童军教育、中华民国政府国势概要、地方自治、农村经济及合作实习。

第八条　简易师范科教学科目如下：

三民主义、公民、体育、军事训练、军事救护（女生）、卫生、国语及注音符号、应用文、农工艺及实习、家事及实习（生）、音乐、数学原理及方法、学校行政、童军教育、地方自治、农村经济及合作、实习。

第九条　特别师范科普通组以外其他各组教学科目另订之。

第十条　特别师范科及简易师范科得缩短休假日期。

第十一条　特别师范科及简易师范科学生之教学实习，除附属小学外，应指定附近中心学校或国民学校为实习场所。

第十二条　特别师范科学生毕业后，得充任中心学校或国民学校教员。

简易师范科学生毕业后得充任国民学校教员。

第十三条　特别师范科及简易师范科设主任一人，秉承校长主持科内教学及训导事宜。

第十四条　特别师范科主任，以曾任师范学校校长，校务主任，训育主任及曾任师范学校教学学科教员二年以上卓有成绩者为合格。

简易师范科主任，以曾任师范学校校长，校务主任及曾任师范学校教学学科教员二年以上卓有成绩者为合格。

第十五条　特别师范科及简易师范科主任，应担任教课，其时间不得少于专任教员教学时间最低限度二分之一。

第十六条　除本办法所特别规定者外，其余均适用修正师范学校规程之规定。

第十七条　本办法自公布之日施行。

（行政院档案）

文件三

师范学校毕业生服务规程（1942 年 3 月 22 日）

第一条　本规程依据师范学校法第十六条订定之。

第二条　各省市（行政院直辖市）各类师范学校及各种师范科（以下简称师范学校）毕业生之服务，均照本规程办理。

第三条　师范学校毕业生服务年限一律定为三年。

第四条　省市教育行政机关于所属师范学校学生将届毕业时期，应预为计划分配服务处所，毕业后即派至预定处所服务。

第五条　各县市教育行政机关，在接受省教育厅所分发之师范学校毕生后，应即依据实际情形，妥为分配服务学校，并呈报省教育厅备案，各该师范学校毕业生在被分发之县市，如不得服务学校时，得呈请省教育厅核办。

第六条　师范学校毕业生无论服务期限业已届满是否，如不得服务处所，均得请由省市教育行政机关登记，分配至相当处所服务。

第七条　师范学校毕业生有因特别情事，呈请省市教育行政机关核准者，得服务于其他省市。

第八条　师范学校毕业生被派至各县市服务时，应服从各该县市教育行政机关之支配与指导。

第九条　师范学校毕业生服务期内，继续任职两校或两校上者，其期得合并计算。

第十条　师范学校毕业生在服务期间，非有修正小学规程第七十八条情形之一者，应予保障，不得解职。

第十一条　师范学校毕业生有因身患疾病或其他障故，不能服务时，各呈请省市教育行政机关酌量展缓其服务时期，但除痼疾或残废外，展缓时期不得超过两年。

女生不得因结婚请求展缓服务时期。

第十二条　师范学校毕业生有左列情形之一者，得请由各省市教育行政机关即予恢复原职或另派工作：

（一）无正当理由而被解职者；

（二）在服务未满期间期所服务之学校因故停办者；

（三）因受特别情形之影响而失业者；

（四）展缓服务时期已满者；

（五）学校聘约已满无故不予继续者。

（六）受停职处分已满期者；

第十三条　师范学校毕业生在规定服务期内不得升学或从事教育以外之职务，但服务满一年成绩优良，愿升入师范学院或简师毕业生志愿升入师范学校者，得于呈请省市教育行政机关核准后投考升学。

第十四条　师范学校毕业生在服务期间有左列各款之一者，应由各省市教育行政机关追缴其修业期间历年免缴之学膳书籍各费全部。

（一）无正当理由而去职者；

（二）展缓服务时期二年仍不服务者；

（三）改就他业或擅自升学者。

第十五条　各省县市督学对于初期师范学校毕业生，应特别予以关于改进教学方法及进修等之辅导，培植其服务教育之兴趣与信念。

第十六条　师范学校毕业生在服务期间，应于每学期结束时，将本学期服务概况分别报告于原毕业学校及所在地之教育行政机关，所在地教育行政机关应考查其服务状况，服务期满并无过失者，给予服务期满证明书，并呈报省教育厅备案。

第十七条　师范学校毕业生在外省市服务者，得由主管教育行政机关考查其服务状况，服务期满并无过失者，给予服务期满证明书，并转报其本省市教育行政机关备案。

第十八条　师范学校对于各该校之毕业生或失业状况，每学期应报告省市教育行政机关一次，省市教育行政机关对失业之师范学校毕业生，应设法予以工作。

第十九条　各省市或县市教育行政机关根据法令规定所办之短期义务教育师资训练班等，其毕业生之服务，应依照本规程之规定办理。

第二十条　各省市教育行政机关应依据本规程，订定实施细则，呈报教育部核定施行。

第二十一条　本规程自公布日施行。

（行政院档案）

文件四

全国师范学校学生公费待遇实施办法（1944 **年** 12 **月** 22 **日**）

第一条　全国各级师范学生（包括简易师范）公费待遇依本办法之规定。

第二条　师范生公费待遇之项目如下：

（甲）应享受公费部分

一、师范生除保证金外免缴学费、宿费及图书、体育、医药卫生等杂费。

二、膳食（包括主食费副食费）全部由学校供给，但主食费得依照规定数量拨发公粮。

三、所用各科教科书由学校供给。

（乙）得享受公费部分

一、制服应由学校供给，每三年每生发单制服二套，棉制服一套。

二、第三年依照规定外出之参观，用费由学校供给。

三、劳作、拳术、理化、生物等科实习材料费由学校供给或酌予补助。

四、新生在校及毕业生经分派服务者，应按程发给或补助旅费。

除前项各款规定外，其清寒优秀者得依照法令规定受领奖学金。

前条乙款得享受公费部分各款待遇由负担经费之各机关斟酌财力，一部或全部实施之。

师范生公费待遇所需经费，国立学校学生由中央负担，省立学校由省款负责，县级学生由县款负责，分别列入省县预算，唯新生在校旅费得酌由保送机关补助之。

师范生如有不遵照规定在学时中途离校或规避服务情事，得依照“修正师范学校毕业生服务规程”第三十二条之规定，追缴其在修业期间所享之一切公费，并没收其保证金。

上项追缴之公费及没收之保证金，分别由教育部及省市县主管教育行政机关每学期核实保存，留作下一期补充师范生公费之用。

第六条　本办法自公布日施行。

（国民政府教育部档案）

第五节　青木关战区内来学生进修班

教育部附设战区内来失学青少年进修班，设在青木关的有战区学生指导处进修班、计政班和家事训练班等，但还有工艺班、农垦班设在北碚，护助训练班设在歌乐山。在重庆以外，则有洛阳进修班，成都川康社教队戏剧人员训练班，岷县畜牧兽医训练班等。设在青木关和北碚、歌乐山中央迁建区范围内的各种训练班的员工人数概况（1943 年）见下表：

教育部附设战区内来学生进修班[①]

校名	所在地	学生人数	教职员人数				工役人数		备考
			教员	职员	军训员	导技工	特种	普通	
战区学生指导处进修班	青木关	1600	61	65	7		68	31	包括战区来渝学生寄宿及家事训练
战区学生指导处农垦班	北碚	85	12	20	1	5	7	8	
战区学生指导处工艺班	北碚	155	14	20	1	5	7	8	
战区学生指导计政班	青木关	140	9	15	1		11	6	
护助训练班	歌乐山	25	2	2			2	1	
家事训练班	青木关								

① 中国第二历史档案馆编《中华民国史档案资料汇编》第五辑第二编教育（一），江苏古籍出版社，1997 年第 1 版，第 683～684。

青木关进修班设在距青木镇约 4 公里的八庙塘。战区内来失学青少年进修训练班学生由招致训练委员会招致而来。关于这个招致训练委员会的成立与工作概况，1945 年 5 月教育部有一简明扼要的综合报告，兹录全文如下：

教育部关于失学青年招致训练委员会成立经过、组织沿革与工作概况的报告[①]

（1945 年 5 月　日）

（一）招训会成立经过。自“七七”倭寇肆虐，抗战军兴，敌人包藏祸心，毒焰所及，知识分子首遭摧残。我战区学生怵于敌势之方张，不甘受奴化教育，冒艰危险阻，相率由战区转入后方者为数甚多，辗转流离，投止无门。政府为救济是项青年起见，特于民国二十八年十二月由军事委员会设计成立战地失学失业青年招致训练委员会，主持战区青年招训事宜，并派办公厅主任负责筹备，至二十九年三月一日正式成立。

（二）组织及沿革

招训会成立后，按军事战区分别成立分会，聘各战区司令长官兼任主任委员，各在所辖区域内前线重要地点分设招致站，办理战地青年调查、宣传、招致、登记、分送等事宜。

嗣因各战区三民主义青年团团务开展，本会曾一度改由三民主义青年团中央团部主持，至三十年五月后，以招训青年十分之九为学生，其训练与分发皆与教育机关有密切关系，当奉委座电谕，将本会会务交由教育部负责主持，主任委员教育部部长兼任，会内组织：主任委员一人，副主任委员二人，常务委员五人，委员十人，分别由教育部、中央党部、青年团、战地党政委员会、赈济委员会、中央海外部、军训部、政治部、中央训练委员会等机关重要人员兼任。三十二年三月间，战地党政委员会撤销后，又增聘中央组织部、军政部、经济部、社会部各负责人员为本会常务委员。

三十三年七月教育部战区学生指导处、三十四年三月战地失学青年就学辅导处暨侨务委员会回国升学侨生接待所先后撤销，业务均划归本会，此本会组织沿革之梗概也。所属招训机构用其分布地点见附表〔略〕

① 中国第二历史档案馆编《中华民国史档案资料汇编》第五辑第二编教育（二），江苏古籍出版社，1997 年第 1 版，第 340～348 页。

（三）工作概况

本会工作纯为招致战地失学失业青年，俾能内移继续就学与就业，以避免敌方利用，计自民国二十九年一月起至三十三年十二月止，共招致战地青年二十四万九千五百七十一名，均经分发就业就学。三十四年一月至三月份共招致战地青年一一〇三七名，除尚有一〇〇八五名在各战地青年训导所、职业班及战时中学、战时师范收容训练、统筹分发就学就业外，余均已转请教育部分发就学或介绍各地军队及党政机关就业。兹将办理情形分述如下：

一、凡沦居敌后，不甘奴役，愿为祖国效忠及因战事转变后移之青年，均在招训之列。本会除派员深入敌后各重要城市，负责甄选优秀青年内来外，并商请教育部战区教育工作人员协助办理，随时深入敌伪学校中鼓动优秀青年内来，且在各临近前线要道共设招致站四十五站，以照料敌后青年之内移，及抢救各战区因战事转变后移之青年，其历年各地招致人数详见附表〔略〕。惟来自战区及敌后青年间，多情形复杂，故必须予以缜密之考查登记，始克辅导其升学就业。特规定凡携有战区学籍证件及沿途内来交通证件者，一律准予登记，其因经过敌区未能携带证件而经战地党政军机关介绍出有保送文件者，亦准登记。至已在后方取得学籍或原肄业学校已移至后方及伪造证件希图侥幸躐等者，概不登记，而昭郑重。

二、考试

战区学生之学籍固由审查确定，然相同之学籍未必程度尽同，辗转流徙参差尤甚，为使救济与教育双方收效计，特订定考试办法，定期举行学历考试或编级试验，按其成绩重新审定学历，预以原级及降级肄业或试读，或另予其他职业技能之训练。

三、训练

1. 一般精神及课程补充训练

战区学生以历经艰险，精神易于反常，课程不免荒疏，为矫治此类现象，特规定凡经登记合格，考试录取之战区青年，须受本会短期训练，予以思想、心理之考核与指导。同时予以一般课程之补习，以为升学之准备。此类训练机构包括训导所、进修班两种，历年训练情形详见附表〔略〕。

2. 职业训练

战地青年有失学已久，年龄过大，或秉性诚朴，志愿就业者，本会按其个性所近及当前需要，成立各种职业训练班，分别予以专业技能之训

练。按职业性质之不同，分别规定训练时间之久暂，修业期满后介绍就业，历年参加职业训练情形详见附表。〔略〕

四、分发

所有登记合格之青年，经各科之补充训练后，其年在十八岁以上至二十五岁（因本会只招致青年最高龄限于二十五岁）者，尽量鼓动参加陆海空军训练机关受训，以为国用。女青年其志愿担任后勤工作者，本会当即介绍有关机关收容训练、其余年龄幼小，学历较差或身体稍弱者，由本会商请教育行政机关分发全国各级公立学校就学，或介绍机关服务。历年分发情形详见附表。〔略〕

五、指导

1. 战地青年初来内地时之指导

战地青年初来内地，异乡陌路，升学就业茫然不知所之，多纷纷来函请求指导，综核其内容约可分为以下六类。

(1) 国内各学校之校址、考试、分科问题；

(2) 学籍证件未能携出或已遗失后如何请求证明或登记问题；

(3) 因故未能参加各校入学考试，请求分发或借读转学问题；

(4) 无力缴纳学费请求免费及救济问题；

(5) 内移路线问题；

(6) 请求介绍职业问题。

本会或分会接到此类函件后，均分别依照所定各种办法随时解答，并随时于报纸上发表此类新闻消息，俾众周知。

2. 战时青年入学后之指导

凡由本会或分会登记合格分发就学就业之战地青年，经常与本会维持通讯联络关系，无论其学业成绩、工作情形、生活状况均不断报告本会，本会一面予以精神上之指导，一面藉为感情上之联系，使无家可归之战地青年视本会如家庭，精神上有所依托，养成健全有为之青年。

六、救济

战地青年经长途跋涉，移至内地后，无论升学就业，每以经济来源断绝，旅费无法筹集，恒致坐失时机。本会特规定核发旅费办法，补助此辈青年升学就业，以达成其志愿。

此外，因战地内移，青年历经艰险，于啼饥号寒之余，其身体稍弱者，一至后方多生疾病，本会为救济此类青年计，除于可能范围内送请就近卫生机关治疗，或函请赈济机关予以救济外，特规定战地青年贫苦疾病紧急救济办法，以谋贫苦疾病青年得有服装、被褥、医药之普遍救济，藉以减轻其物质与精神之痛苦。

作为这个报告的附录，在国民政府教育部及战地失学失业青年招训委员会档案中，有5个统计表，这里选录两个：

(1) 战地失学失业青年招致训练委员会历年招致青年性别学历统计表(1940—1944年)

学历	29年			30年			31年			32年			33年			合计			备注
	男	女	小计	男	女	小计	男	女	小计	男	女	小计	男	女	小计	男	女	小计	
大学肄业者	253	180	361	1079	324	1403	719	113	832	505	217	722	187	502	1189	3243	1264	4507	
高中生	7627	3248	10925	7832	4001	11833	19286	819	20105	31640	4085	35725	27089	4127	31216	93519	16280	109799	
初中生	7728	2094	9822	7758	5028	12786	24381	1032	25413	24878	7093	31971	47142	3099	50241	111887	18346	130223	
小学毕业生	63	84	147	166	59	225	533	208	741	1227	665	1892	1045	982	2027	3034	1998	5032	
合计	15716	5534	21250	16835	9412	26247	44919	2172	47091	58250	12060	70310	75963	8710	84673	211683	37888	249571	

（2）战地失业青年招致训练委员会历年分发青年统计表（1940—1944年）

分发处所	分发人数					合　计	备　注
	29年	30年	31年	32年	33年		
从　军	4413	4670	6473	5003	8064	28623	
陆军学校	3876	1642	1155	1289	2504	10466	
航空学校	285	25	28	37	115	490	
海军学校	68	73	35	38	47	251	
军医学校	493	818	204	541	176	2226	
大　学	1896	1199	955	685	996	523	
高级中学	4830	7614	15569	27712	20983	76708	
初级中学	1190	7641	22140	29531	40113	100615	
师范学校	1988	931	373	2713	3148	915	
职业学校	347	303	59	825	4109	564	
专科学校	529	309	63	1247	3273	5421	
自行就业	1094	920	37	671	898	3620	
其　他	241	102	0	23	253	619	
合　计	21250	26247	47091	70310	84673	249576	

青木关战地失学失业青年进修班校址八庙塘，过去曾经是一个乡场，位于由磁器口翻越歌乐山通往青木关至璧山县城的大路要津，有拱桥流水和类似《清明上河图》中描绘的那种古镇建筑风貌，八庙塘（堂?）实即庙宇的殿堂，紧邻街房，本书的编著一行数人曾于近期专程前往考察，发现此地已经失去乡场地位和作用，完全变成了农家的居所，只是残存的街房、庙堂、石头牌坊（清代建设）及林间的石拱桥尚存，而小溪也已枯断，仅留水潭供鹅鸭游淌。但当地的居民记忆犹新，说近年常有台湾或海外当年学子前往忆旧拍照，但均已八十老翁矣！可喜的是，当年的学子们亦未尝忘却，且有回忆文章详述当年学习生活的生动情况。这里我们只选录两人的部分回忆，以供研究。

（一）抗战时期重庆战区学生进修班[①]

作者黄作华，曾在八庙塘初中进修班进修过一学期，青木关中学高387级学生，重庆大学物理系毕业，晚年任西安交通大学和西安科技大学教授，硕士研究生导师。回忆文章全文如下：

抗战时期重庆战区学生进修班

黄作华

抗战时期，国民政府在陪都重庆上清寺设有一个“战区流亡学生收容站”，专门收容从沦陷区逃到大后方的流亡学生，给他们吃公费，让他们有书读。小学生送儿童保育院，中学生送到国立中学，大学生则投笔从戎。

那时在四川的国立中学有十多所，都是从外省迁来的重点中学，程度很高。为了使沦陷区来的学生能跟得上进度，需要经过补习和测验，按成绩插班。于是，教育部设立了“战区学生进修班”。初中部在青木关的八庙塘，高中部在江北人和场，都是几百人规模的完整初、高中，还有一个“工艺班”在北碚澄江镇，一面上初中课，一面学工艺。

学生在进修班学习的时间是一个学期，期末经过考试决定升级、留级或降级分配到各国立中学。我曾在八庙塘的初中进修班待了一学期，然后分配到位于长寿的国立十二中。

青木关是重庆远郊的一个重镇，也是当时教育部的所在地。八庙塘距青木关约十里路，因其附近有八座小庙而得名，不过这些庙多已不存在了，只有街上那座还有几间房子，我们的学校就设在庙里。庙堂及两厢是办公室和女生寝室，旁边用蔑笆搭成的简易房子是教室和男生宿舍，还有一个礼堂兼饭厅，这些竹子编的房子，四面透风，瓦缝见天，一到下雨到处都漏，满地泥泞，课也上不成，觉也睡不了。

学习与生活条件是艰苦的，没有电灯与自来水，晚上连油灯也点不起，也没有什么像样的教学设备。学校仅有的财产就是简单的条形桌凳和铺上篾笆的双人床，厨房是最要紧的地方，它要管几百人的一日三餐，开

① 见青木关中学编《铸秀育英话当年》续集（内部本）第5～52页，第7～9页。

饭时十个人围着一钵菜蹲在地上吃。

学生都是些十一二岁到十四五岁的孩子。他们大多是随父母从战区逃出来后，因家里无力抚养和供给上学才送来吃公费的，小小年纪已尝尽流离颠沛甚至家破人亡的苦楚；有的则是无家可归的战争孤儿。因此，虽然过着艰苦的集体生活，也能很快适应，并觉得满足。他们的自我生存能力、忍耐精神和珍惜来之不易的学习生活，绝非现在同龄孩子可以比拟的。

早上天不亮就吹起床号，大家要摸黑到溪边洗漱，再迅速到操场集合，上操、训话，有一位军训教官带领，过着半军事化的生活。有一次搞夜行军，半夜吹起紧急集合号，他领着大家摸黑路疾走，一路翻山过河，摔打滚爬，紧张极了，我至今仍印象深刻。

校方伙食则很差，稀饭是清汤，干饭是糙米“八宝饭”（含有谷子、稗子、砂子、石子、虫子、草根、泥块和耗子屎等八“宝”）；下饭的菜不是熬胡豆就是水煮牛皮菜，不见油水。每周打一次牙祭，那顿饭每人可以分到两三片带皮的肉。关键问题是吃不饱，每次开饭时，在教官的监督下，第一碗饭是分的，吹哨子开动后，教官就不管了，不消几秒钟，大家把饭两三口扒完后就冲到大饭桶去抢第二碗，一群人挤成一团，只有猛冲猛打者，才能添上第二碗和挤得出来。年纪小和体弱者就吃亏了，甚至为此而负伤。抢到饭的便狼吞虎咽，也就不计较饭菜的味道与质量了。

生活艰苦还表现在缺衣少被上，人人身上都长虱子，天冷时就两人挤在一起睡觉。夏天奇热，蚊蝇成群，臭虫一串串，全身长痱子和疥疮，拉肚子是常事，发病率高，学校没有医务室，实在抗不住了才跑到十里外的乡卫生院看病。

由于物质条件差，学生一学期换一批，流动性大，教职员也不稳定。学校管理松懈，学习与生活很少有人关心，所以就会出现许多问题：

一是经常扰民。我们肚子饿了就跑到附近的庄稼地里拔萝卜、挖地瓜、摘果子，常被农民追赶而引发出与学校的纠纷。

二是生活缺乏照顾，病痛无人管，安全也无保障。平时洗脸、洗澡、洗衣服都在河沟里。有一次，一位同学洗澡时误陷深水潭，他不会游泳，在水中挣扎呼救，大家束手无策，眼睁睁地看着他渐渐下沉，最后丧生。大家非常难受又很害怕，以至于当夜发生了集体惊梦的事情，半夜里有一位同学高声梦呓，激起大家立即狂呼乱喊，惊吓得不知所措。有人说是鬼在作怪，实际上是因恐惧和紧张造成的心理现象。

三是纪律松懈。学生中分成帮派，时有争吵与斗殴发生，有时打群架，甚至与外校串联大打出手。最典型的是我们上一届的进修班同学曾远征到青木关，与中大附中、社教附中联合起来，向中央音乐学院（注：国立音乐院）发起进攻，扬言要砸烂学院，把女生抓来剃光头。几百人的队伍在夜间向关口进军，结果却被人数很少但有着充分准备的音乐学院学生们用石灰包阻击，把一群乌合之众打得丢盔卸甲，抱头鼠窜，落荒而逃。第二天当地老乡在路边和水田里捡到几箩筐的鞋子。据说此事闹到了教育部。后来升大学、出国留学的人不少，在军、政、学界都有不少人出类拔萃，做出贡献。

（二）难忘青木关①

作者郑绵涛，1943 年下期曾就读于八庙塘进修班，青木关中学高 391 级学生，曾任峨眉电影制片厂文学部高级编辑（剧），厂艺委会秘书长。中国电影家协会会员，他写有《难忘青木关》，这里只选录其中“流亡学生的集散地”（1）（2）（3）（4）小节。

流亡学生的集散地

（1）来到战区学生进修班

我是 1943 年 8 月与同学孔庆安在重庆上清寺“战区学生收容站”登记注册，被指令到距教育部不到十里的青木关八庙场“战区初中学生进修班”就读的。当时只有十四五岁的我们，徒步 40 多公里去报到，不觉得苦，听先来的同学说，这里只读一学期，期末就被分配到国立中学去的，分配时是升级留级还是降级，就看自己期末考试成绩。并说，就在教育部眼皮下，得学扎劲点，免得到时自找难堪。

来到这样一所非常简陋的学校，庙堂当礼堂饭厅，吃饭时 10 人围成圈蹲在地上，中央一瓦盆盐水煮胡豆，少见油腥。教室的屋瓦都能见青天，雨天上课，脸盆接漏声压过老师的讲课声。宿舍篾编泥墙，一脚能踩个洞。刚到那阵，我有如林冲被押抵山神庙般凄苦地终于到“家”的感觉。我从浙江老家出走时，杭州金华沦陷，途中我爬过车顶挤满难民的火车，目睹车进隧道被甩落死伤的难民；搭过上坡时靠人推的木炭车，冒生

① 见青木关中学编《铸秀育英话当年》续集（内部本）第 5～52 页，第 7～9 页。

命危险穿越日伪封锁线。有时只能露宿在街头屋檐下，走走停停，曲曲折折，从端午节离家，到临近中秋才抵山城。一路上受尽饥寒与惊吓，要不是有姑母的呵护，小命早就丢在半途。我那时心中有个已在国立十二中就读的表姐做榜样，她鼓舞着我非到重庆上学不可。进修班圆了我的读书梦，青木关成了我们流亡学生的栖息地。“流亡学生”，在今天说起来，似乎有点悲壮与浪漫。是的，要是在统治严密的社会里几乎难以发生。战争只能产生难民，不能产生流亡学生。流亡学生要有能获得一些施舍的物资，要有接纳因战乱失学青少年的教育机构，要有人见了这些外来流亡者不惊不诧的社会心理土壤，不会随意当“阶级敌人”被抓起来。所以，在那个外敌入侵国难当头的年代，我和许多同学一样，觉得有口饭吃，能公费上学，感到十分幸运。

然而，享“公费”流亡求学，可不是潇洒走一回。所谓公费，只是维持生命最低供给而已。必须具备顽强的意志，能够克服各种难以想象的困难，才能坚持享用这份待遇。我从跨进战区学生进修班之日起，便刻骨铭心地品尝着：首先是军训教官的粗野，晨练，跑步可以把人跑得累倒在地上，把这些十几岁的孩子当大兵对待。其次课本多是用过的旧课本，许多都被划烂或残缺，都是要自己抄写补上，许多时候还是几人共用一本书，在筷子的一端绑个蘸水笔尖，便是一支钢笔。晚自习，四人围着一盏油灯，在烟熏火燎中求知。因此，晨读，是自发性的重视，校园内外，田头竹林，一片琅琅读书声，蔚为壮观。住的宿舍潮湿，床架桌缝里的臭虫成串，我初来领到一套罗斯福布的童子军服，没穿上几天就爬满了虱子。那时把害疟疾生疥疮说成是抗战病。为了抗战，卧薪尝胆！进八庙堂，便是领受艰苦人生当头棒！

（2）歌哭方见真性情

“下江娃儿”，当地人这样叫我，而我每听到江浙口音的同学，都会备感亲切。我渴望交流，我总想，这里每个从沦陷区来的同学，都会和我一样有一段痛失家园、颠沛流离的经历。但我敏感到：同学间存在着一种不轻易互相倾诉的现象。于是我又想，也许是这里只半年的同窗时间太短暂，也许是生怕触到伤心处，也许是境遇不同，情况复杂，一言难尽啊！或许，就是不甘于对艰苦困难以无奈，而取之以乐观开朗的人生态度吧。我深深的感到与同学交流之不易，整天就在几个江浙同乡小圈子里。外省同学也都有各自的小圈子，每当我有意了解陌生同学，对方似乎猜出我意，便出现当今歌词所唱“不要问我从哪里来，我的故乡在远方……”的尴尬局面。

记得中秋节，打牙祭又开晚会，是按师生同乐的主题准备的，全体师生聚集操场坝，并有当地群众围观。演唱节目还未过半，突然在观众席里的同学中有人唱起了“我的家在东北松花江上……”会场气氛一下由欢乐变成严肃凄凉，接着抽泣声伴着歌声此起彼伏，一种“有家不能归”或根本无家可归的流亡者的悲伤，便整体性地爆发出来。可见，能歌能哭方见真性情。不知是老师的引导还是同学的自发，自那天晚会后，同学中唱抗战歌曲可说是此起彼伏。

“救——救——救中国，一起向前走，努力呀，努力呀，救国要奋斗！救国——救国——要奋斗！”歌声使我浑身热血沸腾，歌声鼓舞我去战胜面临的各种挑战。

（3）“扰民事件”

在种种生活困难中，我觉得吃不饱肚子最难熬。正在长身体的年纪，要是让爹娘知道可是心疼死了，这里倒好，没人理睬。一个赶场天，孔庆安跑来对我说：“想吃东西吗？跟我去赶场。”我便跟着他钻进赶场的人群，只见道路两旁摆满地摊，秋果累累，想吃的东西很多。跟着孔庆安在摊贩前东钻西问的，根本没钱买，只好往回走。出了市场我气得站着不走，他却笑脸对我说：“拿出来吃吧。”我一听气得要打他，他嬉皮笑脸地指指我的口袋，我一摸，果真有两个橘子，另一个口袋一些花生，是他在拥挤的摊前将东西塞进我口袋里。我诧异地责问他“偷？”“不要说得这么难听嘛”，他满不在乎地说：“饥饿难忍，有同学到地里拔萝卜，爬到树上摘果子，告到学校也没怎么着。”我一边坐享其成地吃着，一边摇摇头说：“决不当贼。”

一日，只见几个同学在花生地里又跳又唱，偷花生？谁见了都会这样认为。农民见了操起锄头赶去，跳唱的同学见势不妙，撒腿就跑，农民随后追赶。见农民追远了，另一些埋伏在田埂下的同学一跃而起，迅速地拔起花生藤，把花生摘进脸盆。追赶的农民这才发现中了“调虎离山计”，再掉头来抓他们已来不及了，这事很快被告到学校。

一周后，学校为处理好这起“扰民事件”，不仅请来种花生的农民，还特邀了当地的乡绅和教育部督学来参加。会议就在我们宿舍下的办公室里举行，我和几个同学站在床上正好看见。感到意外的是农民不像是告状，带来一篮花生放在桌上，这可比那天他们偷的要多得多。头戴瓜皮帽的乡绅说：“都是些不甘当亡国奴的娃，小小年纪背井离乡，造孽啊！”使我们惊讶的是督学的一番话，他开头讲几句学校要严加管教之类的话之后，话头一转说“战争逼迫我们的孩子离散骨肉亲人，政府让孩子离散受教育，别看他们年幼，本性深处有一定行为控制力，因为不少孩子都是来自有教养的家庭。所谓饥寒起盗心，是拦路抢劫？还是打家劫舍？都不是!”督学要给学校提个醒，督学还说这些孩子要真出了事，学校担当不起！所以他强调学校不仅是要加强管理，更要加强爱护我们学生。当时年幼的我听得一头雾水，虽不太明白，但督学强调不能纵容扰民，也不可乱罚学生，是听懂了的。

(4) 分到国立中学

一个学期很快过去，战争逃难所荒废的学业，在进修班里得到了补习。1944 年 1 月开始分到各国立中学，我和孔庆安被分到四川永川茶店子国立十六中读初一下。另一位和我关系最亲密的浙籍同学骆以诚却分到中大附中，据说这与他父亲是国民党中央执行委员有关系。流亡学生中既有从沦陷区来的富家子弟，也有国民党的高干子弟。骆实在不愿与我分开，一定要把我转到他一起。他的努力果然有效，只是一年之后我经过转学考试进了中大附中；不久也就抗战胜利了。骆听从父命复员东下，我们哭别命中注定，今生无缘在一起。

我从进修班的同学分配中了解到的当时一些国立中学的分布情况：

国立二中（合川）

国立九中（江津）

国立十五中（荣昌）

国立十六中（永川）

国立六中（绵阳及德阳分校）

国立社会教育学院附中（学院在璧山，附中在青木关）

国立中央大学附中（重庆沙坪坝及青木关分校）

在川陕交界处还有国立一中（陕西城固县，收容河北籍流亡学生），国立七中（陕西汉洋县，收容山西籍流亡学生），国立二十二中（陕西汉洋县及安康分校，收容山东籍流亡学生）。

第六章　大后方的音乐之乡（上）

流淌在中华民族血液中对歌唱的渴望，在眼下的战争年代倾泻而出。抗战歌曲已响彻全国。在街头、在学校、在家中，人们耳边回响着振奋人心的歌曲。“起来，不愿做奴隶的人们！”“回到我那可爱的故乡”“战斗到最后一人”……每一个书店都在出售抗战歌曲集，每个歌曲集收录百余首歌，歌曲集每册一毛钱或一毛五分钱。合唱团、合唱队和歌唱义工的发展如雨后春笋，他们不仅举办音乐会，还前往城市广场和乡村，为民众歌唱，教大家唱歌。常常在周末，当你漫步在乡间小道，会看到由学生、银行职员或电报局工作人员组成的小型合唱队，在小山头上，在大草垛旁，为村民歌唱，与村民合唱。这是所见所闻中最感人的事情。当然，多数时候，人们与其说是在歌唱不如说是在呐喊。但不争的事实是，人们要歌唱，人们意识到了音乐在凝聚民众鼓舞士气方面的重要性和巨大作用。今天的中国具有了音乐意识。

——李抱忱《不屈的中国在歌唱》，原载于《纽约时报》1939 年 3 月 12 日。转见于郑曦原编、众志愿者译、张援远总译审《浴火重生〈纽约时报〉中国抗战观察记（1937—1945）》，当代中国出版社，2016 年 8 月第 1 版第 1 次印刷，第 147 页。

……如果能够印一份抗战歌曲的曲谱给你看，如果你喜欢的话在钢琴上弹奏出来，听听它是怎样的，一定很有意思。为此，我们就选择一首最为流行的抗战歌曲吧。但是，应该选择哪一首呢？如果你站在昆仑之巅，向 4.5 亿中国人问这个问题的话，那么答案只有一个。人们将整齐划一，如雷贯耳，淹没一切杂音地响应回答：《义勇军进行曲》！

——李抱忱《抗战歌曲传唱大江南北》，原载于《纽约时报》1939 年 12 月。李抱忱先生此文写于 1939 年 12 月 24 日重庆。转见于（同上）第 201 页。

第一节　教育部音乐教育委员会事略

南京国民政府教育部为了统筹管理全国音乐教育工作，于 1933 年 6 月成立“中小学音乐教材编订委员会”，编审中小学音乐教材。1934 年 5 月教育部又专设音乐教育委员会，聘请方东美、王端娴、沈心工、杜庭修、周淑安、唐学咏、黄今吾（黄自）、黄建中、赵元任、赵梅伯、萧友梅、顾树森等人为委员，订定公布《教育部音乐教育委员会章程》，确定的任务主要有：一、音乐教育之设计；二、编审音乐教科书；三、音乐教员之考试鉴定；四、推荐音乐教员，介绍音乐名家组织各种音乐会演出。①

“七七”全面抗战爆发后，教育部迁重庆办公。1938 年 10 月 27 日，教育部音乐教育委员会召开重组后的第一次会议，出席会议者有陈立夫、顾毓琇、郑颖孙、卢前、唐学访、李抱忱、应尚能、吴俊升、陈礼江、顾树森等 10 余人，并通过了 3 项决议，其中有审查各级学校现有音乐教材，举办音乐推广人员训练班，调查各省音乐教育实况，编纂音乐词典，搜集民间歌曲，定专人搜集中国音乐史料等工作。②

1939 年 2 月 10 日，由音乐教育委员会主办的音乐教导人员训练班在重庆沙磁文化区小龙坎开班授课，经西南各省选送及在重庆招考共录取学员 37 人。这是 6 个月便毕业的音乐短期训练班，又因日军对重庆大轰炸，同年 7 月 7 日便结束。1939 年 3 月底 4 月初，教育部音乐教育委员会与社会部举办了一次重庆市中小学生歌咏比赛，重庆私立南开中学、巴蜀小学获得优良学校称号；在 4 月 14 日举行优胜者和专家演奏会后，评选认为多数学校教师音乐修养太差，在教育上存在许多严重问题，这成为音乐教育委员会举办川渝学校音乐教员讲习班和音乐师资培养的动因。③

---

① 伍雍谊主编《中国近代学校音乐教育（1840—1949）》，上海教育出版社，2011 年 4 月第 1 版，第 1 次印刷，第 118 页。

② 刘再生著《中国近代音乐史简述》，人民音乐出版社，2009 年 7 月第 1 版，第 1 次印刷，第 415 页。

③ 教育部音乐教育委员会、乐风社编印。《乐风》第 1 卷第 1 期，1940 年 1 月 15 日出版，第 40～41页。

教育部音乐教导员训练班
简　章

第一条　本部为造就音乐教导人员谋改造音乐教育起见，特设音乐教导员训练班。(以下简称本班)。

第二条　本班设于重庆。

第三条　本班设主任一人，由本部部长兼任之，副主任一人，由本部社会教育司司长兼任之，秉承主任，综理全班事宜。

第四条　本班设教导事务两组，各设主任一人，分掌各该组事宜，由班主任就部员中调充之。

第五条　教导组主持教学及训育事宜，设注册管理两股，事务组主持总务事宜设文书，会计，庶务三股，各股得酌量事务之繁简各设干事一人至二人，书记若干人，由班主任就本部各司调用之，必要时得雇员助理。

第六条　本班设讲师兼任讲师若干人，由班主任聘任之。

第七条　本班学员名额暂定四十名，男女兼收。

第八条　本班训练期间暂定为六个月，学员训练期满，经考试及格者由本部发给证书，并分派各省巡回辅导当地音乐教员及指导民众歌詠，其服务办法另定之。

第九条　本班训练之科目如下：

(1) 精神讲话；

(2) 声乐；

(3) 钢琴或风琴；

(4) 键盘和声；

(5) 和声学；

(6) 视唱练耳；

(7) 音乐欣赏；

(8) 国乐概论；

(9) 指挥法；

(10) 工作训练及实习；

(11) 合唱；

(12) 诗词概论；

(13) 作曲概论；

(14) 社会教育概论；

(15) 国乐（乐器之一种）；

第十条　本班办事细则另订之。

第十一条　本简章自公布之日施行。

——（《教育通讯》二卷六期1939年2月4日）

1939年4月，音乐教育委员会改组，张道藩任主任委员，陈礼江任副主任委员。9月，张道藩离开教育部，迁重庆青木关的音乐教育委员会再度改组，陈立夫任主任委员，胡彦久任秘书，内分教育、社会、编订、研究4组，各组设主任一人，李抱忱任教育组主任，应尚能为社会组主任，杨仲子为编订组主任，郑颖孙为研究组主任；另增聘陈田鹤、江定仙、缪天瑞、熊乐忱、张洪岛等为编辑，从事歌曲及刊物的编辑出版。1939年教育部除派歌唱家蔡绍序到中央广播电台逢周三、周日两天晚5时播教各种歌曲外，还组织了以应尚能为团长的巡回歌咏团，到四川、云南、贵州的县份，联络地方团体、民众教育馆等举办音乐会。[①] 1941年陈立夫辞音乐教育委员会主任委员一职，由陈礼江继任。1942年陈礼江任新创办的国立社会教育学院院长，1943年又调杨仲子任音乐教育委员会主任委员。本节将简述该会迁建青木关期间召开的主要会议和举办的音乐活动。

音乐教育委员会会议。1941年4月13—14日，音乐教育委员会举行全体会议，到会的有戴季陶、陈果夫、陈立夫、顾毓琇、陈礼江、杨仲子等20余人，会议由教育部部长陈立夫主持，会议讨论通过提案26件，其重要的有：1. 确定了黄钟的标准音高；2. 搜集边地乐器、歌曲；3. 通令专科以上学校列音乐为共同选修课；4. 尅期译印国乐谱；5. 请教育部设立音乐研究所；6. 请教育部延揽平津沪各地音乐专家来内地担任教务；7. 指定各国立师范学校一律增设音乐系或音乐专修科；8. 请教育部拨款聘请专家从事乐器制造；9. 广泛征集各地民歌；10. 确定音乐教育三年计划；11. 推进歌咏教育；12. 定黄帝诞辰日为音乐节，每年3月5日至4月5日为音乐月，春季为音乐季；13. 派员分赴各省视察音乐教育。这次会议后，教育部还特饬国立音乐院附办音乐人员训练班。[②] 1942年3月5日，音乐教育委员会决定从3月5日至4月5日在重庆举行首届陪都音乐月。

---

① 教育部音乐教育委员会、乐风月刊社编印《乐风》第1卷第1期，1940年1月15日出版，第40～41页。

② 教育部音乐教育委员会、乐风月刊社编印《乐风》新1卷第5、6期合刊，1941年6月1日初版，第39页。

1943年5月15日，音乐教育委员会举行第七届全体委员会议，出席委员有：陈果夫、陈立夫、顾毓琇、卢前、杨仲子、刘季洪、杨兆龙、杨荫浏、戴粹伦、储师竹、段天炯、杨荫溥、李抱忱、柯树屏、熊乐忱、吴伯超等19人，教育部部长陈立夫任会议主席，教育部政务次长顾毓琇主持大会，议决重要提案有：1. 卢前提音乐学校制度应重新规定并颁订课程标准案，决议推顾毓琇、杨仲子、卢前、吴伯超、杨荫浏、李抱忱、戴粹伦7委员负责审查，由顾次长召集，教育部主管司派员参加；2. 派音乐专家1人率1人前往印度考察学习音乐；3. 杨仲子提请教育部通令全国音乐院校系科，增设歌词组、国乐组及歌词、国乐必修课程，决议通过；4. 杨仲子、熊乐忱提请教育部于留学名额中增设音乐学类，使有志深造者得出国研究案，决议修正通过；5. 杨仲子提请教育部拨专款集合专家开办国乐器制造厂，以利乐教案，决议通过；6. 杨仲子、熊乐忱提请设音乐讲座，邀请欧美音乐家来华讲学案，决议通过；7、段天炯提请教育部特拨经费补助承印乐谱工厂，大量翻印著名曲谱，平价发售以利乐教案，决议通过；8. 决议通过卢前提设置元明曲乐训练班案；9. 卢前提请全国音乐界准备在国内外用西乐演奏本国作品案，决议（1）选择诗歌词曲优秀作品各若干首，分别谱制曲谱；（2）推杨仲子、杨荫浏、卢前、杨荫溥、段天炯选择词曲，由杨仲子召集；（3）推卢前、杨兆龙、段天炯选择乐府诗50首，由卢前召集；（4）推顾毓琇、刘季洪、杨仲子、吴伯超、熊乐忱拟订奖励作曲办法。①

1943年12月25—26日，教育部音乐教育委员会第八届全体委员会议暨国立礼乐馆乐典讨论会，在教育部附设青木关民众教育馆联合举行，出席会议者30余人，由顾毓琇任大会主席。工作报告完毕即分组审查提案，通过的提案有：制造标准乐器，奖励国乐人才；设置音乐年奖金，派音乐家与留学生赴近东各国考察学习；鼓乐章乐曲制作，登报征求典礼乐曲择优奖以巨金；培育典乐人才以宏乐教；自费留学的音乐学生应放宽资格限制，适应国家实际需要；会议主席交议改良昆曲、民国典礼乐制作原则等共20余提案。两日会议举行之际，音乐教育委员会、国立礼乐馆、国立音乐院、国立音乐院分院联合主办了两场音乐会。25日晚7时第一次音乐会分为三个部分：第一部为典礼乐试奏；第二部管弦乐合奏，由国立音乐院实验管弦乐团演奏，典礼乐合唱由国立音乐院合唱团担任；第三部有钢琴、小提琴、二胡及琵琶独奏，女高音独

---

① 教育部音乐教育委员会、乐风月刊社编印《乐风》（双月刊）第16号，1944年2月初版，第34页。

唱，合唱卢前编剧，陈田鹤谱曲的清唱剧《河梁话别》片段，均由国立音乐院同学担任演唱演奏。26 日下午 2 时举行第二场音乐会，节目亦分三部分：首先是国立音乐院管弦乐合奏，其次是国立音乐院分院院长戴粹伦小提琴独奏，应尚能、斯义桂两教授的独唱；第三是试演唱顾毓琇译贝多芬第九交响曲第四乐章《快乐颂》（今译《欢乐颂》——编者注）。①

乐风社与《乐风》月刊、副刊、丛刊。1939 年 9 月，音乐教育委员会增聘从事歌曲和音乐刊物的编辑均已入住青木关，朱咏葵和咏葵乐谱刊印社亦迁青木关，《乐风》双月刊的编印出版工作开始进行。原本订于 1940 年元月 15 日出版《乐风》创刊号，始因乐谱印刷延迟，又因装订房失慎，乐谱文稿全部被毁，致使《乐风》创刊号一再推迟发行。1940 年中出版的《乐风》创刊号乐谱印刷由咏葵乐谱刊印社印刷，大公报馆承印文字，生活书店重庆分店总代售及代订。《乐风》创刊号内容丰富多彩：1. 发表创作乐曲 5 首，陈田鹤的钢琴曲《血债》，端木蕻良词、贺绿汀曲的独唱歌曲《嘉陵江上》，一首齐唱曲《军民联欢》，老舍词、刘雪庵曲，一首齐唱兼独唱曲《拉纤曲》，卢前词、应尚能曲，一首四部合唱曲《为了祖国的缘故》，田间词、江定仙曲；2. 音乐评论文章，陈立夫发表了《乐教的复兴》一文；社谈文有“新音乐的建立”与“新阶段的歌咏运动”等；3. 音乐理论、音乐史、音乐美学有 3 篇文章，该刊编辑认为“为篇幅所限，暂时只能做点零星的工作，希望将来能以‘别册’或‘丛书’的形式，将各种理论作有系统的介绍”；4. 音乐教学刊发了李抱忱《战时全国中小学音乐教学情形调查摘要》、刘雪庵《怎样普及民众歌咏》、陈田鹤《播音教唱的理论与实施》；5. 音乐新闻、乐坛介绍栏目中，引人注目的是在“音乐教育机关”中有短文介绍“延安鲁迅艺术学院音乐系”，音乐新闻中专条介绍“改选后的陕甘宁边区音乐协会”，署名荣森的近 7000 字篇幅《鲁迅音乐系近况》。②

《乐风》的编辑们对于创刊号的编行是花了心血智慧的，他们还请美术家设计封面、书头、绘画、木刻，用他们在“编辑杂谈”中所说“不管摆在面前有许多的困难，我们对于这个刊物怀着巨大的抱负，与无穷的希望”。编辑们在创刊号封三音乐刊物广告中，预告了中华全国音乐界抗战协会战歌社编行的《战歌》（月刊）第 2 卷第 4 期歌曲目录，冼星海、李绿永主编《新音乐月刊》

① 教育部音乐教育委员会、乐风月刊社编，大东书局印刷发行《乐风》（双月刊）第 17 号，1944 年 4 月出版，第 34 页。

② 教育部音乐教育委员会、乐风月刊社编《乐风》（双月刊）第 1 卷第 1 期，1940 年 1 月 15 日出版。

第3期曲文目录，《乐风》第2期内容目录。[①] 但《乐风》创刊号上长短三篇介绍共产党陕甘宁边区和延安鲁迅艺术学院的音乐活动，让教育部部长陈立夫大为恼火，下令立即停刊整顿。据向延生《江定仙与〈乐风〉月刊停刊风波》一文中记述：

> 1939年底参加创办《乐风》编辑的江定仙、缪天瑞、陈田鹤，希望全面反映战时中国音乐生活的面貌，使《乐风》能达到较高的学术水平，就推江定仙向在延安鲁艺任教的昔日上海音乐专科学校同窗向隅写信，约请他给该刊写篇介绍鲁艺音乐系的文章。向隅、唐荣枚夫妇以“荣森”的笔名于1939年12月25日完稿寄来了《鲁艺音乐系近况》长稿，全面介绍了鲁艺音乐系自1938年春天在延安成立以来，师生们取得的优良业绩和在延安开展的众多活动。[②]

《乐风》双月刊停刊以后，不断有来信询问，尤其是中小学音乐教师和一般音乐工作者热切盼望复刊。1941年1月1日，《乐风》复刊，其名称、组织、负责人，以至刊期、宗旨等均有变更。《乐风》月刊社承担《乐风》编辑兼发行，还是隶属青木关教育部音乐教育委员会，社长熊乐忱，编辑主任缪天瑞，发行主任陈振铎，陈礼江、郑颖孙、李抱忱、金律声、张洪岛为顾问，乐谱印刷还是由咏葵乐谱刊印社承办，总经销则交由中国文化服务社。《乐风》月刊以中小学和一般社会教育团体为主要读者，特别标明“新1卷新1期”以示与创刊号的区别。1941年《乐风》月刊社编辑发行12期，以编辑印行歌曲为主兼器乐曲且是五线谱的《乐风副本》亦于4月1日出版第1卷第1期，全年出版3期。[③] 在1941年日军对重庆的“疲劳轰炸”下坚持编辑印行《乐风》两刊，确属不易。

1942年，教育部音乐教育委员会音乐刊物又恢复双月刊，称乐风社，社长熊乐忱，编辑主任陈田鹤、顾樑，并增加由中国文化服务社广西分社承办桂林航空版，中国文化服务社陕西分社承办西安航空版，《乐风副本》全年4期。1943年，《乐风》双月刊扩大增设江定仙、段天炯、陈田鹤、张洪岛、杨荫浏为编辑委员，《乐风副本》全年4期外，又编辑印行了《乐风丛刊》。到1944

① 《乐风》（双月刊）第1卷第1期，第58页，封三音乐刊物广告页。

② 向延生著《音乐史学探求录》，北京时代华文书局，2016年10月第1版，第1次印刷，第242～245页。

③ 教育部音乐教育委员会、乐风月刊社《乐风》（双月刊）新1卷第1期，1941年1月1日初版，封二卷首语，版权页。

年6月编行《乐风》双月刊第16期后停刊。

《乐风》发表创作歌谱与乐曲，介绍音乐理论和中外音乐知识，侧重音乐教育的研究、教材和报道，设有评论、讲解问答、乐坛消息、海外乐闻等栏目，除创刊号5首歌谱乐曲外，还有田汉词，李抱忱曲的《农歌》，朱偰词、贺绿汀曲的《出征》，王洛宾记谱并译词的新疆维吾尔歌舞曲《掀起你的盖头来》，王光莹、王光瑜、吴研因编剧，陆华柏曲的儿童剧《玩具抗日》，江定仙《Sonatina》（钢琴谱），江定仙《呦呦鹿鸣》（诗・小雅），陈田鹤《江城子》（秦观），钱仁康词曲《拉纤行》（男声二部合唱），江兆虎、郝路义词、杨荫浏曲《缅甸行》（混声四部合唱）等歌曲，常任侠的《西域琵琶东传源流考辩》，杨荫浏的《国乐前途及其研究》，陈振铎的《怎样习奏二胡》与《二胡练习曲》，曹安和的琵琶研究，高梓的儿童歌舞表演系列连载，李抱忱的《建国的乐教》与《歌咏指挥的应用》（连载文章），曹安和、杨荫浏的《昆曲》，顾毓琇的《黄钟定音记》等文章。[①]《乐风副本》第1卷第1期刊发了15首歌谱乐曲，贺绿汀作曲的歌曲4首和《二部创意曲》（钢琴曲）1首，占了该创刊号的三分之一；另有马思聪作曲的歌曲《自由的号声》。[②] 通过《乐风》《乐风副本》和《乐风丛刊》，各地的读者与订阅户知道了青木关的音乐教育委员会、乐风社和乐风刊物，知道了青木关的国立音乐院、国立音乐院分院和众多的音乐活动，青木关音乐之乡的声名不胫而走。

第二节　战时重庆千人大合唱和陪都音乐月

1939年2月，教育部音乐教育委员会在沙磁文化区小龙坎举办音乐教导员训练班。同年5月，重庆城区遭“五三”“五四”大轰炸，音乐教导员训练班教师、作曲家陈田鹤目睹敌机轰炸重庆给民众带来巨大灾难，创作了钢琴曲《血债》。同年6至8月，音乐教导员训练班连续在南开中学、重庆大学、中央大学举办音乐会，组织开展抗战歌曲活动，得到文化区各院校、工厂的响应。[③] 11月6日，根据教育部部长陈立夫的要求，该部音乐教育委员会主持召

① 参见《乐风》1941—1944年各期。

② （同上）乐风月刊社《乐风・副本》第1卷第1期，1941年4月1日初版。

③ 重庆市沙坪坝区文化广电新闻出版局、重庆市沙坪坝区地方志办公室编纂，李波、张建中主编《重庆市沙坪坝区文化志》，重庆大学出版社，2012年4月第1版，第1次印刷，第108页。

开了沙磁区音乐教员联席会议。会议由教育部社会教育司司长、音乐教育委员会副主任陈礼江主持，音乐教育委员会教育组主任李抱忱和文化区部分大中学校音乐教员出席，各学校报告音乐教育实施情况后，讨论议决了5个音乐教育提案：

一是应如何推动全国各级学校音乐教育案。会议议决由音乐教育委员会建议由教育部从速订立音乐教育专门条例，分令各级学校遵照办理；

二是以沙坪坝为音乐教育试验区案。会议议决暂时以沙磁区一带学校为试验学校；

三是沙磁区各校应如何推动音乐教育。会议议决每所学校应尽量组织音乐研究团体以推动音乐教育；

四是沙磁区各学校学生共同组织的音乐团体应否予以补助案。会议议决予以技术方面补助；

五是如何制定音乐教育办法案。会议议决由教育部发函至各校音乐教员征求意见。①

这次由教育部音乐教育委员会主持召开的沙磁区音乐教员联席会议，实际上在敌机大轰炸下，教育部提出了对战时首都文化区各学校课外音乐活动的更高要求，即在音乐教育委员会的指导下广泛开展课外音乐活动。重庆沙磁文化区划为课外音乐活动实验区，音乐教育委员会教育组主任李抱忱成为这个实验区的首位指导员。此后几年间，李抱忱先生在担任国立音乐院教授、教务主任中，经常是重庆城区、南岸区、沙磁文化区及青木关四处奔波，指导各学校歌咏活动。②

1941年3月12日，是国民精神总动员二周年，教育部主办了重庆市千人大合唱，这个大型歌咏活动在重庆城区夫子池新运总会广场举行。重庆千人大合唱团是由大重庆21个歌咏单位合组而成。计沙磁文化区有12个单位：国立中央大学、国立药学专科学校、国立中央工业专科职业学校、四川省立重庆大学、四川省立教育学院、中大重大合组嘉陵歌咏团、四川省立女子职业学校、重庆南开中学、巴县树人中学、军政部制呢厂、兵工署24厂、其他团体联合单位；重庆市8个单位：教育部、交通部、山城合唱团、怒吼剧团、求精中

① 重庆市沙坪坝区地方志办公室编著、张建中主编《重庆沙磁文化区创建史》，四川人民出版社，2005年9月第1版，第1次印刷，第333～334页。

② 李抱忱《重庆五大学歌咏团访蓉经过》，教育部音乐教育委员会 乐风社《乐风》（双月刊），第2卷第4期，1942年7月15日初版。

学、实验剧院、中央训练团音乐干部训练班、中国制片厂；重庆南温泉有中央政治学校；千人合唱团共1001人，其中沙磁文化区占四分之三。大合唱指挥由吴伯超、郑志声、金律声、李抱忱担任，伴奏由重庆市8个军乐队选出108位乐手组成联合军乐队担任，全体大合唱共有《精神总动员歌》《拉纤行》《天下为公》《苦斗》《我们是民族的歌手》《民为邦本》《胜利年颂》等11首歌曲，联合军乐队还单独演奏了《建国进行曲》等曲目。①

重庆千人大合唱从3月12日的早晨9时就有单位陆续到达。是日阴天，微微下了一点雨，既无警报又无灰尘，李抱忱认为“在抗战的陪都正是天公作美的一天”。沙磁文化区各单位于清早坐船顺嘉陵江而下如时到场，4位指挥轮流指挥练习，音乐教育委员会的一些音乐家还在指导台下的民众唱抗战歌曲。下午3时，举行孙中山逝世十六周年及精神总动员二周年的纪念仪式，国民政府军事委员会委员长蒋介石发表讲话后，在联合军乐队的伴奏声中，千人大合唱节目开始。担任压轴指挥的李抱忱先生在记述《千人合唱大会》这篇史料文章中写道：“这一千个‘民族的歌手’慷慨激昂地唱出了民族团结的力量，抗战‘苦斗’的精神，并且排山倒海的齐声欢祝胜利年的来临。”②

1941年3月的战时首都三大管弦乐团联袂公演和千人大合唱成为重庆雾季文艺演出的亮点。之后的夏秋季节日机对重庆持续的轰炸尤其是“疲劳轰炸”，重庆市民遭受了大量的生命和财产损失，并给他们带来了巨大的生理和精神痛苦。

1941年10月，教育部发起在重庆主办社会教育扩大运动周。《教育部主办社会教育扩大运动周报告》就在重庆举办的此项活动重大意义陈述如下：③

> 重庆为吾国战时首都，抗战建国之司令部，抗战已四年有余，固然接近胜利，但敌人于将要崩溃之时，必肆其凶恶，以求最后一逞，故在此最后数分钟，更要加紧全民动员，竭尽所有人力物力，配合抗战，争取胜利。首都既为抗战建国发号施令之中枢，则加紧首都民众动员，更较其他各地为急；再首都为全国瞻仰之区，一切措施均足为全国楷范，故先在首都发动社会教育运动，一谋首都社会教育迅速普及，以增强首都民众动员

---

① 李抱忱《千人合唱大会》，教育部音乐教育委员会乐风社《乐风》（月刊）新1卷第4期，1941年4月1日初版。

② 李抱忱《千人合唱大会》，教育部音乐教育委员会乐风社《乐风》（月刊）新1卷第4期，1941年4月1日初版。

③ 社会教育行政丛刊之二《教育部主办社会教育扩大运动周报告》，教育部社会教育司编，1941年12月出版。

之力量；一在作此一运动之倡导与示范，以便全国普遍推行。

首届重庆社会教育扩大运动周自 1941 年 10 月 21 日开始筹备，11 月 12 日至 18 日举行，除在重庆各大报、社会教育刊物刊行社会教育理论与实况外，还分别举行音乐、戏剧、电影、民间艺术、体育比赛及各项展览等。教育部音乐教育委员会郑颖荪、金律声、杨仲子、吴伯超等多名委员参加筹备委员会，该筹备委员会下设音乐组承办音乐家教育和音乐演出等活动，青木关文化教育机构如国立音乐院、该院管弦乐团、青木关实验民众教育馆、国立艺术专科学校和中华交响乐团、中央广播电台音乐组、重庆昆曲社等参加了音乐演出。11 月 12、13 两日为音乐演出，16 日为歌剧演出。[①] 重庆社会教育扩大运动周成为重庆雾季文艺活动的重要部分，前两届由教育部主办，1943 年交由重庆市教育局会同重庆各界协同办理至 1945 年，每届首日即为音乐演出，青木关的音乐教育机构、演出团体也在其中发挥了重要的作用。

1941 年由教育部主办的三大音乐活动成为 1942 年 3—4 月间的陪都音乐月的前奏。

教育部音乐教育委员会决定举行陪都音乐月，日期是 1942 年 3 月 5 日至 4 月 5 日，但实际上各音乐团体、学校、音乐家经过排练排演之后正式公开演出，是从 3 月下旬至 4 月下旬，演出地域除重庆城区外，还包括沙坪坝、青木关、北碚及江津白沙等地。音乐家黄源洛发表了《陪都音乐月》短论：[②]

> 音乐的提倡，并不只是“音乐月”的事，不过，利用这大好春光的季节，来鼓励民众对于音乐的兴趣，使各音乐团体、学校、各专家都在这个月里踊跃地参加演奏，由“音乐月”的提倡，养成音乐生活的习惯更进而谋民族文化的发展，对于乐育的推广却也是很有补益的事；同时，音乐本身的基础，也可因此举而获得相当的效果。所以我们对于“陪都音乐月”的举行，感到异样的兴奋，更希望全国共起推行，成为“全国音乐月”。
>
> ……为什么“音乐月”要在“陪都”首倡？因为陪都是国家行政的枢纽，是人文荟萃的中枢，也是音乐人才的集中地，音乐教育的实验区，伟大的陪都，究竟音乐的建设如何？音乐教育的进展已至什么程度？看了“陪都”二字，我们都应该猛省，陪都的音乐不赶快倡导起来，全国都无所遵循来倡导，“陪都音乐月”无热烈的丰美的成绩表现，全国更将冷寞

① 社会教育行政丛刊之二《教育部主办社会教育扩大运动周报告》，教育部社会教育司编，1941 年 12 月出版。

② 黄源洛《重庆音乐月》，青年音乐月刊社编印《青年音乐》第 1 卷第 2 期，1942 年 4 月 5 日出版。

无声，负责音乐行政的同志，居留陪都的音乐专家，一齐起来，将荷起民族音乐复兴的重任，竭力与热诚的提倡“陪都音乐月”，加强“陪都音乐月”的盛大工作与建设。

限于陪都音乐月演出节目众多，特将《陪都音乐月节目一览》和青木关《国立音乐院第一次学生演奏会节目》整理如下，以观首届陪都音乐月之盛况。

陪都音乐月节目一览①

（1）蔡绍序个人独唱会 三月二十六，二十八两日在新运会堂举行，节目有【大江东去】（青主曲）【荆轲插曲】（应尚能曲）【忆南京】【追寻】（刘雪庵曲）及【Aria From “Tosca”】（Puccini 曲）【Aria From “La Traviata”】（Verdi）等著名歌曲十七首，均杨体烈氏伴奏。

（2）中华交响乐团三月三十一日在抗建堂演出，节目有：芬加尔之岩穴序曲（Mendelssohn）G 短调交响乐（Mozart）第四交响（Tchaikovsky）轻骑兵（序曲）（Franz von Suppe）等，均王人艺氏指挥。并有黄源洛氏之大提琴独奏（Tchaikovsky）。

（3）沙梅歌曲演奏会三月三十一日假新运会堂举行，节目有二三十曲并有蔡绍序，杜枝雨氏之独唱。

（4）国立音乐院学生演奏会 四月一，二两日在国泰戏院举行，三，四，五，六日，赴北碚、沙坪坝举行，节目见本期（34）页。

（5）中央训练团音乐干部训练班军乐演奏会 四月三，四两日举行。均洪潘氏指挥。

（6）电台国乐组四月五日演出。

（7）基督教圣乐团合唱四月五日晚六时在嘉陵宾馆举行。

（8）喻宜萱个人独唱会四月中旬举行。

（9）室内音乐会 四月十，十一两日晚在新运会堂举行，参加者有叶怀德（长笛）戴粹伦，黎国荃（小提琴），胡静翔，杨振铎（中提琴），朱崇志（大提琴），杨体烈，范继森（钢琴），等。

（10）万人大合唱三月二十九日在白沙举行，参加者有十余单位，由吴伯超氏任指挥。

（11）国立音乐院实验管弦乐团演奏会 定四月二十八日举行，节目见

① 青年音乐月刊社编印《青年音乐》第 1 卷第 2 期，1942 年 4 月 5 日出版。

下期本刊。

（12）胡然师 音乐会 定四月十一日举行。

青木关国立音乐院第一次学生演奏会节目[①]

合唱…………国立音乐院合唱团

（1）国歌…………程懋筠曲

（2）院歌…………杨仲子曲

（3）我所爱的大中华…………Donizetti 曲　李抱忱配乐队谱

（4）Hallelluya Chorus……………………Handel 曲

（5）海韵…………赵元任曲…………（独唱：张权）

（6）Waltz And Chorus from［Faust］…………Gounod 曲

（独唱：韩宗琪，张相影，张 权，彭淑蓉）指挥李抱忱，伴奏：实验管弦乐团

二胡独奏…………张 锐

（1）良宵（2）病中吟 …………刘天华曲

长笛独奏…………王守瑜

Andantino…………Mozart

国乐合奏…………音乐院国乐队

（1）四合（2）后满庭芳…………古 曲

男声四部合唱…………合唱团

（1）火线下之歌…………陈田鹤曲

（2）渔阳鼙鼓动地来（长恨歌）…………黄自曲

女声三部合唱…………合唱团

（1）鸟鸣曲…………Curran

（2）山在虚无缥缈间…………黄自曲

指挥：李抱忱 钢琴伴奏：洪士珪

女声独唱：

（1）Die Loreley（Liszt 曲）——杜 枝

（2）O Sea，Dreadful Sea（Delibes 曲）…………彭淑蓉

（3）Standchen（R. Strauss 曲）…… … Caro Nome（From

① 青年音乐月刊社编印《青年音乐》第1卷第2期，1942年4月5日出版。

“Rigoletto”）（Verdi 曲）…………张 权

男声独唱：

（1）Serenade（Schubert）嘉陵江上（贺绿汀）…………张相影

（2）My Abode（Schubert）

国殇（应尚能）…………韩宗琦

钢琴独奏：

（1）The Harmonious Blacksmith（Handel）…………顾以侠

（2）Rustle of Spring（Sinding 曲）…………李昌荪

（3）Menuet A L'antique（Paderewski 曲）………周书坤

（4）Rondo Capriccioso（Mendelssohn）…………李莪孙

小提琴独奏：

（1）Sonata in E major，KK. 206（Handel）…………毛于润

（2）Concerto in Aminor（Mozart）…………杨毓枝（完）

陪都音乐节举办期间，国立音乐院师生管弦乐团的演奏会展示陪都音乐教育的业绩，由白沙国立女子师范学院音乐系主任吴伯超担任指挥的“白沙万人大合唱”成为中国近代音乐史上一个纪录。黄源洛欣喜评说道：“今年的陪都音乐月是过去了，我们希望全国各地的音乐界，能发起各地的音乐月来响应这空前的盛举！”①

第三节 李抱忱的抗战音乐活动

李抱忱（1907—1979），原籍北京，出生于河北保定一个基督教家庭。1930 年毕业于北平燕京大学，中国早期合唱事业的先驱人物之一。1935 年赴美进入欧柏林大学音乐系深造。“七·七”事变爆发后回国，经谢冰心向教育部政务次长顾毓琇推荐，被聘为教育部音乐教育委员会委员。1938 年 10 月 27 日，李抱忱出席音乐教育委员会重组后在重庆召开的第一次会议。12 月 25 日，中华全国音乐界抗敌协会在重庆川东师范学校大礼堂成立，李抱忱被推为理事。1939 年 2 月李抱忱和杨仲子、应尚能、刘雪庵、陈田鹤、唐学咏、卢前

① 黄源洛《重庆音乐月》，青年音乐月刊社编印《青年音乐》第 1 卷第 2 期，1942 年 4 月 5 日出版。

（冀野）等在重庆沙磁文化区小龙坎教育部音乐教导人员训练班担任主讲。[①]

从1939年始，李抱忱在重庆城区、沙磁文化区、迁建区青木关或参加音乐活动，创作音乐作品，或任教国立音乐院及其附属音乐人员讲习班，或指导大中学校、工厂开展歌咏运动，或译介中国抗战歌曲，发表音乐理论文章，到1944年下半年以国立音乐院教授身份自费再度赴美进修，李抱忱成为中国音乐界著名的合唱指挥家、作曲家、音乐教育家、音乐理论家。

一、译介中国抗战歌曲，发表音乐理论文章

1939年3月12日，美国《纽约时报》刊发了李抱忱报道中国抗战音乐活动的文章《不屈的中国在歌唱》，[②] 该报在"题记"介绍说："本文作者是俄亥俄州欧柏林音乐学院的毕业生，他在重庆遭受首次空袭后写下了这篇报道。此时他正在制定一份培训音乐教师的教程，给一些音乐指导老师授课，并同时担任三个合唱团指挥。"

1939年初，李抱忱正在重庆沙磁文化区小龙坎教育部音乐教导人员训练班任教，他在《不屈的中国在歌唱》一文中记述了"九一八"之后，"中国失去东三省之后，音乐，尤其是歌唱，开始盛行，民众对音乐的感受非常强烈。在过去的18个月间，音乐发展得如此迅猛，展示出在战时的突出价值和影响力，以至于包括政府官员在内的许多人都认为音乐将重振辉煌"。文章中还介绍了教育部音乐教育委员会、音乐教导人员训练班、改进中小学音乐教学及工厂、学校、农村合唱运动。李抱忱在文章中写道："今天音乐迎来了一个绝佳的机会，来重拾它昔日的辉煌和尊严。音乐能够以其不可抗拒的力量动员起整个民族，这也是我们联合会（指中华全国音乐界抗敌协会——编者注）努力的目标。"

1939年12月24日，李抱忱于重庆撰写了《抗战歌曲传唱大江南北》一文，发表在《纽约时报》上。该文分析了中国抗战歌曲曲调的来源，尤其是对《义勇军进行曲》有较详细的分析，是一篇具有音乐理论色彩的文章。李抱忱认为，"这些曲子很容易划分为两类：一类与西洋曲调几乎无差别，另一类则具有中国民歌的特色。将家喻户晓的中国民谣填上抗战歌词是最容易为广大民众学习和接受的。"如何向国际上宣传、介绍中国抗战歌曲，李抱忱写下了编

---

① 王南著《爱国合唱先驱——李抱忱年谱》，中央音乐学院出版社，2012年12月第1版，第1次印刷，李抱忱1938—1939年2月任职，参见该年谱第21～22页。

② 载郑曦原编、众志愿者译/张援远总译审《浴火重生〈纽约时报〉中国抗战观察记（1937—1945）》，当代中国出版社，2016年8月第1次印刷，第145～148页。

者在本章所引录的第二段题语。

1939年正是日机对重庆开始狂轰滥炸的时候，小龙坎亦遭到了轰炸，李抱忱随音乐教育委员会迁青木关。这时国民党中央宣传部国际宣传处委托李抱忱编辑英文五线谱版中国抗战歌曲集。李抱忱在《编辑英文版中国抗战歌曲集的经过》一文中写道："因为我们的抗战歌曲有向国际宣传的必要，所以明知道不是一件容易事，还是大胆答应下来。编辑的经过可以分四部说：第一是选曲，第二是为没有伴奏的入选曲写伴奏，第三是将歌词译为能唱的英文歌词，第四是作一篇英文短序并简单的介绍这些歌曲及其作者。"①

李抱忱在"先征求各地音乐家朋友、学生和民众歌咏团的意见，请他们选择些他们认为最流行的优秀抗战歌曲；将这些意见统计以后，又经刘雪庵、贺绿汀、陈田鹤数先生，在复选时参加了许多高见"，编选完成了英文五线谱版《中国抗战歌曲集》(*CHINA' S PATRIOTS SING*)，1939年由中国信息公司在香港出版，共收录11首歌曲。1940年由加尔各答彩印有限公司再版，增加了贺绿汀词曲《游击队歌》。1944年在美国纽约出版了修订版，改名为《抗战中国的歌曲》，并增收录10首当时广为传唱的歌曲，共收录22首歌曲，表现了我国音乐界在反法西斯战争中用歌声反映中国人民不屈不挠、可歌可泣的斗争精神。

英译《抗战中国的歌曲》词曲名录

曲目	作　词	作　曲	时　间
1.《中华民国国歌》	孙逸仙	程懋筠	1928
2.《国旗歌》	戴季陶	杜庭修	1928
3.《义勇军进行曲》	田　汉	聂　耳	1935
4.《自卫》	马祖武	赵元任	1937
5.《救国军歌》	塞　克	冼星海	1936
6.《牺牲已到最后关头》	麦　新	孟　波	1936
7.《长城谣》	潘孑农	刘雪庵	1937
8.《大刀进行曲》	麦　新	麦　新	1937

① 李抱忱《编辑英文版中国抗战歌曲集的经过》，李凌、赵沨主编，《新音乐》第1卷第4期，1940年4月出版，第17～19页。

续表

曲目	作　词	作　曲	时　间
9.《出发》	劳景贤	劳景贤	1937
10.《中华民族不会亡》	柳　倩	吕　骥	1935
11.《抗敌歌》	韦瀚章、黄　自	黄　自	1931
12.《游击队歌》	贺绿汀	贺绿汀	1938
13.《出征歌》	朱　偰	李抱忱	1939
14.《嘉陵江上》	端木蕻良	贺绿汀	1939
15.《兵农对》	卢冀野	陈田鹤	1943
16.《我们是民族的歌手》	冰　心	吴伯超	1939
17.《农歌》	田　汉	李抱忱	1941
18.《热血歌》	吴宗海	黄　自	1937
19.《国殇》	卢冀野	江定仙	1940
20.《自由的号手》	克　锋	马思聪	1941
21.《开荒》	杨白华	吕　骥	1939
22.《满江红》	岳　飞	古　调	1925

注释：此名录出自李抱忱《编辑英文版中国抗战歌曲集的经过》，《新音乐》第 1 卷第 4 期，1940 年 4 月；《乐风》1940—1941 年各期；《中国近代音乐史简述》，刘再生著，人民音乐出版社，2009 年 7 月，第 1 版。

李抱忱 1939 年在重庆青木关编选，由中国信息公司在香港出版的英文版《中国抗战歌曲集》中《义勇军进行曲》书影。

4
義勇軍進行曲
T'ien-Han
Translated by Lee Pao-ch'en
Edited by committee
Marziale
March of the Volunteers
Nieh-Erh
Accompaniment by Lee Pao-Ch'en
起来！不 願 作奴隸的 人 們！ 把我们的
A - rise! ye who refuse to be bond slaves! With our very
血 肉，築成我們 新的長 城！ 中 華
flesh and blood Let us build our new Great Wall. Chi — na's
民 族 到了 最 危 險的時—— 候，每 個人 被
mas - ses have met the day of dan - ger, In - dig - na - tion

美国《纽约时报》1939 年 12 月刊发李抱忱《抗战歌曲传唱大江南北》一文时，李抱忱翻译《义勇军进行曲》中英文五线谱书影

李抱忱主持编选的《中国抗战歌曲集》是我国第一本面向国际展示中国抗战音乐的歌曲集，体现了主持者 1939 年发表在《纽约时报》上“不屈的中国在歌唱”“抗战歌曲传唱大江南北”的主旨。李抱忱撰写的英文《中国抗战歌曲集序言》也同样阐发这一主旨，译成中文的这篇短序值得全文录下以供研究：

中国为抗战的呐喊谱写的音乐，1931年事变以后引发的悲痛，在大众的歌咏中得以宣泄。几乎是在一夜之间，爱国歌曲响遍全国。他们为唤起民众一致抗日，发挥了巨大的作用。中国的坚定不仅表现在战场上，也被写入了人民所唱的歌曲中。

许多抗战歌集以低廉的价格在全国各地销售，合唱队与学生们每天唱着歌在街上游行。一些团体赴农村教民众唱这些歌，从战时首都到游击区，爱国歌曲响彻中华大地。这本歌曲集虽然很小，但是意在使中国的朋友了解这个国家目前在唱些什么歌。此歌集仅包括大量流行着的爱国歌曲之中的11首歌曲，它们是由大学生与合唱团按照流行及优秀的程度，选择多位作曲家的代表作。

这样的选择无疑具有很大的随机性，其他的许多也并非不能入选。国歌与国旗歌，虽然不是抗战歌曲也被包括进去，是因为他们很流行，表达了今日中国显见的爱国主义与万众一心。

用英文来唱这些曲谱，可能使听惯了西方音乐的人觉得奇异。然而，中国歌曲常用的切分音和符点节奏，很好地体现了歌词的精神实质，词曲以独特的方式配合协调。

编者衷心感谢麦柯迪先生与夫人、塔柏特小姐、马平和先生、刘雪庵先生、朱咏葵先生，作曲家及其他许多人。他们的热情合作，才使这一工作能够完成。①

二、指导迁建区大中学校课外音乐活动

1939年秋，为响应教育部通令全国各专科以上学校开展课外音乐活动，教育部音乐教育委员会于11月6日召开沙磁区音乐教员联席会议，议决划沙磁区为音乐教育实验区，开展课外音乐活动。李抱忱以音乐教育委员会驻会委员兼教育组主任担任了沙磁区学校课外音乐活动首位指导，“每周经常到该区各校指导歌咏”；1941年秋，音乐教育委员会委员兼社会组主任金律声继任。②

李抱忱在指导沙磁区各学校课外音乐活动中，除国立中央大学、国立药学专科学校、四川省立重庆大学、四川省立教育学院等专科以上学校外，还将素

① 载向延生著《音乐史学探求录》，翻译：向方，审核：蔡良玉，北京时代华文书局，2016年10月第1版，第1次印刷，第254～255页。

② 李抱忱《重庆五大学歌咏团访蓉经过》，《乐风》（双月刊）第2卷第4期，1942年7月15日出版，第25～27页。

有戏剧音乐表演传统的南开中学、重庆南泉的中央政治学校和沙磁区大型兵工厂的歌咏团队组织起来。1940 年 2 月，成都华西坝五大学（华西大学、金陵大学、齐鲁大学、金陵女子文理学院、国立中央大学医学院）歌咏团来重庆举办了三场音乐会，并在国际广播电台对欧美广播了一次。李抱忱借鉴成都华西坝五大学歌咏团的经验，将中央大学、中央政治学校、药学专科学校、重庆大学、省立教育学校及南开中学音乐歌咏团队组建成联合歌咏团，于 1940 年 5 月 11、12 日，分别在重庆城区、沙坪坝举办了三场重庆六校联合音乐会。[①] 5 月 30 日晚 9 时 10 分至 40 分，李抱忱又率沙坪坝各大学联合歌咏团 40 余人，应国际广播电台之邀请，在该台沙坪坝发音室对美播音演出。[②]

1940 年秋，李抱忱继续推进沙磁区的歌咏活动并取得成效。在 1941 年 3 月 12 日精神总动员大会教育部主办千人大合唱，沙磁区的合唱团队人数占四分之三。随着 1940 年国立音乐院在青木关创办和国立艺术专科学校迁毗邻青木关的璧山县松林岗，沙磁区各学校课外音乐活动的指导扩大到迁建区青木关，在此基础上组建的音乐歌咏团更具艺术表现力和感染力。

1942 年 4 月，重庆五大学歌咏团组建，沙坪坝中央大学、重庆大学选了 22 位，青木关国立音乐院国立艺专选了 21 位，南泉中央政治学校选了 12 位，55 人中高音 15 人，上中音 14 人，下中音 12 人，低音 14 人；李抱忱任总团长兼指挥，金律声为总领队，准备赴成都回拜华西坝五大学歌咏团作报聘演出。4 月 15 日至 19 日在沙坪坝中央大学、重庆大学进行 4 次练习，4 月 20 日至 24 日在青木关国立音乐院国立艺专进行了 3 次练习，中央政治学校于 22 日在南泉该校练习。4 月 25、26 日全团在沙坪坝举行总排练，26 日晚在南开中学举行重庆五大学歌咏团第一次公演，27 日晚又应化龙桥中国农民银行总行之约举行了第二次公演。28 日启程赴蓉，由于金律声要指挥国立音乐院实验管弦乐团 29、30 日在重庆的音乐会，故已是国立音乐院教授、教务主任的李抱忱身兼总团长、领队和指挥，另有部分国立音乐院教员随行担任特约演员。[③]

重庆五大学歌咏团赴蓉演出节目分两部分。第一部分有合唱《中国人》（侯伊佩作词，吴伯超作曲），中间一段三人合唱，高音由张权同学担任，中音

---

① 李抱忱《重庆五大学歌咏团访蓉经过》，《乐风》（双月刊）第 2 卷第 4 期，1942 年 7 月 15 日出版，第 25～27 页。

② 重庆市档案馆电子档案，档号：00040001000620000012。

③ 李抱忱《重庆五大学歌咏团访蓉经过》，《乐风》（双月刊）第 2 卷第 4 期，1942 年 7 月 15 日出版，第 25～27 页。

和低音由莫桂新先生和魏启贤同学担任；陈振铎先生的二胡独奏古曲；男声合唱德弗札克《当我老母亲》（李抱忱译词）、他吉贝尔《行军乐》（张洪岛译词）；莫桂新中音独唱黎亚尼瓦罗所清唱《马狄娜拉》；张洪岛小提琴独奏克瑞斯勒《中国八角鼓》等；第一部分最后是全体合唱《可爱的故乡》《庆祝胜利年》等，二曲都是黑人民歌，和声丰富优美，旋律悠扬动人。第二部分有大合唱《一见敌人挥利剑》；全体合唱《海韵》（徐志摩词，赵元任曲），其中的独唱部分由张权同学担任；女声三部合唱《山在虚无缥缈间》（韦瀚章词，黄自曲）选自清唱剧《长恨歌》；易开基先生钢琴演奏肖邦《叙事曲》（作品第23号）；黄友葵教授女高音独唱；最后是全体大合唱两曲：一是威尔第歌剧《阿伊达》内之进行曲，由李抱忱配合《同唱中华》歌词；第二曲《民族至上》（吕庠词，刘雪庵曲）。①

1942年5月2日，重庆五大学歌咏团乘两部车抵达成都，第二部车抛锚在永川逗留时，团员们与当地学校唱歌，举行音乐会和茶话会。4日晚，重庆五大学歌咏团在成都暑袜街中华基督教礼拜堂举行访蓉首场音乐会。5、6日晚相继在同一地点举行第二、三场音乐会，当歌咏团最后一个大合唱时，表演时间已逾两个小时，“但是听众毫无倦容不肯离去，屡次地要求重唱，演员们也特别大方，每次总要重唱好多节目”。② 5月8日，又应华西坝四大学之约在华西大学体育馆举行访蓉特别音乐会。③

5月7日晚在成都暑袜街中华基督教礼拜堂举行国立音乐院教授黄友葵（女高音）、叶怀德（长笛）、易开基（钢琴）的联合音乐会。这场特约音乐会节目如下：④

1942年5月国立音乐院教授黄友葵、叶怀德、易开基在成都（暑袜街，中华基督教会礼拜堂，下午七时半开始）音乐会节目单：

一、长笛独奏——Flute Solo “Saltarello” (Schezo)

……………………………F • Kcehler.

叶怀德（钢琴伴奏：易开基）

二、钢琴独奏——Piano Solo

① 李抱忱《重庆五大学歌咏团访蓉经过》，《乐风》（双月刊）第2卷第4期，1942年7月15日出版，第25～27页。

② 李抱忱《重庆五大学歌咏团访蓉经过》，《乐风》（双月刊）第2卷第4期，1942年7月15日出版。第25～27页。

③ 《乐风》（双月刊）第2卷第4期，1942年7月15日初版，第37页。

④ 《乐风》（双月刊）第2卷第4期，1942年7月15日初版，第37页。

Invitation a la Valse……………………Weber.

易开基

三、女高音独唱——Soprano Solo

(1) “Si Mi Chiamano MiMi” ……………………………Puccini.

(Aria from “La Baheme”)

(2) “Signore，ascolta” ……………Puccini.

(Aria from “Turandot”)

黄友葵（钢琴伴奏：易开基）

四、长笛独奏——Flute Solo

Le Carneval Russe（Variations） …………………C. Ciardi

(from the opera “Rogneda” by Seroff.)

五、钢琴独奏——Piano Solo

(1) Berceuse in D sharp minor，op. 57　　Chopin

(2) Valse in C—Sharp Minor，Op. 64

(3) Etude in C Major，op. 10，No. 1

(4 “Rovolution Etude” in C Minor，Op. 10/12

易开基

六、女高音独唱——Soprano

(1) 忆后湖………………………刘雪庵

(2) 偶　然………………………李惟宁

(3) 玫瑰三愿……………………黄　自

(4) Sun Shine Song……………Grieg

(5) A Rural Song………………Dell Aqua

黄友葵（钢琴伴奏：易开基）

七、长笛独奏——Flute Solo

Romance in F………………Beethoven

叶怀德（钢琴伴奏：易开基）

八、女高音独唱——Soprano Solo

Lo! Hear the Gentle Lark…Bishop

黄友葵（长笛助奏：叶怀德；钢琴伴奏：易开基）

这次李抱忱率重庆五大学歌咏团和国立音乐院几位教授赴成都回访华西坝五大学歌咏团举行音乐会，是在重庆音乐月即将结束之际启程的。在蓉期间除国立音乐院名家特约音乐会外，还与成都教育界、音乐界进行交流，访蓉取得成功，5 月 11 日全团返回青木关。李抱忱在总结这次音乐演出交流活动时感慨地写下了“后方两大城市从此要肩并肩、手拉手地发展音乐文化，这实在是一件可喜的事情”。[①]

三、任教国立音乐院，发表音乐教育文章

1940 年，李抱忱参与筹备在青木关创办国立音乐院，11 月 1 日该院正式成立。1941 年李抱忱被教育部核定为教授，同年 7 月又担任国立音乐院教务主任，并被聘为国立音乐院附办暑期音乐人员讲习班副班主任。

李抱忱认为“教育是教师的天职，教育事业是最神圣的事业”。他回忆在青木关任教时，“记得我在抗战期间在重庆国立音乐院做教务主任的时候，院内到处张贴着八个大字的醒目标语牌‘要作乐人，不作乐匠’”，教育学生尊重教师职业。[②] 在抗战期间的教育刊物和音乐刊物上，李抱忱发表了系列文章，阐述自己的音乐教育理念。

1940 年《乐风》创刊号上刊登了李抱忱的长文《战时全国中小学音乐教学情形调查》，这是一项凝聚教育部音乐教育委员会心血的中小学音乐教学基础性调研成果。从 1938 年 11 月李抱忱拟具全国中小学音乐教学情形调查表，再由教育部普通教育司转令各省市教育厅局分发各校填写，截至 1939 年 9 月 1 日，共收到 17 个省 1081 所学校的表格，其中小学 741 所，中学 215 所，师范学校 81 所，职业学校 29 所，其他学校 15 所。教育部音乐教育委员会教育组全组人员费时 3 月余统计整理形成了长篇报告书。[③] 李抱忱在报告书基础上撰写了《战时全国中小学音乐教学情形调查摘要》，由于《乐风》创刊号之后又突然停刊，这篇分析及包括若干建议的长文未能继续刊发。在抗战的艰难岁月，李抱忱任组长的音乐教育委员会教育组对全国中小学音乐教育进行如此规模的调研，使教育部明了当时中小学音乐教育极为落后的状况，为改进中小学音乐教育奠定了必要的基础。1942 年初，教育部在青木关召开第二次各省市国民教育会议之后，国民教育司与湖北省政府教育厅合编《国民教育指导月刊·音乐科专号》，教育部部长、政务次长和常务次长均发表署名文章，国民

---

① 李抱忱《重庆五大学歌咏团访蓉经过》，《乐风》（双月刊）第 2 卷第 4 期，1942 年 7 月 15 日出版，第 25～27 页。

② 王南著《爱国合唱先驱——李抱忱年谱》，中央音乐学院出版社，2012 年 12 月第 1 版，第 1 次印刷，第 8 页。

③ 乐风社编辑兼发行《乐风》第 1 卷第 1 期，1940 年 1 月 15 日出版。

教育司司长顾树森发表《修订小学音乐课程的意义和经过》，李抱忱发表了《小学各级的音乐教学撮要》的文章。[①] 由于教育部的倡导、音乐教育委员会的指导和国立音乐院、国立音乐院分院的积极参与，青木关中小学校、音乐教学及课外音乐活动相对丰富，教育部附设青木关小学和国立社会教育学院附小暨璧山县青木乡代用中心国民学校还在青木关重大集会上举行专场音乐会。这除了青木关小学首任校长李廉方的积极建议，也是李抱忱长期致力于中小学音乐教学和多年指导沙磁文化区、迁建区学校课外音乐活动的成果。教育部设立音乐教育实验区是有成效的。

李抱忱从1938年到1944年再度赴美深造期间，一直担任音乐教育委员会委员兼教育组主任，任教国立音乐院期间曾拟了一份《音乐教育小丛书编辑计划》，该计划提出约请全国专家由音乐教育委员会教育组主编音乐教育丛书20种，每种二三万字，由音乐教育委员会或特约书局出版发行；李抱忱认为“吾国对于音乐教育向来不重视，音乐书籍极感缺少，而为一般音乐教员用之教学参考书，犹如凤毛麟角。值此一面抗战一面建国之际，急应从速编辑，解决音乐教育多年之困难，以图音乐教育之改进，民族精神之发扬”。[②] 因为诸种因素，这个编辑计划未能如愿完成，但李抱忱在音乐刊物上不断发表音乐教育、音乐理论文章，都与他的音乐教育小丛书有密切的关系。

1942年7月，由江定仙、陈田鹤、杨荫浏、刘雪庵、缪天瑞主编，重庆中国音乐研究会音乐月刊社出版的《音乐月刊》第1卷第4、5期音乐教育专栏发表《美国的学校音乐教育》。李抱忱从自己的亲身体验为视点，从“各级学校音乐课程”“课外音乐活动”“全国性的音乐比赛”“音乐教材”“音乐教具”“师资训练”“音乐督学制度”“全国音乐教育会议”共8个方面介绍了美国的音乐教育情况，对当时中国音乐教育的不足进行了批评。[③]

最能反映李抱忱对抗战时期音乐教育整体观点，是1944年4月底在《乐风》第17号上发表的《建国的乐教》。文章从“全民的乐教”“天才的乐教”“正常的乐教”及“本色的教育”4个方面阐述音乐教育的认识。首先，全民的乐教是最重要的乐教。音乐和艺术其他部门一样，要走这条路，非有天才不

---

① 教育部国民教育司、湖北省政府教育厅合编《国民教育指导月刊》第1卷第11期（音乐科专号），湖北省政府教育厅1942年5月21日出版。

② 王南著《爱国合唱先驱——李抱忱年谱》，中央音乐学院出版社，2012年12月第1版，第1次印刷，第32页。

③ 重庆中国音乐研究会音乐月刊社《音乐月刊》第1卷第4、5期合刊，1942年7月出版，第1～6页。

可，但真正有音乐天才的人是千不得一。假设每千人里有 1 人可以做音乐专家，那么国家给予这 1 人的乐教就是天才的乐教；其余的 999 人虽然不能做音乐专家，但他们有爱好音乐的心，为使他们不完全被关在音乐的门外，国家应给予这些人的乐教就是全民的乐教。李抱忱还认为全民的乐教是使整个民族团结活泼的乐教——换句话说就是改造国民性的乐教，让音乐深入民众的心，成为他们生活的一部分。其次，建国的乐教应当是天才的乐教，因为要靠他们来提高全民族欣赏音乐的水平，来发扬继承我们固有的音乐文化，来争取我们音乐文化在国际的地位；我们作曲家的作品若被全世界所唱奏，我们的音乐家若能登欧美的大音乐厅贡献惊人的表演，那是真正国家的体面，民族的光荣。第三，建国的乐教也应当是正常的乐教，自然一个时代有一个时代的特殊需要，有时要偏重这个，有时要提倡那个，这可以说是任何时代的正常现象。抗战期间当然要偏重抗战歌曲，但要达到战时与时常的理想，其他各方面有益身心的歌曲，也不可完全不唱。抗战音乐是激励国民的兴奋剂，是一种良好的药品，在吃药以外，还需要其他正常的食粮，兴奋剂用之过多，就会慢慢地失去它兴奋的作用。除了使听众欣赏抗战音乐，还要给他们其他方面的艺术歌曲，使他们融化在音乐千变万化的美里。音乐之所以能作为抗战宣传的好工具的缘故是音乐本身是美的，是吸引人的。所以应该“音乐不忘抗战，抗战不忘音乐”！在建国的长途中，不但抗战阶段要维持正常的乐教，任何其他的阶段都应当如此。第四，本色的乐教包括：1. 整理旧有的音乐是不容再缓的工作。见于书籍的材料是文献纷纭亟待整理，散在各地的民歌是自长自消亟待收集。这些文化宝藏若不及早整理收集，不但会一天天消损下去，我们的民族音乐也永远不能建立，民族音乐应当建立在民族文化上。所以旧有的音乐若不从速整理，就根本谈不上民族音乐的延续和发扬光大。2. 西洋音乐的介绍。虽然我国音乐比西洋各国发达的早，但西洋现在的音乐确实比我们进步得快，我们要迎头赶上。“闭关自守”已成过去的时代，要发展自己的音乐，就要研究世界的音乐，研究世界的音乐才能发展自己的音乐。3. 创作自己的音乐。我们祖先的音乐是伟大的，但它是属于我们祖先的，它是过去的，我们不应当仅仅守成，应当将我们继承的遗产继续发扬光大，应当创作“我们”的音乐。我们若只继承而不求进，使我们的时代也在这永生的文化的河流里有所贡献，那么我们的时代就是文化衰落的时代，我们“仰不愧于天，俯不怍于人”。创作自己的音乐，一方面要吸收西洋的理论和技巧，一方面要对旧有的音乐和技巧有清楚的认识，然后才能运用中西的技巧，变化中西的材料，再加上自己的天才和灵感来制作出富有民族风味，不同凡响的时代作品。它的产生是如此的不容易。所以音乐教育的这四方面都是缺一不可的，不可偏废的，都应该得到重视。[①]

1941 年，作为抗战歌咏运动的指挥家之一，李抱忱在读书生活出版社及立体出版社出版的《新音乐》刊物上连载长文《歌咏指挥法讲话》[②]，全文共 18 节；同年，还在《乐风》上连载发表长文《歌咏指挥的应用》，全文共 30 个要点。[③] 1942 年 7 月，桂林立体出版社发行了李抱忱、李凌、赵沨、甄伯蔚、薛良等为著作人，薛良主编《新音乐手册》，1942 年 4 月该手册又再版发行，均收有李抱忱的《歌咏指挥法讲话》。

抗战时期，李抱忱还发表系列作曲《出征歌》（朱偰词）、《农歌》（田汉词，又名《垦春泥》）、《万年歌》（于右任词）、《汨罗江上》（方殷词）、《旅人的心》（方殷词）、《中美携手歌》（陈立夫集毛诗）等，并为一众学校校歌谱曲。1944 年 8 月已担任国立音乐院教授兼教务主任三年的李抱忱自费赴美国进修，离开重庆。1944 年 11 月底到达母校欧柏林音乐学院（大学），后因得到罗氏基金的津贴决定在美攻读博士学位，当年底修改完成硕士学位论文。抵美之后，李抱忱到美国各地考察音乐教育并演讲，主要题目有《中国英勇的抗战》《中国国立音乐院——抗战的产儿》《中国抗战期间的国立音乐院》等。1945 年 6 月获欧柏林大学音乐教育硕士学位。同年秋，入哥伦比亚大学攻读博士学位，1948 年 6 月获音乐教育博士学位后留美任教。1972 年因病退休，去台湾定居，1979 年以疾终。[④]

1937 年中国全面抗战爆发，李抱忱放下硕士学位论文撰写回国参加抗战，在重庆城区、沙磁文化区、迁建区青木关从事抗战歌咏运动和音乐教育工作，是战时中国音乐界参加“文化抗战”的战士，为抗战文化做出了贡献。

兹录李抱忱根据美国作曲家嘉本特第一次世界大战时的作品，原名 Home Road，于 1942 年重新创作歌词的作品：[⑤]

---

① 李抱忱：《建国的乐教》，乐风社编《乐风》第 17 号，1944 年 4 月出版，第 22～24 页、34 页。

② 李抱忱《歌咏指挥的讲话》，李凌、赵沨主编，读书生活出版社及立体出版社出版的《新音乐》第 2 卷第 4 期（1941 年 1 月），第 35～39 页；第 3 卷第 1 期（1941 年 8 月），第 39～42 页；第 3 卷第 2 期（1941 年 9 月），第 82～89 页。

③ 乐风社编《乐风》新 1 卷第 2 期（1941 年 2 月），第 17～19 页；第 3 期（1941 年 3 月），第 18—20 页；第 4 期（1941 年 4 月），第 19～20 页；第 5、6 期合刊（1941 年 6 月），第 23～25 页；第 7、8 期合刊（1941 年 8 月），第 27～30 页。

④ 参见王南著《爱国合唱先驱——李抱忱年谱》，中央音乐学院出版社，2012 年 12 月第 1 版，第 1 次印刷。

⑤ 同上，第 107 页。

唱啊	同胞
一、唱啊 中华同胞，	唱个爱国歌；
文化灿烂好山河，	地大物产博；
我们还有四万万人民，	精诚团结共一心；
无论祸福，无论荣辱，	我爱我的国家，我爱我的民族。
二、每当深夜寂静，	繁星布满天，
想起半壁好河山，	沦陷犹未还；
不由心中意志更加坚决，	誓与同胞齐相约；
共同奋斗无尽无休，	为民族争光荣，为国争自由。

第七章　大后方的音乐之乡（下）

第一节　作曲家陈田鹤的创作

陈田鹤（1911—1955），原名陈启东，浙江温州永嘉人。其家境清寒，苦学成才。1928年考入缪天瑞在永嘉开办的温州私立艺术专科学校，翌年至私立上海美术专门学校音乐系插班学习。1930年8月改名陈田鹤，并与江定仙一起考入国立音乐专科学校，师从著名作曲家、音乐教育家黄自，选修理论作曲，深受黄自器重。在国立音专求学期间因家庭经济困难学业时断时续。1932年任教于上海两江女子体育学校，经萧友梅和黄自特许，在“不注册、不交费、不算学分”的情况下得以半工半读随堂上课。经黄自介绍，1934年到武昌艺术专科学校任教。1935年回上海国立音乐专科学校继续学习，同年冬，任南京励志社音乐股干事。1936年1月再回国立音乐专科学校听课，同年8月为参加大型歌剧《荆轲》（王泊生编剧）工作，远赴王泊生主持的山东省立剧院。1937年9月回上海参加抗日救亡运动。1939年1月到重庆国民政府教育部音乐教育委员会工作，此后的八年间，陈田鹤在重庆沙磁文化区、迁建区青木关任教、创作，其创作领域广泛，涉及抗战歌曲、艺术歌曲、戏剧音乐作品、儿童歌舞曲、合唱曲、钢琴曲等，且多有名作问世流传。

一、战时重庆任教任职与历年发表的主要作品

1939年2月，陈田鹤与应尚能、卢前、李抱忱、刘雪庵等主讲于重庆沙磁文化区小龙坎教育部主办的音乐教育人员训练班，并担任音乐教育委员会编辑，参加《乐风》的创办工作。1940年1月14日，参加中华全国音乐界抗敌

协会第一届常年大会，参与商讨今后工作大计，当选39位理事之一。同年底，国立音乐院创办于青木关，先后任讲师、副教授、教授，任教理论作曲和钢琴。1941年底担任《乐风》编辑主任，并在中国音乐研究会音乐月刊社与江定仙、杨荫浏、刘雪庵、缪天瑞担任主编。1944年李抱忱赴美深造，陈田鹤又兼任国立音乐院教务主任。

1937年陈田鹤在上海投入抗战音乐工作，参加筹建“中国作曲者（家）协会”，并在10月创刊的《战歌周刊》（刘雪庵自筹经费，自行编印，以中国作曲家协会名义出版，后改名《战歌》）上发表了他的第一首抗战歌曲《八一三战歌》。以此为起点，又先后在该刊发表一系列以“保卫大上海”为主题的新作，并从中选出包括抗战时期在大后方广为传唱的《巷战歌》等11首，以《八一三战歌》为题油印成专集散发。陈田鹤还在《战歌周刊》发表《抗战期中的作曲问题》《保卫大上海运动的歌咏工作》的音乐短论。在首篇短论中提出“在伟大的抗战期中，我深信中国一定会产生伟大的音乐作品”，“民众反抗侵略者的呼声是歌曲诞生的母亲”等抗战与音乐、民众与创作的关系，流淌在他的音乐作品中。①

陈田鹤离开上海取道香港再经昆明、贵阳辗转到达重庆，随身携带恩师黄自的遗稿清唱剧《长恨歌》。1939年起日机对重庆长达六年的大轰炸，不论是在小龙坎还是在青木关，每遇轰炸警报躲进防空洞，陈田鹤都不忘将《长恨歌》遗稿抱着入洞。1943年1月，音乐月刊社编印《音乐月刊》甲种（线谱本）第2卷第1期“黄自先生遗作《长恨歌专号》”由中国音乐研究会出版。这一期“清唱剧专号”特别说明“本刊本期以线谱形式发表今吾先生遗作《长恨歌》乃经黄自先生出版委员会特许”。从保护遗作到促进出版和演唱，都寄托了陈田鹤对恩师的感念之情。

中国音乐研究会出版　音乐月刊社编印《音乐月刊》甲种线谱本 第2卷第1期黄自先生遗作《长恨歌专号》书影

陈田鹤到重庆后，即投入渝市普及民众歌咏运动，担任教员，主讲于音乐教导员训练班，并参加了教育部召开的歌曲编审会议。歌曲编审会是教育部鉴于各级学校学生及一般民众士兵缺乏优秀歌曲，而特别召开的；要求除音乐教育委员会各位委员外，添聘熊乐忱、江定仙、陈田鹤、刘雪庵、贺绿汀、常任侠等参加，先后三次会议议定第一期先出版歌曲选辑8种，陈田鹤承担了《中

① 戴鹏海《才华出众，命运多舛，英年早逝，呜呼哀哉！——〈陈田鹤音乐作品选〉代序》，载陈晖编《陈田鹤音乐作品选》，上海音乐学院出版社，2012年1月第1版，第1次印刷。

国现代歌曲选集》的工作并在 1939 年底完成编选交付印刷出版。① 在音乐教育委员会开展抗日歌咏运动中，陈田鹤发表了《播音教唱的理论与实施》一文，认为利用无线电广播事业的功用，运用收音机这一种工具，才能将音乐教育经济而有效地普及到广大的民众队伍里去，并进一步论述道：

> 现在抗战期间，敌人利用汉奸经营的电台，在所谓“对支音乐”的政策之下，广播有毒素的歌曲，麻醉吾国同胞，侵略吾国音乐文化。敌人的阴谋虽是毒狠，但是我们军民都能一致团结予暴敌以致命的打击，我们的抗战歌声，已传遍了穷乡僻壤。现在，我们为坚定民众对抗战必胜建国必成的信念起见，更应努力普及我们的歌咏运动。

陈田鹤这篇文章指出，第二期抗战中音乐教育委员会采用播音教唱弥补学校音乐教育的不足，民众教育机关民众歌咏指导员受教从而推广。家庭有收音机的招待邻居友人同听同学，使播音教唱实施后有助于民众歌咏运动的拓展，成为音乐教育上的一种建设力量。② 1940 年 7 月，陈田鹤在桂林的《音乐阵线》（月刊）创刊号发表专论《抗战三年以来的新音乐运动》，文章包括“音乐作为武器，粉碎敌人侵略的阴谋”“歌咏运动的兴起”“新作曲家的产业”“民歌研究的踊跃”“音乐教育机关的设立”“音乐出版事业的发展”“中国新音乐运动在国际文化地位上的增进”等七个方面的内容，对转入第二期抗战前的音乐发展做出如此全面的阶段性的论述，是一篇可贵的抗战音乐论文。

1939 年到 1946 年，陈田鹤在教育部音乐教育委员会、国立音乐院任职任教，仍坚持创作，先后在《战歌》《乐风》《青年音乐》《音乐月刊》《新音乐》《音乐阵地》《广播周刊》《礼乐》等刊物发表文章和作品，并在《乐风丛刊》、咏葵乐谱刊印社出版个人作品专辑，是抗战时期有影响的作曲家、音乐教育家。

二、抗战歌曲与钢琴曲《血债》的创作

1940 年，中华全国音乐界抗敌协会战歌社编辑发行的《战歌》（月刊）第 2 卷第 4 期刊发了陈田鹤创作的歌曲《还我河山》《凯旋歌》。《还我河山》是一首合唱歌曲，由重庆沙磁文化区国立中央大学教授朱偰作词，词作气势雄

---

① 乐风社编《乐风》第 1 卷第 1 期，1940 年 1 月 15 日出版，第 30 页。

② 乐风社编《乐风》第 1 卷第 1 期，1940 年 1 月 15 日出版，第 38、52 页。

浑，著名音乐史家戴鹏海认为，陈田鹤为之谱曲的“音乐也写的沉毅雄健，是一首气壮山河的战歌”。[①] 同年，还在《新音乐》（月刊）第 3 期发表《军民联欢歌》（老舍作词），在《乐风》创刊号发表钢琴曲《血债》。

1938 年 12 月，文学家、戏剧家阿英署名如晦的多幕剧《桃花源》由上海风雨书屋出版。这是一部以团结御侮、保卫家园的虚构故事隐喻全民抗战、保家卫国的剧作。陈田鹤为剧中插曲作曲，并与作曲家钱仁康合作两首；1940 年初《桃花源》在上海租界公演。1941 年《新音乐》月刊第 2 卷第 6 期刊发《桃花源 AB》（如晦词，陈田鹤曲），第 3 卷第 1 期《桃花源 C》（如晦词，陈田鹤曲），第 3 卷第 2 期《桃花源 D 桃花源舞曲》（如晦词，陈田鹤、仁康曲）、《桃花源 E 桃花源复兴歌》（如晦词，陈田鹤、仁康曲），共四期连载发表剧中插曲。[②]

1939 年 5 月，国立中央大学教授、诗人、词曲作家卢前在其主编的《民族诗坛》第 3 卷第 1 辑上发表了《碧血——先烈纪念节歌》《国殇——悼阵亡将士歌》《兵农对》三首新体诗歌，均被当时的作曲家谱曲传唱。陈田鹤对《兵农对》尤为赞赏，其词如下：[③]

（农）天生我手与我足，
东陌西阡播五谷。
今年丰熟，今年丰熟！
农家福！
（兵）天生男儿能卫国，来向兵营讨生活！
磨刀霍霍，磨刀霍霍！
从军乐。
（农）那天来了敌人，我便有田也种不成。
（兵）赶走那些敌人，这是我应负的责任！
若没老农来耕耘，那有粮食供战争！
（农）我有锄头我有锹，
（兵）我有枪炮我有刀，
（合）我们更有热血如湧，齐心合力来把国保。

① 戴鹏海《才华出众，命运多舛，英年早逝，呜呼哀哉！——〈陈田鹤音乐作品选〉代序》，载陈晖编《陈田鹤音乐作品选》，上海音乐学院出版社，2012 年 1 月第 1 版，第 1 次印刷。

② 《新音乐月刊》李凌、赵沨主编，立体出版社出版。第 2 卷第 6 期，第 3 卷第 1 期，第 3 卷第 2 期分别于 1941 年 7 月 1 日、8 月 1 日、9 月 1 日出版。

③ 《民族诗坛》第 3 卷第 1 期，独立出版社印行，1939 年 5 月出版，第 192～193 页。

（兵）我在前方报效！

（农）我在后方割稻！

（合）自家天职先尽了，才能一齐把国保！

自家天职先尽了，从此走上光明道。

作曲家把这首歌词谱曲为男声二重唱传唱开来。1942 年陈田鹤于《乐风丛刊》出版了 1937 年的《回忆集》之后的第二本个人作品专集《剑声集》，收入《巷战歌》《制寒衣》《还我河山》《火线下的歌》（男声四部合唱）及《兵农对》等，均是抗战歌曲；即使是根据古曲改编的混声四部合唱《满江红》也是紧扣“收拾旧山河”的主题，充分体现陈田鹤从上海“八一三”抗战以来投入救亡音乐的理念。1944 年《兵农对》与《国殇》（江定仙曲）被选入英译《中国抗战的歌曲》在美国纽约出版。

在陈田鹤的抗战歌曲中，有一首器乐曲受到抗战音乐史专家的关注，这就是他 1939 年 5 月创作于重庆沙磁文化区小龙坎的钢琴曲《血债》。

1939 年 5 月，“五三五四”日机对重庆城区大轰炸，5 月 6 日巴县沙坪文化区社会事业促进会召开沙磁文化区各防护分团联席会议，动员文化区各单位防空袭、防汉奸和救护城区疏散同胞；5 月 7 日上午又在沙坪坝菜市场巴县沙坪文化区社会事业促进会办公处紧急召开沙坪区行政会议，议决防空袭、防时疫、调查沙坪坝区街市售卖的蔬菜、肉类、食品的清洁卫生。[①] 在这次文化区救护受难同胞中，陈田鹤任教的教育部音乐教导员训练班也参加了救护行动，而且是小龙坎、沙坪坝、磁器口三个救助站点的第一处，从城区陆路疏散同胞首先到达小龙坎接受救治、救护后再行疏散。陈田鹤目睹了这一切，有感而发，便在 10 日内创作了钢琴曲《血债》，作曲家在乐谱前写下创作短语：

二十八年五月三、四日，敌机狂炸重庆市区后，政府协助人民疏散四乡，途中所见，惟挈老携幼之难，其状至惨，写此以志同胞流离愤慨之情。

田鹤 五月十四日于小龙坎

1940 年《乐风》第 1 卷第 1 期出版，钢琴曲《血债》列为首篇作品，这是反映重庆大轰炸为数众多的文艺作品中唯一的钢琴曲。

王鼎藩在《陈田鹤先生的钢琴曲〈血债〉》一文中，较为详细分析了《血

① 张建中主编《重庆沙磁文化区创建史》，四川人民出版社，2005 年 9 月第 1 版，第 1 次印刷，第 351 页。

债》创作手法、技巧和艺术表现力，认为：

> 《血债》是日本帝国主义侵华罪行的见证。全曲无处不流露出悲愤之情，抗争之志。乐曲的结构简洁、精炼。
>
> 音乐一开始就表现作曲家在目睹敌机狂炸后，一片凄惨景象时发自内心的控诉。主题的高音声部和低音声部线条互相呼应、补充，加深了乐曲的表现力。
>
> ……
>
> 再现部虽然把我们又带回凄凉的场景，但是中国人民是不可侮的，更不会屈服于罪恶的铁蹄下。乐曲以强有力的和弦终结，正是讨伐欠债者的决心和必胜的信心。①

民国钢琴史研究专家、钢琴演奏学博士张奕明对抗战时期重庆青木关国立音乐院的钢琴作品创作和演奏有独特的研究。他在《民国钢琴志》一书中，对陈田鹤钢琴曲《血债》有综合评析：

> 陈田鹤总共写了11部钢琴独奏作品，而《血债》是唯一一部有标题的。不独有标题，乐谱前的题词也显露了这个曲子对他来说多么特殊。一般而说，陈田鹤的音乐总是很文人化，很儒雅，含蓄而内敛；而在绝大多数情况下，他给人的印象也是如此。但正如《血债》所展现的，陈田鹤也有怒目的一面。②

三、卢前、陈田鹤联袂创作清唱剧《河梁话别》

卢前（1905—1951），字冀野，江苏南京人。早年就读东南大学中文系，师从词曲名家吴梅教授。1937年南京国立中央大学举校西迁重庆沙坪坝松林坡，卢前也溯江而上到沙坪坝中大任教。1939年2月，与陈田鹤等音乐家在小龙坎教育部音乐教导员训练班担任主讲教员。卢前是年还担任教育部音乐教育委员会委员，1941年被选为国民参政会参议员，1942年奉教育部令前往福建任国立音乐专科学校校长，1943年赴重庆北碚与中央大学汪东教授筹办国立礼乐馆，1944年又回沙坪坝任教中央大学到1946年返南京。抗战时期，卢

① 王鼎藩《陈田鹤先生的钢琴曲〈血债〉》，陈晖编《陈田鹤音乐作品选》，上海音乐学院出版社，2012年1月第1版，第1次印刷，第21～23页。

② 张奕明著《民国钢琴志》，海南出版社，2017年11月第1版，第1次印刷，第64页。

前在沙坪坝、青木关、北碚、江津等地任教、讲学和著述，主编《民族诗坛》《民族诗选》等，身兼诗人、文学和戏剧史论家、词曲作家、剧作家多重身份，可谓名重一时。

1939 年初，卢前在沙坪坝、小龙坎任教时，因课程安排奔波于两地，虽相距不过三四公里间，但爬坡上坎让身躯庞大的卢前教授常觉吃不消。他自己在《重庆的滑竿》一文中记述道也曾坐滑竿，而且不少次坐断了滑竿。

> 可是，到下乡的时候，有时非滑竿不可。这滑竿比轿子简化。差不多全身的重量就靠这两根竿子支持。我选了又选，选定较肥的竿子，坐了上去。有一回从小龙坎坐到沙坪坝去上课，才转了两三道坡，一不小心，连人带竿尽掉了下来，竿折绳断，抬我的两位都跌了个马仰人翻，所幸我还完整没有跌成粉碎，从此连滑竿也不敢问津了！[①]

陈、卢共事之时，正是日机大轰炸的 1939 年夏。陈田鹤认为卢前所写歌词最便于谱曲，常请读其新撰歌词，并建议仿西方“康达达”（今译为“康塔塔”——编者注）即清唱剧写一部作品。卢前允诺后，以汉苏武出使匈奴，拒不投降，被单于囚禁于冰天雪地长达 19 年的事迹为题材的歌唱作品完成，定名为《河梁话别》交与作曲家。1939 年底，《河梁话别》在《民族诗坛》第 3 卷第 6 辑发表，卢前特别标明“can ta ta”，并在“编余琐识”写道：“本辑中新诗体栏《河梁话别》系仿西方歌曲之‘康塔塔’体。现由陈田鹤先生制谱，不久即可演奏。”[②]

卢前写作《河梁话别》10 日完成。他在尾声写下了这样一段诗：“听《河梁话别》泪莫倾，要从这历史上光荣唤国魂！今日呵，困苦艰难的今日，愿多几个不辱使命苏子卿。”而已至青木关国立音乐院任教陈田鹤的谱曲则经历了近 4 年时光。1942 年中国音乐研究会音乐月刊社《音乐月刊》第 1 卷第 1 期发表了陈田鹤的合唱曲《战士颂》，第 1 卷 2、3 期连载独唱曲《制寒衣》，第 1 卷 4、5、6 期刊发《河梁话别》中的出使诸章。1943 年夏已是没有敌机轰炸的重庆天空，陈田鹤“长夏九十日伏山中，废寝忘餐，始得写定，不知秋之既

---

① 卢前《重庆的滑竿》，卢前著《冀野文钞 · 卢前笔记杂钞》，中华书局，2006 年 4 月第 1 版，第 1 次印刷，第 17～18 页。

② 冀野《河梁话别》can ta ta，《民族诗坛》第 3 卷第 6 辑，重庆独立出版社，1939 年 10 月出版，第 93～101 页；卢前所写的“编余琐识”为第 102 页，且从署明“二十八，十二，三十一”看，这一辑应是年底文稿齐清定交付印刷。这是大轰炸重庆众多刊物出版延期的重要因素之一。

至”。①

从1943年始，大后方一些重要城市音乐会已有《河梁话别》的片段演唱，同年底国立音乐院合唱团还排演部分唱段。1944年1月29、30日，国立音乐院劳军音乐会在重庆国泰大戏院举行，刘文干男低音独唱《河梁话别》第一段。这是陈田鹤谱曲的第一部清唱剧，也是继黄自的《长恨歌》之后我国作曲家创作的第二部清唱剧。剧作歌颂了苏武英勇不屈，符合抗战相持阶段反对投降抗战到底的民族精神，有着深刻现实启示作用，其中的混声四部合唱《贝加尔湖上的雪》②，是一首感人至深的合唱作品。1946年1月，咏葵乐谱刊印社出版清唱剧《河梁话别》单行本。

第二节　民歌民乐与民族歌舞

一、民歌的采集整理与演唱

民歌的采集整理与演唱是教育部第二社会教育工作团第二施教队进驻巴璧两县青木乡的工作之一。青木关民众教育馆成立后，在国民月会、国民周会（国民晚会）和抗战文化活动中有民歌的演唱，尤其是国立音乐院和《乐风》月刊的创办，使青木关的歌咏活动中出现各省小调、民歌和民歌剧的演唱。

1941年的《乐风》月刊在“民众歌曲”中刊发了一组民歌，新第1卷第1期是标明“陇南民歌，黄洛宾配词”的《摘豆角》；新第1卷第2期是“内蒙民歌，黄洛宾编译”的《战歌》；新第1卷第5、6期合刊是“新疆维吾尔族舞曲，黄洛宾记谱并译词”的《掀起你的盖头来》。这三首歌曲的署名错讹在《乐风》月刊新一卷第一、二、三、四期总目得到了纠正，凡是“黄洛宾”均改为“王洛宾”；前两首虽标明民歌，经王洛宾“配词”“编译”又是抗战歌曲，均是五线谱，《掀起你的盖头来》保持了该舞曲原貌，用简谱且普遍传唱。而促进、推动青木关出现搜集、研究、演唱及出版中国民歌热潮的是国立音乐

① 卢前《河梁话别引》，陈晖编《陈田鹤音乐作品选》，上海音乐学院出版社，2012年1月第1版，第1次印刷，第275页。

② 歌词是：贝加尔湖上的雪啊/一望无际白啊/白的山/白的羊/白头苏武他只手持汉节/他啮旃毛/他吞雪/与雪一样的寒/一样的高洁/在这冰天雪窖里/他度过了十九年岁月。

院学生音乐团体“山歌社”。

对于“山歌社”的成立，江定仙教授在1947年“山歌社”正式出版《中国民歌选》的自序中写道：①

远在民国三十二年里，国立音乐院一部分爱好民歌的同学们，便在四川青木关一个山头上，组织山歌社，拿出他们各自搜集的不同来源的民歌，彼此交换、研习，并加以伴奏，曾经组织过几次民歌演唱会，油印了几种民歌歌集，几年来，这些歌已经普遍流行，在音乐会里演唱时，屡次都受到听众热烈的Encore!

“山歌社”的同学们对于创办这个音乐团体的目的是清楚的，他们在《中国民歌选》“编者序”阐述了自己的思考：②

民歌是人民生活的反映，为广大的人民所熟悉和喜爱，因此民歌得以广泛地流传。民歌也是人民真挚情感的流露，经过无数人一代代口口相传的洗炼，造成一种朴质而优美的作风，在艺术上获得了不朽的评价，所以我们无论是基于提高民众音乐水准，或是建立有世界荣誉的民族音乐的立场，都得要研究民歌。

我们今天民歌的工作具有两个重要目的，第一是改造民歌。无可讳言的，民歌的作者缺乏技巧的训练，有的不免粗糙，有的不免流于低级趣味。我们想试着将它们再加一番洗炼，使人民从自身的艺术上提高起来。第二是由民歌的研究着手而创造出民族的音乐。民歌既然是人民生活的产物，那它的节奏，旋律等都与人民生活有密切的关系，所以我们要创造真正反映人民生活的音乐，便要去研究民歌的旋律、节奏和调式的规律，并且从旋律中去寻求一些可能的和声体系。我们以为只有从这个基础之上，才可以找到一条创作真正民族音乐的道路。

国立音乐院“山歌社”的成立，得到杨荫浏、黄友葵、江定仙、陈田鹤等的支持。1945年3月12日，国立音乐院理论作曲组“1947级”同学（1942年入学，1947年毕业）在校内“黄钟”“晨钟”“音乐生活”“乐府通讯”等音乐壁报和油印刊物外，又贴出名为《山歌》壁报，成为学校既有学术探讨又有演唱基础的壁报，“1947级”成为“山歌社”社团标志。据国立音乐院同学撰

① 山歌社编，江定仙校《中国民歌选》，上海中华乐学社出版，1948年4月20日。

② 山歌社编，江定仙校《中国民歌选》，上海中华乐学社出版，1948年4月20日。

述的文章记述：[①]

> 我们懂得艺术的泉源来自民间这个道理，在技巧的学习上，我们不否认是采取西洋音乐理论为根据，但我们大多数同学没有向牛角尖里死钻，民歌的改编、研究，目前都成为我们广泛的学习方向。民族形式的中国新音乐的发展这一问题，是我们经常在壁报上讨论的，我们也曾经几次在青木关演出过民歌演奏会，以新疆、青海、绥远、蒙古各地民歌为主要演奏内容，理论组和非理论组的同学把它配上伴奏，我们也演奏过新年黄河冼星海先生的作品。从经验上告诉我们，老百姓都喜欢这些，因为我们的方向走对了；艺术来自民间，应该还给人民。

1945 年 4 月 23 日，“山歌社”以国立音乐院学生自治会名义在音乐院礼堂举办首次民歌演唱会。声乐组、钢琴组、理论作曲组同学参加演出，节目包括一位老师和 20 位同学编配的 31 首民歌，这样规模的民歌演唱会在我国近代历史上还是第一次，在学校和社会上引起重大反响。同年 9 月，以“国立音乐院理论作曲组 1947 级”名义编选《中国民歌》（第一辑 简谱），其中包括新疆、青海、绥远、蒙古族民歌共计 184 首，杨荫浏教授为之作序。[②] 同年，为避空袭居住迁建区歌乐山的音乐家陈曼鹤编选了两本歌曲集《音乐会名（民）歌选集·中国歌曲》（第一集）、《音乐会名（民）歌选集·世界名（民）歌集》（第二集），交美乐出版社发行渝版。

1946 年 6 月 4 日，以“山歌社”名义编选油印《中国民歌选》（第一集 五线谱）250 册出版，其中有 21 首师生们编配钢琴（伴奏）的民歌，如《我等你到天明》（谢功成）、《绣荷包》（谢功成）、《黎明之歌》（屠若成）、《在那遥远的地方》（陈田鹤）、《马车夫之歌》（严良堃）、《天天刮风》（潘名挥）、《小路》（伍雍谊），等等。这些单旋律的民歌配上有和声织体的钢琴伴奏，更增强了民间音乐表现力。这是我国最早附有钢琴伴奏的一本民歌集。[③]

1946 年 11 月 12 日，在国立音乐院迁南京、国立音乐院分院迁上海，《乐风》又停刊两年后，大道社这个文艺机构在青木关成立，并公开出版发行五线

---

① 徐萍：《生活导报》，1946 年第 5、6 期，第 8～9 页。转引自袁佳红、王志昆、曾妍主编《中国战时首都档案文献·战时文化》，西南师范大学出版社，2017 年 6 月第 1 版，第 1 次印刷。第 265～266 页。这篇文章撰写于 1946 年 4 月 25 日，记述国立音乐院学生们两年的学习生活。

② 刘再生著《中国近代音乐史简述》，人民音乐出版社，2009 年 7 月第 1 版，第 1 次印刷，第 457 页。

③ 刘再生著《中国近代音乐史简述》，人民音乐出版社，2009 年 7 月第 1 版，第 1 次印刷，第 458 页。

谱《大道音乐》季刊创刊号。这个新的音乐刊物在“编后”特别声明：

……我们的计划，绝对不愿把这园地看为少数几人的包办，所以我们热诚的渴望着更多爱好音乐的朋友们携手投稿，使《大道音乐》真正做到大道音乐，使每个爱好音乐的青年朋友们都能走上这一条音乐的大道。

……

最后，我们还须声明的，本刊因印刷困难篇幅窄小的关系，暂时不载有关音乐理论之文章，暂注重歌曲的创作……

《大道音乐》创刊号共刊发14首歌曲，前7首为谭志勇词、谢直心曲的《大道歌》（代发刊词）、《建国青年》、《游江曲》、《秋思》、《中华好男儿》（自由之花插曲）、《离别母校歌》（儿群之母插曲之一）、《教书乐》（儿群之母插曲之二）；后7首中3首是四川民歌，4首为译词配曲的西南苗族民歌。创刊号还刊发了由大道社出版的新书预告《儿群之母》（三幕教育剧）、《安娜丽》（五幕悲剧，抗战剧），这两部剧作均是谭志勇编剧。[①]《大道音乐》的创刊，表明青木关的音乐风气与搜集发表民歌得以延续。

国立音乐院迁南京后，“山歌社”回顾了几年的民歌搜集、研究和演唱工作，尤其理论作曲组“1947级”临近毕业，决定出版一套山歌社丛书，他们在《中国民歌选》的“编者序”（1947.8.12）最后写道：[②]

山歌社几年来不断做着民歌的搜集和研究工作，很欣慰的是我们的工作并没有白费，民歌正逐渐地发展起来而成为音乐运动的主流，我们的改编民歌获得听众普遍的爱好。原先我们所尝试的新写作方法与演出技巧等，也很快地被先进们引用，现在一方面为了能够方便地供给大家资料，另一方面为了把研究结果公开，籍此得到更广泛的意见，我们决定将过去及现在的许多资料有计划地出为一套山歌社丛书，包括搜集、改编、创作、理论各方面资料，来为民族音乐前途尽我们一份力量。

1948年初，“山歌社”将过去演唱过的民歌精选14首由上海中华乐学社正式出版五线谱本，封面设计者朱金设计的彩色封面极具中国民族音乐特色。14首民歌曲名、钢琴伴奏编配者如下：[③]

---

① 谢直心、谭志勇主编《大道音乐》（季刊）创刊号，大道社出版，1946年11月12日出版。发行者，大道社，重庆青木关建青路101号。承印者，精业印刷社。《大道音乐》创刊号除封面、五线谱歌曲是印刷社印刷，其余目录、新书预告、编后等为手刻蜡板油印交印刷社装订成册。

② 山歌社编、江定仙校《中国民歌选》，上海中华乐学社出版，1948年4月20日。

③ 山歌社编、江定仙校《中国民歌选》，上海中华乐学社出版，1948年4月20日。

曲名	编配者
1. 流浪者之歌（新疆）…………………	郑亚通
2. 我等你到天明（新疆）…………………	谢功成
3. 马车夫之歌（新疆）…………………	严良堃
4. 小　　路（绥远）…………………	伍雍谊
5. 小姑听房（绥远）…………………	王震亚
6. 绣荷包　（晋北）…………………	谢功成
7. 在那遥远的地方（青海）…………………	陈田鹤
8. 送大哥（青海）…………………	陈田鹤
9. 半个月亮爬上来（青海）…………………	盛礼洪
10. 清江河　（鄂西）…………………	王震亚
11. 贵州山歌（贵州）…………………	王震亚
12. 天天刮风（绥远）…………………	潘名挥
13. 西藏情歌（西藏）…………………	黎英海
14. 康定情歌（康定）…………………	江定仙

经国立音乐院师生搜集、改编、编配伴奏、演唱的中国民歌，走出青木关，在重庆、南京、上海等大城市不断演唱，并走出中国传唱世界。

二、戴爱莲的民族歌舞采风表演

戴爱莲（1916—2006）是西印度群岛的华裔女子，曾留学英国学习舞蹈艺术。1939 年回国参加抗战，驻足香港期间，受宋庆龄邀请参加募捐义演，结识画家叶浅予与之相恋结婚。1940 年经宋庆龄介绍到达战时首都重庆。

1941 年上半年，戴爱莲在重庆与舞蹈家吴晓邦、盛婕夫妇决定联合举行一场“新舞踊表演会”，这是一场响应筹款劳军的义演。三位舞蹈家与中华交响乐团、中国电影制片厂合唱团开始了排练，订于 6 月 5、6 两天在重庆纯阳洞抗建堂演出。这一年的夏秋之际，正是日机对重庆的“疲劳大轰炸”之际，发生了震惊中外的“六・五大隧道惨案”。在重庆追悼亡灵的活动结束后，在重庆抗建堂，中国新舞蹈运动三位开拓者联合举行了“新舞踊表演会”，分工合作表演了 13 个作品，成为记录抗战历史的舞蹈演出。戴爱莲由此编舞创作了《游击队的故事》《空袭》等现实题材的舞蹈作品，其中《空袭》是继吴晓邦根据陈田鹤钢琴曲《血债》编舞作品之后又一个反映重庆大轰炸的舞蹈。[①]

1943年，戴爱莲到香港治病做手术，期间经历了太平洋战争，戴爱莲辗转撤离经桂林又回到重庆，先后任教于迁建区璧山国立社会教育学院、北碚草街子育才学校。

1943年8月21日，教育部以社字41273号指令核准《教育部附设青木关民众教育馆附设补习学校艺术班实施办法》。该办法共十二条，兹录如下：[②]

> 一、本办法依据本馆附设补习学校实施办法第五条之规定订定之。
>
> 二、本班定名为“教育部附设青木关民众教育馆附设补习学校艺术班”。
>
> 三、本班以增进本区一般青年及成人普通艺术常识及技术，训练浓厚艺术兴趣，提高艺术水准为宗旨。
>
> 四、本班视报名人数及程度，得分设高初级或甲乙组，每组至少十五名最多二十五名。
>
> 五、本班教学科目为美术、常识、国画西画、图案四科。
>
> 六、本班教职员依照补习学校实施办法第四条规定聘派之。
>
> 七、本班每组经费暂定为三千元，每名学生收费五十元。
>
> 八、各学科教材由担任教师自行编选并汇齐呈部备案。
>
> 九、本班教学设备以利用本馆设备为原则，必要时得借用或临时租用之。
>
> 十、本班教学时间为两个半月，授课时间另订之。
>
> 十一、本班补习期满经考查成绩后，由本馆发给证明书。
>
> 十二、本办法呈部备案后施行。

1944年夏，艺术班将教学科目扩大办理，由戴爱莲与教育部体育教育家高梓女士共同主办暑期舞蹈讲习班。高梓时年36岁，安徽贵池人，毕业于美国威斯康星大学体育系；回国后曾任北平女子大学体育系主任、东北大学及国立山东大学体育系教授、青岛文德女子中学校长等职，主要讲授女子体育、舞蹈、球类技术、体育概论等。[③] 1940年《乐风》月刊创办后，先后发表《儿童唱歌表演教材说明》《〈最后五分钟〉（儿童表演歌曲）表演法》《〈小间谍〉（儿童表演歌曲）表演法》《复兴舞（初中女生舞蹈教材）》《儿童唱歌表演说明》

---

① 江青《说爱莲》，人民出版社，2016年6月第1版，第1次印刷，第90页。

② 中国第二历史档案馆 全宗五 教育部 第11770卷。

③ 中国第二历史档案馆 全宗五 教育部 第2049卷，《体育师资训练机关现任职教员调查表》。

等少年儿童歌舞表演文章，任教于青木关教育部特设体育师资训练所时，还主编出版了体育舞蹈教材《踢踏舞》。

1944年暑期，戴爱莲和高梓联合主办舞蹈讲习班，戴爱莲尤其关注中国的民族民间舞蹈艺术的传承，藉以培养此类人才，发扬中国舞蹈艺术；高梓则利用任教多年，编有少年儿童舞蹈教材，指导青木关民众教育馆舞蹈活动，使这一期舞蹈讲习班备受关注。两月余的讲习训练期满，戴爱莲、高梓与青木关民众教育馆商定合办舞蹈表演大会，上演节目多达20项，两位舞蹈家还担任多项主演。9月1日《新华日报》为此刊发了通讯稿。

9月2、3日，暑期舞蹈讲习班的“舞蹈表演大会”在青木关中山堂举行。青少年学员数十人表演了“灯笼舞”“农作丰收舞”等节目，戴爱莲主演了“太阳下山明早一定爬起来”（即《青春舞曲》）、《拾穗女》等舞蹈，观众达3000多人，教育部部长陈立夫和体委主任等观看了演出。① 舞蹈表演大会轰动了陪都，戴爱莲率部分学员到沙磁文化区和北碚去演出，梁实秋的两个女儿梁文茜、梁文蔷正在南开中学读书。尽管已过了几十年，梁文蔷在《抗战时期看戴爱莲演出》一文真切地回忆观演时的情景：

> 我看戴爱莲的舞蹈，是抗战时我在沙坪坝的南开中学上初一。那时根本没有娱乐，也没有电影看。如有高班同学演话剧，那就是天大的壮举。所以，戴爱莲到重庆南开大礼堂表演歌舞，是十分轰动的。我记得她会把头左右移动，不是转动，还会跪在地上，上身前后做360度转动，随着音乐的节奏，抖动双臂，简直神透了。我们这些小孩为之如痴如醉。半个多世纪过去了，青春小鸟的歌曲和戴爱莲那优美的舞姿时常把我带回那难忘的青春岁月。……②

1945年抗战胜利后的秋天，戴爱莲、叶浅予夫妇与育才学校研究音乐和民族学的彭松及华西大学部分师生从成都出发，踏上了去康定的采风旅途，学习羌族、藏族同胞的音乐舞蹈，感受少数民族的民俗、文化。回到重庆后，在戴爱莲的领导下，以中国民间舞蹈研究会领衔，中央大学边疆研究会和驻渝的西藏文化促进会、新疆同乡会参加，并得到国立音乐院师生尤其是“山歌社”等音乐团体的支持，1946年3月6日起在陪都青年馆举办了影响深远的“边疆音乐舞蹈大会”。叶浅予精心设计极具民族特色的演出海报。整台晚会全部

---

① 璧山抗战文化研究组编印《风云八年——璧山抗战文化研究》，2001年内部印刷，第154页。

② 梁文蔷《抗战时期看戴爱莲演出》，载陈小滢讲述、高艳华记录编选《乐山纪念册 一九三九——一九四六》，商务印书馆，2012年11月第1版，第1次印刷，第221页。

由中国各民族风格色彩浓郁的歌舞组成，《新疆舞曲》《西藏舞曲》《青春舞曲》《嘉戎酒会》《巴塘弦子》《春游》等舞蹈由旅居重庆的新疆、西藏同胞参加演出。首日演出为重庆市政府招待驻重庆的外国使节和其他外宾。① 1946 年 4 月 8 日，为欢迎戴爱莲康定采风归来和祝贺“边疆音乐舞蹈大会”演出成功，国立音乐院“山歌社”在青木关组织一场民歌演唱会，陈田鹤为两首青海民歌《在那遥远的地方》《送大哥》编配钢琴伴奏，就是在这次民歌演唱会上演唱而流行传唱。同年 5 月，“山歌社”又在重庆城区、沙坪坝、北碚举行三场民歌演唱会。②

戴爱莲的“边疆音乐舞蹈大会”和“山歌社”的民歌演唱会在重庆连续的演出，使民族歌舞融合，成为中国近代音乐舞蹈史前所未有之举，是抗战文化的宝贵遗产。

三、民乐曲谱的整理、演奏与创作

教育部音乐教育委员会、国立音乐院在战时首都遭到日机大轰炸的情况下，于迁建区青木关开展了民族古乐曲谱的整理、民乐的演奏演唱和民乐的创作，并指导迁建区大中学校民乐团队演奏，活跃了课外文化生活。

1941 年夏，教育部史地教育委员会暑期中等学校史地教员讲习班和国立音乐院附办暑期音乐教员讲习班相继在青木关开班授课。6 月 4 日晚，音乐教育委员会、国立音乐院与教育部昆曲社在青木关幼稚园举行古乐演奏和昆曲演唱会，招待参加教育部史地教育委员会第二次全体会议的委员和暑期史地教员讲习班学员。这场音乐会节目有郑慧——古琴、陈振铎——二胡、曹安和等——昆曲、杨大钧——琵琶、钱卓升及昆曲社员参加昆曲表演。③ 8 月 16 日晚，国立音乐院附办音乐教员暑期讲习班邀请音乐教育委员会全体人员在青木关举行音乐会，是时担任该班主讲教员的中央大学常任侠、西南联大罗莘田

---

① 叶浅予著《叶浅予自传——细叙沧桑记流年》，中国社会科学出版社 2006 年 2 月第 1 版第 1 次印刷，第 166～172 页 难忘的康定之行（日记），第 172－173 归程纪行。叶浅予设计“边疆音乐舞蹈大会”，演出海报参见江青《说爱莲》第 102 页。

② 刘再生著《中国近代音乐史简述》，人民音乐出版社，2009 年 7 月第 1 版，第 1 次印刷，第 458 页。

③ 顾颉刚著《顾颉刚全集·顾颉刚日记》卷四，中华书局，2011 年 1 月第 1 版，第 1 次印刷，第 553～554 页。

（字常培）分别在日记中记述了这场音乐会。常任侠记述道：[1]

> 十六日　土曜　晴　晚间开音乐同乐会，有张充和女士唱《刺虎》，（卢冀野、陈礼江、郑颖荪、王泊生曾为充四龙套），罗莘田先生唱弹词《长生殿》，曹安和女士唱弦索曲《青塚记》及陈振铎二胡等，颇集一时之盛。

常任侠先生抗战时期任中英庚款董事会协助艺术考古研究员，来到沙磁文化区任教于中央大学、四川省立教育学院，曾与郭沫若、金毓黻、李济、马衡、卫聚贤等参加沙坪坝汉墓出土考古发掘研究，尤其是对出土汉棺绘画颇有研究。常任侠对中国古代音乐舞蹈、歌词撰写均有研究成果，在中央训练团音乐干部训练班也兼任教员，参加策划了沙磁文化区新年音乐会。1945 年底赴印度任国际大学中国学院教授。

罗莘田教授是与西南联大常委、清华大学校长梅贻琦和西南联大教务长郑天挺从昆明同行到青木关教育部公务，正遇上日机对重庆“疲劳轰炸”。罗教授又是音韵学家，被暑期音乐教员讲习班班主任杨仲子和教务主任李抱忱邀请讲授“声韵和声乐的关系”，又被特约参加了 8 月 16 日的音乐会。罗教授记述道：[2]

> 那一晚的精彩节目有金律声的男高音独唱，张洪岛的提琴独奏；曹安和女士用琵琶独奏“十面埋伏”，以后又唱了一段“昭君”，她还和陈振锋（应是陈振铎——编者注）、杨荫浏用琵琶、二胡、笙合奏了一段节改梵音古曲的“后满庭芳”；大轴子是张充和女士唱昆曲“刺虎”里的“俺切差齿点绛唇”“银台上煌煌的风烛墩”“恁道谎阳台雨云”三支。“十面”的指法纯熟，“刺虎”的珠圆玉润，是那一晚听众的公评，用不着我多恭维的。

1942 年是国乐大师、国立北平大学教授刘天华逝世十周年，教育部音乐教育委员会、国立音乐院举办了系列纪念活动。2 月，音乐教育委员会出版了

---

① 常任侠著、郭淑芬整理、沈宁编注《战云纪事（中）常任侠日记集（1940－1942）》，中国台北·秀威资讯科技股份有限公司印制出版，2012 年 4 月 130D 第 1 版，第 291 页。

② 罗常培《蜀道难》，1944 年 11 月由重庆独立出版单行本，1946 年 4 月上海再版，署名罗莘田。本书此次参考的是：郑天挺著《郑天挺西南联大日记》（全二册），中华书局 2018 年 1 月第 1 版，第 1 次印刷，第 494 页。另梅贻琦、郑天挺、罗常培三人青木关公务，梅贻琦著、黄延复、王小宁整理《梅贻琦日记（一九四一——一九四六）》，清华大学出版社，2001 年 4 月第 1 版，第 1 次印刷。可与罗常培《蜀道难》互见参考。

“研究丛书之三·琵琶谱第一集”《文板十二曲》（工尺谱 五线谱），此曲谱是曹安和（国立音乐院教师、琵琶演奏家）、杨荫浏（国立音乐院教授兼研究室主任、教育部音乐教育委员会委员）合编，内封上写明“敬将本书奉献给天韵社故社长吴师畹卿及国立北平大学女子文理学院故教授刘师天华（1895—1932）”。所收曲目与《濠州古调》中的慢板《飞花点翠》等12首相同。系经刘天华加工处理，曹安和据其所传整理记谱。《乐风》第2卷第4期为此乐谱的出版和纪念刘天华在“编辑后记”予以记述。曹安和还在这一期《乐风》上发表了《追记穷教苦学的刘师——刘天华先生逝世十周年纪念论文》，缅怀其对中国音乐的奉献。[①]

1942年6月18日，正值端午节，国立音乐院举行刘天华逝世十周年纪念音乐会，刘天华生前挚友国立音乐院院长杨仲子担任主席致词，国立音乐院教授、国乐组主任储师竹（刘天华学生，二胡演奏家）讲演先生行述并演奏自己创作的二胡独奏《追思曲》，全体师生与来宾唱储师竹创作的《追悼歌》。这场音乐会演奏刘天华作品有：[②]

1. 烛影摇红	二胡独奏	储师竹先生
2. 光明行	二胡独奏	戴　南同学
3. 歌舞引	琵琶独奏	曹安和先生
4. 病中吟	二胡独奏	张　锐同学
5. 良　宵	二胡独奏	陈振铎先生
6. 改进操	琵琶独奏	曹安和先生

国立音乐院国乐组教授陈振铎是刘天华亲传弟子，著名二胡演奏家，在1941年《乐风》月刊新1卷第1期至12期连续发表《怎样习奏二胡》《刘天华、陈振铎二胡练习曲》《陈振铎二胡练习曲》，他和储师竹、杨大钧等在指导沙磁文化区、迁建区大中学校民乐团队的排练、演奏上奠定了基础。

在国立音乐院纪念刘天华逝世十周年活动时，院长杨仲子向西北大学英文教授刘北茂（刘半农、刘天华之胞弟）发函，邀其来青木关国立音乐院任教。刘北茂（1903—1981），是“刘氏三杰”中的三弟，燕京大学英文系毕业后任教于上海国立暨南大学、北京大学，讲授英国文学。全面抗战爆发后，刘北茂与杨仲子、熊乐忱等友人奔赴大后方；应鲁迅挚友许寿裳之邀请前往陕西汉中城固西北联大任教，主讲莎士比亚作品选读、英文写作和诗学等英语专业课

① 《乐风》第2卷第4期，1942年7月15日初版。
② 《乐风》第2卷第4期，1942年7月15日初版。

程，1940 年晋升为副教授，同时兼任西北联大国乐指导。

刘北茂青少年时代跟随二兄刘天华学习乐理知识，并担任二胡、琵琶、笛子与小号、长笛、单簧管等中西乐器的演奏，为日后致力于音乐专业打下了理论与实践的基础。1932 年刘天华病逝后，在长兄刘半农的劝导下，萌发了继承二兄未竟事业的想法，从此努力研习民族乐器，自学音乐创作。在西北联大任教期间，创作了二胡独奏名曲《汉江潮》《前进操》《漂泊者之歌》等，这些作品反映了抗日战争的时代风云与人民悲壮、激越的心潮。在城固的几年间，经常举行二胡演奏会，受到听众的欢迎和好评。①

1942 年夏，刘北茂接受国立音乐院任教之邀，辞去西北联大英语教席，举家迁巴蜀，旅途中创作二胡独奏名曲《乘风破浪》，反映了作者投身于民族音乐事业的信念。到青木关后，成为国立音乐院唯一半路出家、被破格聘任的国乐教授，并任国立音乐院英语教学课；同时在青木关中央大学附中和邻近的兴隆场朝阳学院兼课，以补贴家用。尽管生活条件艰苦，刘北茂 1943 年春节期间即兴创作的二胡独奏曲《小花鼓》，以节庆时的典型场景，烘托孩子们过节时又唱又跳的欢乐气氛，同时也反映了作者身处艰苦岁月里的乐观精神。②刘北茂到青木关任教迅即引发反响，所演奏的《空山鸟语》《病中吟》等名曲，在青木关广为流传，一时，青木关拉二胡成风，形成“二胡热”。③ 中华交响乐团音乐导报社以“教育部拨款 音乐院购置国乐”予以报道：④

> 国立音乐院年来因鉴于战时西洋乐器购置困难，故对国乐提倡，致力极大。教授有陈振铎、储师竹、刘北茂等四人，全校学生选二胡国乐器为副科的几达大部分，究习国乐的空气极浓厚，最近教育部拨款十余万元添购各种国乐器材，以供学者习。（云水）

对于音乐导报社的报道和记者陈安樵的采访，国立音乐院教务主任李抱忱回答了记者的提问：“至于音乐院的国乐课程及实施情形，并不如传说那么严重，全程只有 4 个学分，约占百分之五时间，同学们选国乐为副科的虽达大

① 刘育熙、冯国瑞主编《流芳曲——刘北茂百年诞辰纪念文集》，人民音乐出版社，2011 年 12 月第 1 版，第 1 次印刷。参见第 353～358 页刘育辉刘育熙整理《刘北茂年谱》。

② 刘育熙、冯国瑞主编《流芳曲——刘北茂百年诞辰纪念文集》，人民音乐出版社，2011 年 12 月第 1 版，第 1 次印刷。参见第 353～358 页 刘育辉、刘育熙整理《刘北茂年谱》。《流芳曲》一书有专篇音乐论文 4 篇 记述《小花鼓》的产生、艺术特色和流传 60 多年，足见这首二胡名曲的影响。

③ 璧山抗战文化研究组编印《风云八年——璧山抗战文化研究》，2001 年内部出版，第 74 页。

④ 中华交响乐团音乐导报社《音乐导报》1943 年第 2 期。

半，那是他们的兴趣问题。”[①] 1943 年教育部音乐教育委员会编选出版了《二胡曲选》（上卷为五线谱，下卷为工尺谱）。1945 年陈振铎编著，国立音乐院院长吴伯超题眉，油印出版了《怎样习奏二胡》一书。该书是陈振铎教授 1940 年以来编写编选，先在《乐风》月刊连载，后结集出版，由杨荫浏作序，陈振铎又写了学术短论“释二胡”并附二胡乐曲 63 首，扉页题写“谨将本书奉献国立北平大学故教授刘师天华”。

在国立音乐院国乐组诸位教授的指导下，在沙磁文化区、青木关、兴隆场、北碚一些大中学校学生国乐社团成长起来，中央大学白雪国乐社、中央工校蟠桃国乐社、南开中学正声社、青木关中大附中国乐社、社教学院附中国乐社、朝阳学院国乐社均由规模不等的国乐爱好同学参加，其中白雪国乐社社员最多，在校内外演奏会最为丰富多彩，是战时陪都有影响力的学生国乐团队。

战时辗转从北平迁徙成都再迁巴县兴隆场的私立朝阳学院，于 1944 年初夏发起成立国乐社，得到刘北茂的指导和中央大学白雪国乐社的支持帮助。在朝阳学院兼任英语教学课程的刘北茂悉心指导国乐的排练，白雪国乐社社长郑体思同学则协助朝阳学院国乐社安排演奏会节目单，做好宣传、舞台布置、灯光等，并从白雪国乐社借来扬琴、琵琶等弹拨乐器。在院长孙晓楼的支持下，朝阳国乐社计划在兴隆场公开举行两场国乐演奏会，以提倡国乐。郑体思同学对参与在朝阳学院礼堂兼饭厅举行国乐演奏会并与刘北茂教授同台演奏记忆深刻，半个世纪后写下了《兴隆场上 国乐悠扬——朝阳法学院国乐社纪实》一文：[②]

> 这次国乐演奏会的节目丰富多彩，有独奏、齐奏、重奏、合奏。独奏有刘北茂的二胡独奏《小花鼓》《前进操》和《薰风曲》（古曲），有我的笛子独奏《鹧鸪飞》（民间乐曲）和琵琶独奏《蜀道行》（杨大钧），苏祖慈（朝阳国乐社负责人）洞箫独奏《幽思》（贺绿汀曲），齐奏有广东音乐《步步高》《连环扣》《晚霞织锦》，江南丝竹《梅花三弄》《枫桥夜泊》（朱荇青曲），重奏有笛子二重奏《牧童短笛》（贺绿汀曲），弦乐三重奏《凯旋》，合奏为古典乐曲《春江花月夜》，是压轴节目，由我担任琵琶领奏，苏祖慈吹洞箫，演奏效果极佳，受到热烈欢迎。

由于教育部音乐教育委员会、国立音乐院的倡导，青木关的“二胡热”一

① 陈安樵《访音乐院（本院）》，中华交响乐团音乐导报社《音乐导报》，1943 年第 2 期。

② 郑体思《兴隆场上 国乐悠扬——朝阳法学院国乐社纪实》《巴县文史资料》第 8 辑，中国人民政治协商会议四川省巴县委员会文史资料委员会 1991 年 12 月，第 88～90 页。

直持续到抗战胜利后。1947 年，西南保育生同学会青木关分会育光国乐社编印出版《国乐名曲集》。这部集子是以战时青木关出版的“二胡曲选”和当时各校国乐社演奏古典名曲为主编选而成，集首是“国乐概要”“二胡讲义”，第一部习奏曲与合奏曲 25 首，有刘天华、陈振铎的练习曲和古典名曲合奏曲，也有战时的《胜利进行曲》等；第二部为独奏曲 20 首，也以刘天华、陈振铎等创作、整理古典为主，刘北茂的《小花鼓》《漂泊者之歌》《前进操》亦入选；第三部粤曲即广东音乐 12 首，最后附西洋名曲：小夜曲、梦想曲。《国乐名曲集》的编选出版，可见青木关中学同学们对国乐的热爱，育光国乐社在“国乐概要”对国乐诸种乐器演变源流予以记述，又盛赞刘天华先生对二胡的研究改进，使之“登上光明大道，而成为国乐中之至上乐器”。凡此种种，战时大后方音乐之乡风气犹在。

结　语

青木关作为国民政府教育部的大本营和学府林立的抗战教育基地，无论是国民教育、普通教育、高等教育和社会教育，都办得有声有色，成效卓著，可以看作战时中国教育的神经中枢和典范性缩影。这里既是抗战教育的首脑机关所在地，又是面向全国的教育实验基地，而在国民教育方面，成绩尤为卓著。归结起来，有这样几条历史的经验值得特别重视。

（一）视教育为一切事业的根本。理由极简单：一切事业都是人去推动的，教育的目的即在造就推动各种事业的人才，换一个说法，是认定教育为发展经济和军事以增强国力改善民生的总枢杻，实为立国之本。由此可见，当时在一面抗战，一面建国方针指导下的教育，从国民政府最高当局和教育部，到各级各类学校及民众教育机关广大教师和工作人员，是完全一致的，因此能上下一心，通力合作。

（二）必要的经费支撑。国民教育是义务教育，没有必要的经费支持，是办不成的。中等教育（特别是师范教育）和高校的兴办，除教师薪金、学校设备之外，还有学生大多来自战区，经济无来源，需资金支持，及由于战时资源奇缺物价飞涨，广大师生需要资金补贴，等等。青木关作为抗战时期国民政府教育部所在地，在这方面得到了必要的经费支撑，就全国的情况来看，每年行政院作财政预算，计划最多的是军费，其次便是教育经费和对军需民用工矿业的政府投资。此外，教育还有国防最高委员会委员长特别补助款。1942 年教育部东北青年教育救济处调查得知来后方各校的东北籍学生 2250 人，东北是沦陷区，即报请委员长特拨 20 万元补助费，以增添这些学生的衣被鞋袜之用。当然，青木关地区的情况只是一个特例，其待遇并不完全适用于各省市每一个地方，因为战争经费庞大，国家尚无力拨出充裕的经费全面照顾，但教育部对全国的国立高校、国立中学还是尽力关照的。为了使教育得以尽快发展，教育部实行了充分鼓励民间办学的政策，以致当时大中学校私立（民办）学校和公立学校差不多平分秋色。

（三）依靠广大知识分子，实行专家办学，教授治校，两千多满腔爱国热忱的公务员及各校教职员工，是青木关抗战教育基地和国民教育实验区的中流砥柱。在政教合一，家校联系的国民教育体制和教育方法的促进下，实现了知识分子和广大民众在共同的抗战建国总目标下的结合。出现了全民大团结共赴国难的局面，这是青木关地区乃至全国各地国民教育、普通教育、高等教育及社会教育在抗战最艰苦、生活最贫困的年月里居然得以奇迹般发展的根本原因。

（四）按地区整合并充分利用有限的教育资源。民众教育馆是青木关地区整合各级各类学校及各种教育设施、施教力量（教师）的中心机关，使整个青木关地区，发挥了有限的教育资源的最大效用，而且其教育的效果甚至达到了对当地民风民俗的改造和更新，成为发扬优秀传统文化和民间文化及传播民族现代新文化的重要基地，各高校的教师可以到外校兼课（如中央大学、国立东方语专教授常任侠到音乐院兼课，国立音乐院教授刘北茂到中大附中青校兼课等），社会名流在青木关和沙磁文化区的流动讲演，各种音乐戏剧节目的集中和流动的义务表演，都是著例。

抗战胜利后，迁驻青木关的一批教育文化机构复员在即，教育部附设青木关国民教育实验区、民众教育馆拟有《告关上人士书》，以示惜别“关中”人士。全文要点：一是抗战八年青木关在迁建区中地位日趋重要，“关中”人士对迁驻青木关的机关学校赞襄极多，表示感谢；二是各机关学校准备在即将复员的短期内，加速协助青木关从事地方建设事业，以报答“关中”人士历年协助的盛谊；三是青木关“教育文化之建设，地方自治之完成，俱关中急务，甚望关中贤达，珍视时机奋勉修图，继抗战之坚毅成建国之殊勋”。

1946 年 4 月，教育部附设青木关民众教育馆馆长、国民教育实验区办事处主任费石师向四川省、巴县、璧山县两级教育部门移交，标志着青木关长达 8 年由教育部统筹管理教育文化事业移交省县办理。此后，尽管教育部在国立社会教育学院附属中学校址上增设国立青木关中学以收容未复员的川渝籍中学生、保育生，国民教育中的中心学校、保国民学校继续办理，但以民众教育馆为基础的失学成人教育，面向镇街、村保的社会教育，乡村自治建设，卫生教育诸项事业均陷于停顿，馆内门窗破损，大部分珍贵文物及重要教具书籍“已不翼而飞了”，“完全衰落凋零”。

1946 年 10 月，教育部奉行政院令裁撤四川省立青木关民众教育馆，引起巴县、璧山两县政府、参议会、教育会的震惊，舆情纷纷，两县共同上书教育部、行政院，呼吁“仍然保留不予裁撤，并转饬四川省政府，依据前实验民众教育馆实验已著成效规模，继续扩展增进社教效率，促进地方自治，达成宪政实施。”1947 年 1 月 9 日行政院下达指令社字第一二二九号“准予四川省立青木关民众教育馆继续办理。”但接任人员于 1947 年 10 月就职视事时，民众教育馆“舘有房舍尽皆朽坏，大半倾斜，行将倒塌……”。另据该馆 1947 年 11 月对巴县璧山县所属青木关的调查，璧山青木关 5 保人口总数 3227 人，文盲 814 人，失学儿童 362 人；巴县青木乡 10 保人口总数 7448 人，文盲 1701 人，失学儿童 687 人。青木关的文化教育事业在内战爆发后“经费支绌”、人才散失的条件下重新开始。

抗战时期国府西迁，教育文化重心西移。青木关这个战时中国教育文化重镇，是在教育部的强力支撑下而形成的。在青木关享有教育文化重镇的称誉之后，当后续的人力物力和财力的支撑失去，它所达到文化地位和影响力的丧失是必然的。此后的青木关几乎是无声无息地从近代中国的文化教育舞台上消失了。

参考文献

专著

[1] 西北大学文化遗产学院．西北大学藏民国时期教育部艺术文物考察团西北摄影集选［M］．西安：西北大学出版社，2016.
[2] 顾毓琇．顾毓琇诗歌集［M］．北京：清华大学出版社，1996.
[3] 陈子善．中国现代文学编年史·以文学广告为中心（1937—1949）［M］．北京：北京大学出版社，2013.
[4] 阮荣春，胡光华．中华民国美术史 1911—1949［M］．成都：四川美术出版社，1991.
[5] 黄宗贤．抗日战争美术图史［M］．长沙：湖南美术出版社，2005.
[6] 周慧梅．近代民众教育馆研究［M］．北京：北京师范大学出版社，2012.
[7] 胡绍轩．现代文坛追思录［M］．重庆：重庆出版社，2000.
[8] 冯国瑞，刘育熙．流芳曲——刘北茂百年诞辰纪念文集［M］．北京：人民音乐出版社，2011.
[9] 任雪梅．抗战时期黑土作家丛书——高兰集［M］．哈尔滨：黑龙江大学出版社，2012.
[10] 高兰．高兰朗诵诗选［M］．上海：新文艺出版社，1956.
[11] 高兰．高兰朗诵诗选［M］．济南：山东文艺出版社，1987.
[12] 张杰，陆文采．高兰评传［M］．青岛：青岛海洋大学出版社，1989.
[13] 张泽贤．中国现代文学戏剧版本闻见录 1912—1949［M］．上海：上海远东出版社，2009.
[14] 重庆市沙坪坝区地方志办公室．抗战时期的陪都——沙磁文化区［M］．重庆：科学技术文献出版社重庆分社，1989.
[15] 张建中．重庆沙磁文化区创建史［M］．成都：四川人民出版社，2005.
[16] 张奕明．民国钢琴志［M］．海口：海南出版社，2017.

[17] 孔海立. 端木蕻良传 [M]. 上海：复旦大学出版社，2011.
[18] 刘福春. 中国新诗编年史上卷 [M]. 北京：人民文学出版社，2013.
[19] 中央教育科学研究所. 中国现代教育大事记 1919—1949 [M]. 北京：教育科学出版社，1988.
[20] 顾平. 近现代中国画教育史 [M]. 上海：复旦大学出版社，2008.
[21] 居其宏. 百年中国音乐史（1900—2000）[M]. 长沙：湖南美术出版社，岳麓书社，2014.
[22] 翁文灏. 翁文灏日记 [M]. 北京：中华书局，2010.
[23] 常任侠. 战云纪事 [M]. 深圳：海天出版社，1999.
[24] 熊复. 中国抗日战争时期——大后方出版史 [M]. 重庆：重庆出版社，1999.
[25] 何正璜. 西北考察日记 1940 年—1941 年 [M]. 北京：中华书局，2015.
[26] 金毓黻. 静晤室日记第六册 [M]. 沈阳：辽沈书社，1993.
[27] 竺可桢. 竺可桢全集第 8 卷（竺可桢日记 1941—1943）[M]. 上海：上海科技教育出版社，2006.
[28] 卢前. 卢前笔记杂钞 [M]. 北京：中华书局，2006.
[29] 卢前. 卢前诗词曲选 [M]. 北京：中华书局，2006.
[30] 伍雍谊. 中国近现代学校音乐教育（1840—1949）[M]. 上海：上海教育出版社，2011.
[31] 黎东方. 细说中国丛书·细说三国 [M]. 北京：商务印书馆，2015.
[32] 梅贻琦. 梅贻琦日记 1941—1946 [M]. 北京：清华大学出版社，2001.
[33] 江青. 说爱莲 [M]. 北京：人民出版社，2016.
[34] 陈小滢. 乐山纪念册 1939—1946 [M]. 高艳华，记录编选. 北京：商务印书馆，2012.
[35] 王道. 一生充和 [M]. 北京：生活·读书·新知三联书店，2017.
[36] 吴小鸥. 近现代名人与教科书·文化拯救 [M]. 北京：商务印书馆，2015.
[37] 国家古籍保护中心. 抗战时期古籍抢救保护史迹文集 [M]. 北京：北京大学出版社，2015.
[38] 抗战歌选编写组. 抗战歌选（1931—1945）[M]. 北京：人民音乐出版社，2015.
[39] 顾颉刚. 顾颉刚全集·顾颉刚日记·卷四 [M]. 北京：中华书局，2011.

[40] 余子侠，冉春. 抗日战争时期中国教育研究［M］. 北京：团结出版社，2015.
[41] 重庆市体育运动委员会，重庆市志总编室. 抗战时期重庆体育史料［M］. 重庆：重庆出版社，1989.
[42] 万国雄. 顾毓琇传［M］. 南京：南京大学出版社，2001.
[43] 蒋廷黻. 蒋廷黻回忆录（增补版）［M］. 长沙：岳麓书社，2017.
[44] 向延生. 音乐史学探求录［M］. 向方，译. 蔡良玉，审核. 北京：北京时代华文书局，2016.
[45] 梁茂春. 音乐史的边角——中国现当代音乐史研究的一个视角［M］. 上海：上海音乐学院出版社，2015.
[46] 李秉德. 廉方教学法实验始末［M］. 北京：中国文史出版社，1989.
[47] 齐红深. 流亡——抗战时期东北流亡学生口述［M］. 郑州：大象出版社，2015.
[48] 张建中，罗玲，吴波. 中国战时首都档案文献·战时教育［M］. 重庆：西南师范大学出版社，2017.
[49] 唐润明. 中国战时首都档案文献·战时教育［M］. 重庆：西南师范大学出版社，2017.
[50] 佚名. 第二次中国教育年鉴［M］. 上海：商务印书馆，1948.
[51] 萧友梅音乐教育促进会. 吴伯超的音乐生涯［M］. 北京：中央音乐学院出版社，2004.
[52] 佚名. 20 世纪 40 年代中国最高音乐学府［M］. 南京：江苏美术出版社，2004.
[53] 重庆市沙坪坝区文化广电新闻出版局，重庆市沙坪坝区地方志办公室. 重庆市沙坪坝区文化志［M］. 重庆：重庆大学出版社，2012.
[54] 王南. 爱国合唱先驱——李抱忱年谱［M］. 北京：中央音乐院出版社，2012.
[55] 陈晖. 陈田鹤音乐作品选［M］. 上海：上海音乐学院出版社，2012.
[56] 梁文蔷. 抗战时期看戴爱莲演出［M］. 北京：商务印书馆，2012.
[57] 叶浅予. 叶浅予自传——细叙沧桑记流年［M］. 北京：中国社会科学出版社，2006.

报刊出版物

[1] 杨斌. 抗战时期浙江省文澜阁四库全书内迁史料（上）［J］. 民国档案，

2015 (2).
[2] 杨斌. 抗战时期浙江省文澜阁四库全书内迁史料（下）[J]. 民国档案，2015 (3).
[3] 佚名. 四川月报 [J]. 1938，12，第5、6期合刊.
[4] 贝幼强. 重庆市之粮食管理 [J]. 财政评论，1941，5 (6). 重庆：财政评论社，1941.
[5] 王锡文. 重庆民食供应之机构计划设施 [J]. 川康建设，1943，创刊特大号. 川康建设杂志社.
[6] 教育部第二社会教育工作团. 团务通讯 [J]. 1940，第4、5期合刊. 重庆：佚名，1941.
[7] 教育部. 各省市国民教育会议报告 [J]. 教育通讯，1940，3 (10－21). 重庆：佚名，1940.
[8]《第二次中国教育年鉴》第2编 [J]. 益世报，1942－02－4. 重庆：佚名，1942.
[9] 陈东原. 第二届高级师范教育会议概述 [J]. 教与学，1940，5 (4). 重庆：佚名，1940.
[10] 教育部史地教育委员会. 教育部史地教育委员会概况第一号，教育部史地教育委员会概况第二号，教育部中等学校史地教员暑期讲习会办法. [J]. 教育通讯，1941，4 (第26、27期合刊“七七”专号). 重庆：佚名，1941.
[11] 教育部第二社会教育工作团. 团务通讯 [J]. 1940，3 (第6期合刊本团二周年纪念特辑). 重庆：佚名，1940.
[12] 教育部. 教育部公报 [J]. [194?]，13 (第7、8期合刊). 重庆：教育部总务司，[194?].
[13] 行政院. 国民教育 [J]. 1947. 重庆：行政院新闻局，1947.
[14] 教育部音乐教育委员会. 乐风 [J]. 1940，1 (1). 重庆：乐风社，1940.
[15] 教育部音乐教育委员会. 乐风 [J]. 1944，16－17. 重庆：乐风社，1944.
[16] 李抱忱. 重庆五大学歌咏团访蓉经过 [J]. 乐风，1942，2 (4). 重庆：教育部音乐教育委员会，1942.
[17] 教育部音乐教育委员会. 乐风 [J]. 1941，新1 (2). 重庆：乐风社，1941.

[18] 李抱忱. 千人合唱大会 [J]. 乐风，1941，新 1（第 5、6 期合刊，第 7、8 期合刊）. 重庆：教育部音乐教育委员会，1941.
[19] 教育部. 教育部主办社会教育扩大运动周报告 [J]. 社会教育行政丛刊之二，1942. 重庆：教育部社会教育司，1941.
[20] 黄源洛. 重庆音乐月 [J]. 青年音乐，1942，1（2）. 重庆：青年音乐月刊社，1942.
[21] 李抱忱. 编辑英文版中国抗战歌曲集的经过 [J]. 新音乐，1940，1（4）. 重庆：李凌、赵沨主编，1940.
[22] 教育部国民教育司，湖北省政府教育厅. 国民教育指导月刊音乐科专号 [J]. 1942，1（11）. 出版地不详：湖北省政府教育厅，1942.
[23] 重庆中国音乐研究会. 音乐月刊 [J]. 1942，1（第 4、5 期合刊）. 重庆，音乐月刊社，1942.
[24] 陈安樵. 访音乐院（本院）[J]. 音乐导报，1943，2. 重庆：中华交响乐团音乐导报社，1943.
[25] 教育部. 教育通讯 [J]. 1940，3（15）. 重庆：教育部，1940.
[26] 申报 [J]. 1940—02—16.
[27] 新华日报 [J]. 1941—09—14，1942—04—2，1943—05—23.
[28] 大公报 [J]. 1942—03—29，1943—05—25. 重庆.
[29] 教育部. 高等教育季刊 [J]. [194?]，2（1）. 重庆青木关：教育部高等教育季刊社，[194?].
[30] 中国教育学会. 三十三年 中国教育学会年报 [J]. 1944. 重庆：中华书局，1944.
[31] 中国教育学术团体联合办事处. 建国教育 [J]. [194?]，1（第 3、4 期合刊，各省市教育实况中心号）.
[32] 学生之友社. 学生之友 [J]. 重庆，[194?]
[33] 国民政府教育部，中央大学，西北师范学院. 中等教育季刊 [J]. 1940
[34] 教育部. 社会教育季刊 [J]. [194?]，1（2 第三届全国美展专号）. 重庆青木关：教育部社会教育季刊编辑社，[194?].
[35] 教育部国民教育司，湖北省教育厅，重庆市社会局. 国民教育指导月刊·音乐科专号，国民教育月刊·国民教育行政专号 [J]. 重庆，1942.
[36] 教育部国民体育委员会. 国民体育季刊 [J]. 重庆，[194?].
[37] 教育部医学教育委员会. 医育 [J]. 重庆，[194?].
[38] 中央日报 [J]. 1945—07—09，07—10，1946—08—5.

[39] 青年音乐月刊社. 青年音乐 [J]. 重庆，1942.
[40] 刘再生. 中国近代音乐史简述 [M]. 北京：人民音乐出版社，2009.
[41] 朱绛. 抗战歌曲精选——大江南北杂志增刊之一 [M]. 上海：大江南北杂志社，1987.

档案馆馆藏档案

[1] 中国第二历史档案馆 教育部全宗五，第 442 卷、第 2049 卷、第 10371 卷、第 10492 卷、第 10493 卷、第 11689 卷、第 10699 卷、第 11767 卷、第 11770 卷。
[2] 中国第二历史档案馆藏国民政府教育部抗战时期在青木关期间的原始档案。
[3] 重庆市档案馆馆藏民国档案档号 0020－0004－00094－0100－110－000；
重庆市档案馆馆藏民国档案档号 0053－0002－00627－0000－063－000；
重庆市档案馆馆藏民国档案档号 0053－0012－00082－0000－003－000；
重庆市档案馆馆藏民国档案档号四川省立教育学院全宗，第 3 卷；
重庆市档案馆馆藏民国档案档号全宗号 0055 四川省第三区行政督察专员公署、目录 6 第 234 卷；
[4] 重庆市档案馆 电子档案档号 00040001000620000012；0053－001－0026－0100－308－000；
重庆市档案馆 电子档案档号 02400005001620000113000；
重庆市档案馆 电子档案档号 00930010001240000001；
[5] 重庆市巴南区档案馆馆藏民国巴县档案巴县政府财政科目录号 3 J1－553 卷；
重庆市巴南区档案馆馆藏民国巴县档案巴县政府民政科目录 6 巴县政府民政科 J1－315；
重庆市巴南区档案馆馆藏民国巴县档案巴县政府建设科目录号 9 J1－468 重庆疏建委员会第五次会议纪录；
重庆市巴南区档案馆馆藏民国巴县档案巴县政府文教科卷宗号，J1－13－29、j1－13－30；
重庆市巴南区档案馆馆藏民国巴县档案巴县政府文教科，卷宗号 J1－43－30；
重庆市巴南区档案馆馆藏民国巴县档案巴县议事会 J7 目录号 1 第 119 卷；
重庆市巴南区档案馆馆藏民国巴县档案巴县政府 J4－1－513、J4－1－

511、重庆防空司令部歌乐山防护区团专卷；
重庆市巴南区档案馆馆藏民国巴县档案目录号 29 J4－1－511；
重庆市巴南区档案馆馆藏民国巴县档案目录号 20 J4－1－513；
重庆市巴南区档案馆馆藏民国巴县档案巴县民国档案目录号 16 J4－1－534、J4－1－571；
重庆市巴南区档案馆馆藏民国巴县档案巴县县政府教育目录号 22 J1－11－134；
重庆市巴南区档案馆馆藏民国巴县档案民国巴县档目录号 7 J1－11－80；
[6] 重庆市璧山县档案馆馆藏民国档案民国－15 全宗 目录 1 第 250 卷；华西实验区 全宗第 9 卷；民国－1 全宗 目录 4 第 428 卷、第 466 卷；

后　　记

对抗战时期青木关地区文化教育资料的收集、整理、研究，最后撰写成著述，经历了十余年时间。

第一，首先完成了《被遗忘的中国文化教育重镇——抗战时期重庆青木关研究》长篇论文近 4 万字，在重庆学术界引起一定反响。

第二，在长篇论文的基础上撰写出了《抗战时期重庆青木关文化教育史稿》，初稿约 15 万字，2009 年内部印发征求意见。

第三，随后六七年的时间，主要撰稿人员先后赴重庆市档案馆、璧山区档案馆、巴南区档案馆查找并整理当年巴县、璧山县两县青木乡抗战文化教育档案，在此基础上，形成了近 30 万字《抗战时期重庆青木关文化教育史》专著。

第四，面对大量有待深入研究的历史文献，编者深感本书还只是一个初步的研究成果，所以，用了当年王洛宾先生整理后发表在重庆青木关的音乐刊物《乐风》上的民歌《掀起你的盖头来》作为本书书名。

本书档案资料及参考文献的检索查阅、收集工作得到重庆市档案馆、重庆市巴南区档案馆、重庆市璧山区档案馆、重庆市江津区档案馆、中国第二历史档案馆、重庆市图书馆等单位的大力支持和协助，谨致谢意。

本书由李波、张建中主编，各章撰述人如下。导言：谢儒弟、李波；第一章：唐润明、张建中；第二章：张建中、唐润明、谢儒弟；第三章：张建中、谢儒弟、朱宝智；第四章：谢儒弟、张建中、李波；第五章：谢儒弟、张建中、朱宝智；第六章：张建中、李波；第七章：张建中、李波；结语：张建中；参考文献及后记由朱宝智整理。

编者

2019 年 12 月